SIXIANG ZHENGZHI (PINDE)KE
JIAOXUE LUN

思想政治（品德）课
教学论

主编 ◎ 许世坚

西南交通大学出版社
·成都·

图书在版编目（CIP）数据

思想政治（品德）课教学论/许世坚主编. —成都：
西南交通大学出版社，2016.6
（玉林师范学院教师教育工作优秀理念和科学思维探
索成果系列丛书）
ISBN 978-7-5643-4719-2

Ⅰ. ①思… Ⅱ. ①许… Ⅲ. ①思想政治教育 – 教学改
革 – 师范大学 – 教材 Ⅳ. ①G641

中国版本图书馆 CIP 数据核字（2016）第 125286 号

玉林师范学院教师教育工作优秀理念和科学思维探索成果系列丛书

思想政治（品德）课教学论

主编　许世坚

责 任 编 辑	吴明建	
封 面 设 计	严春艳	

出 版 发 行	西南交通大学出版社 （四川省成都市二环路北一段 111 号 西南交通大学创新大厦 21 楼）
发 行 部 电 话	028-87600564　028-87600533
邮 政 编 码	610031
网　　　址	http://www.xnjdcbs.com
印　　　刷	成都蜀通印务有限责任公司
成 品 尺 寸	185 mm × 260 mm
印　　　张	11.75
字　　　数	290 千
版　　　次	2016 年 6 月第 1 版
印　　　次	2016 年 6 月第 1 次
书　　　号	ISBN 978-7-5643-4719-2
定　　　价	36.00 元

玉林师范学院教师教育工作优秀理念和
科学思维探索成果系列丛书

编 委 会

总　序

　　教育是一种社会现象，是人类社会的一种重要实践活动。它随人类的产生而出现，并随人类社会的变迁而发展。学校教育是教育发展到一定阶段的产物，既是近代科学革命和工业革命对大量人才渴求的必然要求，又是教育自身制度化、世俗化、系统化和专业化的结果。教师教育是学校教育的一种特殊类型，是现代教育持续发展的工作母机。师范院校是高等教育机构的重要构成，更是承载教师教育使命的主体机构。因此，"寄居"于师范院校的教师教育工作者，总结教师教育的发展经验，探寻教师教育的发展趋势，揭示教师教育的发展规律，既是一种责任担当，更是一项光荣使命。

　　作为我国师范院校的一员，玉林师范学院的办学历史最早可以追溯到1945年创建的广西省立鬱林师范学校，师道传承七十余载，源远流长。以师范立校，以师范兴校。学校在升格为本科院校之前，因"为基础教育培养合格师资，方向明确，成绩显著"，成为全国26所受到国家教委表彰的师范专科院校之一，也是广西唯一获此殊荣的师范专科院校。2000年，玉林师范学院升格为本科院校以来，面对市场经济的不断冲击，仍然始终坚守师道传承，对自身进行准确定位：把学校办成以培养义务教育阶段的师资为主要目标，达到较高水平的教学型地方本科师范院校。2012年6月，学校召开第三次党代会，在本次会议上确定了"师范性、地方性、应用性"的发展目标，以"师范性"作为学校的办学特色，"地方性"作为学校的办学定位，"应用性"作为人才培养的目标定位。2015年，在综合改革和转型发展的背景下，学校重新调整了办学定位的表述，即"地方性、应用型、师范性"。尽管如此，"师范性"仍然是学校发展的重要坚守点，是学校办学特色和优势所在。目前，学校有师范类专业29个，覆盖了学前、小学、初中等基础教育以及职业教育等各个阶段的教师教育；在校师范生的规模和比例在全区高校中位居前列，在校生17 418人，其中师范生10 733人，占所有全部在校生的61%。

　　进入21世纪以来，学校解放思想，抢抓发展机遇，开拓创新，认真贯彻落实"规模发展与内涵提升并重、硬件建设与软件建设并重、特色培育与整体质量提高并重、自主创新能力和可持续发展能力并重"的发展思路，遵循高等教育发展规律，着力整合各类资源，全面实施人才兴校、人才强校工程，启动综合改革，推动转型发展，优化学科结构，努力探索培养义务教育阶段基础教育师资的新模式，大力发展与地方经济社会发展紧密结合的应用型专业，坚持"地方性、应用型、师范性"的办学定位，朝着"努力建成国内知名、区内领先、以教师教育为特色的地方应用型高水平大学"目标奋进。

乘着综合改革和转型发展的春风，学校积极探索和创新人才培养模式，开设"挂榜班""卓越班"，加强卓越人才培养，"挂榜班""卓越班"学生成绩优异；开展实践教学改革，推进顶岗实习、混编实习等模式，提高专业实习效果；坚持以赛促练，以练促学，定期举办师范生教学技能大赛、板书大赛等，组织学生参加自治区级、国家级乃至世界级的比赛并屡创佳绩。与此同时，学校各师范专业的教师教育工作者，根据自己的研究兴趣，围绕自己的学科专业领域，选定相关研究主题，积极开展研究，取得了令人欣喜的成绩。

这套丛书就是学校教师教育工作者相关研究成果的一次集中展示。它既彰显了鲜明的时代特征，也反映了学校教师教育发展的基本轨迹，还表达了教师教育工作者的理想与期望。当然，由于时间仓促、作者水平有限，本丛书肯定还存在一些不足之处，恳请各位专家、读者批评指正！

编委会
二〇一六年三月

前　言

　　自 2001 年开始，国家启动了基础教育课程改革，初中思想品德课程和高中思想政治课程的改革得到了有力的推进，思想政治（品德）课程改革对从业者和师范生的素质提出了更高的要求，高等师范院校思想政治教育专业也面临着为基础教育课程改革培养合格人才的迫切要求。

　　从事思想政治（品德）学科教学论教学和研究的高校教师，也要与时俱进，对学科教学论进行新的探索与研究，培养具有创新精神的，高素质、宽基础、有特长、适应广的合格的师范生。思想政治（品德）课程教学论的相关教材比较多，但这些教材的研究成果随着时间的推移，其滞后性越发明显。其一，随着课程标准的修订以及中学教材编写工作的不断发展，旧版教材对思想政治（品德）学科教学论课程的指导作用逐渐降低。其二，中学思想政治（品德）课堂教学的改革实践在探索中前进，需要高等师范院校思想政治教育专业为社会培养有改革意识与前瞻性的师范生，同时也承担为地方培养符合教学改革需要的中学思想政治（品德）课教师的任务。以上这些现状要求思想政治学科教学论教材有所更新，本教材将在上述两个方面有大的改观。

　　全书以教育学、心理学为依托，在对传统思想政治（品德）课程与教学论进行综合完善的基础上，参考了国内外相关理论的最新研究成果编写而成。教材立足于思想政治（品德）课堂教学的实践及课程改革经验，系统阐述了中学思想政治（品德）课程与教学论的基本内容，着力解决思想政治（品德）教学论的课程特色问题。教材共由九章内容构成：第一章思想政治（品德）课程的概况，第二章思想政治（品德）课程标准，第三章思想政治（品德）课的教学准备，第四章思想政治（品德）课的教学实施，第五章思想政治（品德）课程教学技能，第六章思想政治（品德）课教学评价，第七章思想政治（品德）课的课程资源，第八章思想政治（品德）课教师的专业成长，第九章思想政治（品德）课的教育实践。

　　本书具有一定的现实及理论价值，适合思想政治教育专业本专科师范生作为教材使用，也适合于思想政治（品德）教师职前职后培训。

　　在教材的编写过程中，引用和参考了很多专业研究者的成果，在此特表谢意！另外，由于时间比较仓促，教材难免存在疏失，欢迎批评指正。

编　者

2016 年 1 月

目　　录

第一章　思想政治（品德）课程的概况

第一节　思想政治（品德）课的历史沿革

新中国政治课程的形成并非偶然，它产生于中国革命的实践中，是中国革命发展的必然要求和结果，是无产阶级实施政治动员、开展思想政治教育的重要途径。中国共产党在中学开设德育课程，对中学学龄段的学生进行思想政治教育始于新民主主义革命时期，经过第一次、第二次国内革命战争的孕育探索，在抗日战争时期正式开设政治课程，在解放战争时期得到发展，新中国成立后经过多次课程改革后，趋于完善。

一、新中国成立前政治课的孕育与探索时期

1. 政治课的孕育期

五四运动后，马克思主义在中国得到广泛的传播，直接促成了中国共产党的诞生。中国共产党自成立以来，就开始在人民群众当中宣传党的宗旨与纲领，重视对青少年进行思想政治教育，并且取得了实质性的发展。

在第一次国内革命战争时期，中国共产党就在自己领导和创办的革命干部学校讲授马克思主义学说，宣传革命形势和发动群众。当时，由中国共产党直接创办和管理的普通中学有两所，一所是 1922 年创办的上海大学附中，另一所是 1923 年创办的湘江学校。中国共产党在此进行了中学政治课教育实践。[①]但此时的政治课教育还无法独立开课，共产党人只能把党的革命理论内容化整为零，在各门学科的课堂教学中宣扬。他们很好地利用了当时学校中的"修身""公民"等课程，以此为渠道在中学生中宣讲无产阶级的政治教育内容。

第二次国内革命战争时期，中国共产党在中央革命根据地创办了由大学、中学、小学所组成的教育系统。虽然当时的中学比较少，但中国共产党已经以中等师范教育为主，对中学适龄学生进行思想政治教育，开始了最初的政治课教学探索。

中学适龄青少年中的一部分进入中等师范就读，中师开设了"政策""土地法""党的历史""党纲""红军的建设与发展""社会发展史""共产党宣言"等课程。在教学形式上，主要以课堂讲授、集体听报告、社会调查、个别座谈等教育形式为主，这些教学形式都是师生在教学实践中依据具体情况设立的，实施的效果比较好。通过学习，学生对苏区政府的性质，党的纲领、路线、方针和政策，无产阶级革命基本知识和理论，马列主义理论和国际共产主义运动的认识更深刻，进而提高了他们的政治理论素养，在中学学龄的师范生心灵深处播下了革命的种子，促使很多学生投身于革命斗争之中。

这一时期的政治课教学很特殊，教学在革命运动、革命斗争的强烈冲击下开展，对中学

---

① 赵振寰：《论中学思想政治课的形成及其启示》，《扬州大学学报》（人文社会科学版），1992 年增刊 1 期。

学龄青少年采用注入式的理论灌输，让他们了解当时的革命形势，坚信中国共产党的领导。不少中学适龄青少年加入到革命队伍中，成为当时最有激情和牺牲精神的热血力量。这时期虽然没有留下多少中学政治课的相关记录，但却在中学学龄青少年之中行中学政治教育之实。这一种在实践中实施革命理论教育的模式及成功经验，直接或间接为后来中学政治课的建立做了有益的探索。

2. 中学思想政治课的初步形成时期

我党正式在中学设置思想政治课，始于抗日战争时期，并在解放战争时期得到发展。

抗战时期，党在各个革命根据地大力发展教育事业，办学重点放在小学、中等学校和大学阶段，中等学校又分为师范和中学两种。中学是薄弱环节，党所创办或接管的中学数量比较少，但中学已经开始得到重视和发展，中学政治课也伴随着中学的成立而获得了重视和发展，开始正式对中学生进行马克思列宁主义理论教育，为革命培养后备人才。

1946年1月，陕甘宁边区政府召开了中学教育会议，政治教师第一次作为一个学科的代表正式出席了会议。会议讨论了在中学教育阶段有没有必要开设政治课的问题，部分代表认为没有必要，可以在其他学科的教学中进行政治教育，但多数代表认为从社会和学生本身发展的需要来看，有必要开设政治课。经过讨论，最终达成了必须开设政治课程的共识，强调政治课要服务于革命战争对人才的需要，培养政治素质合格的人才。会议第一次将该课程正式命名为政治课，并对政治课程的内容安排、课程结构、教学原则和方法、教师培训等学科建设问题做了一定深度的讨论。中学教育会议的召开，标志着中学政治课正式诞生，它的诞生顺应了抗日救国的时代背景，是社会发展的必然选择。

解放战争时期，中学政治课得到进一步发展。由于革命的形势越来越明朗，中国共产党创建与接管的中学与学生人数都有大幅度的增加，在解放区内的中学政治课普遍开设了"社会常识""政治常识""社会发展史""世界现状""青年修养"等课程。到战争后期，课程设置比较系统化，初中一年级开设"中国现状与中国革命"，初中二年级开设"世界现状"，初中三年级开设"青年修养"，高中一二年级开设"政治经济学"，高中三年级开设"政治学"，中学政治课开始向体系化、规范化迈进。

二、新中国成立后中学政治课的发展

新中国成立以来，中国经历着一场前所未有的巨大变革，基础教育课程改革的发展与这种大变革相呼应，中学政治课程改革的轨迹也与我国基础教育课程改革的发展同步，处于持续变革与完善之中。依据历史发展的变迁和重大教育政策的转变，我国基础教育课程改革划分为八个阶段，中学政治课的改革大致也经历了八次变革。

1. 社会主义改造时期的第一次政治课改革（1949—1952年）

新中国成立后的第一次课程改革持续到1952年，这次课程改革基本奠定了我国基础教育的格局，影响深远。中学政治课的发展格局也在这一次课程改革中基本确定下来，改革的影响持续到现在。

中华人民共和国成立后，中国共产党开始对旧教育制度和旧课程进行改革，取消了旧学校中具有反动性质的德育课程，并开设了新的政治课。1949年下半年至1951年上半年这一时期，尽管全国没有统一的开课要求，也没有统一的教学大纲和教材，但政治课的教学还是有保障的，全国各地从初一到高三各年级普遍都开设了政治课，每周 2 至 4 节课。

1950 年 8 月，教育部颁发《中学暂行教学计划（草案）》，这是新中国成立后的第一个教学计划，提出了在全国统一教学计划、统一教学大纲与统一教科书的"大一统"课程模式。该计划强调"除各科均应贯彻政治思想教育外，初高中各学年仍设政治科目，以便加强现阶段中学政治思想教育"。政治科目排在所列出的教学科目表中的第一位。

1951 年 6 月，教育部发布《关于改定中学政治课名称、教学时数及教材的通知》，取消原教学计划所列"政治"这一学科名称，改为具体学科名称：初三讲授"中国革命常识"，高二及高三第一学期讲授"社会科学基础知识"，高三第二学期讲授"共同纲领"。

1951 年 11 月，发布《关于中学"政治课"略有变更的通知》。规定初一、初二取消政治课，初三开设"中国革命常识"，高一、高二开设"社会科学基本知识"，高中三年级讲授"共同纲领"等课目。初三到高二每周开课两节，高三每周一节。从初一年级到高中三年级各学年增设"时事政策"课，每周一小时。

从 1951 年开始，教育部第一次在全国范围内统一了中学政治课的设置和教学内容，并且规定不以选修课，而以必修课方式开设，标志着中学思想政治课在新中国的正式建立。政治课实行中央集权，全国第一次统一了教学计划、大纲与教科书。这一次政治课改革体现了新中国对政治课的重视和需要，政治课尽管还不完善，但还是取得了一定的成效。

2. 社会主义改造时期的第二次政治课改革（1953—1956 年）

这是我国第一个五年计划的关键时期，党中央提出了由新民主主义社会向社会主义社会过渡时期的总路线，大规模开始社会主义改造，政治课的发展在这一时期出现了曲折。

1953 年 7 月教育部颁布《中学教学计划（修订草案）》，高中的"政治常识"改为"中华人民共和国宪法"。在初三开设了"政治常识"，高一、高二开设了"社会科学基本常识讲座"，高三先后开设了"经济建设常识读本"和"宪法常识"。

1954 年中共中央又发布了《关于改进和发展中学教育的指示》，强调中学思想政治教育的重要性，但由于社会主义改造正如火如荼进行，学校政治运动增加，政治课程时间被大量占用，政治课正常秩序受到冲击。

从 1955 年下半年起，强调教育要"以俄为师"，向苏联学习，机械照搬苏联经验（苏联并不单独设立政治课，而是将有关内容纳入各科教学中），片面强调思想政治教育通过各科教学进行，导致政治课一度衰落。由于苏联经验与中国实践之间存在差异，加上盲目照抄苏联经验，中学政治课的教学时数由多到少，最后发展到大部分年级停止开课。

1956 年秋季学期，许多学校高一、高二年级已停开政治课，仅在高三每周开一节宪法课。实践证明，当时的这一做法导致了一部分青年学生缺乏分析、判断是非的能力，思想上也比较混乱。波兰、匈牙利事件在我国青年学生中引起一定的思想波动，党和国家领导人开始反思，毛泽东对此严厉批评，指出了忽视政治教育、取消政治课的错误，并重开政治课。

这一时期政治课改革呈现出如下特点：一是教学内容随过渡时期路线政策的变动而动，对宣传过渡时期路线有很大的促进作用。二是政治课的地位受到苏联教育模式的冲击而跌入低谷，片面学习苏联经验，没有顾及中国的国情，丢失了自我优良传统与经验。三是政治课的生命力没得到充分展现，课程内容变动频繁，缺少稳定性，既没有形成自己稳定的内容体系，课堂教学模式也没有获得社会认可与尊重。总的来说，这一次政治课程变革没有成功，政治课存在着被挤出中学正式课程的危险。

3. "大跃进"影响下的第三次政治课改革（1957—1965 年）

波兰、匈牙利事件后，1957 年毛泽东同志在他的《关于正确处理人民内部矛盾的问题》的讲话中尖锐指出："没有正确的政治观点，就等于没有灵魂。"紧接着又在他给周恩来同志的信中明确指出："恢复中学政治课，要编新的思想政治课本。"政治课程改革得到了应有的重视。

1957 年 8 月教育部颁布《关于中学、师范学校设置政治课的通知》，规定了政治课的教学内容和授课时数，并对原来的教学内容进行修改，规定初中一、二年级开设"青少年修养"；初中三年级开设"政治常识"；高中一二年级开设"社会科学常识"；高中三年级开设"社会主义建设"。在教学时间方面，除初中二年级每周一课时，其余各年级均为两课时。通知还第一次明确地指出课程总称为"政治课"，政治课程的框架体系初显雏形。

这一时期政治课发展仍然很曲折，由于"左"倾思想抬头，政治运动接踵而至。1957 年的"反右"斗争，紧接着 1958 年的"三面红旗"运动，1957 年下半年至 1958 年上半年，政治课搞大鸣、大放、大辩论，政治运动冲击了正常的政治课教学秩序。1958 年下半年"大跃进"进行得如火如荼，政治课开在大炼钢铁的工地上，甚至停止上课。1959 年又开展了"反右倾"斗争，政治课停开，代之以反右派斗争为中心的"社会主义教育课"。这些都是阶级斗争扩大化和经济建设急于求成在中学政治课教学中的反映。在这一时期，思想政治教育工作表面加强了，实质上反而削弱了。

随着"文化大革命"的到来，政治课走上了更动荡之路。从新中国建立到"文化大革命"之前，教育部颁布了一系列与中学政治课有关的通知或意见，根据形势任务对中学政治课的课程设置不断调整，中学政治课在不断地变动，处于初步发展阶段。这十七年，中学政治课虽几经波折，但还是得到了发展，各年级都稳定地开设了政治课，取得了明显的教学效果，教学质量不断提高。很多研究者把这一时期中的后十年称为中学政治课发展史上的黄金时期。

4. "文化大革命"中学政治课的第四次改革（1966—1976 年）

1966 年，"文化大革命"爆发。"文化大革命"爆发不久，中共中央、国务院批转教育部党组《关于 1966—1967 学年度中学政治、语文、历史教材处理意见的请求报告》，指出中学教材违背党的教育方针，不能再用，需要重新编写中学各科教材。"文化大革命"导致学校正常教学失控，从 1966 年至 1971 年，学校基本停课，学生冲出学校，拥入社会，实行"停课闹革命"。

1972 年至 1976 年恢复政治课，但实行"复课闹革命"，以批"走资本主义道路当权派"、批林批孔、评水浒、"反击右倾翻案风"等为主要教学内容。借马列著作、毛选的名义，宣传江青反革命集团反党夺权的谬论，教学内容完全服从"政治运动"需要，以学语录、读报纸、大批判等形式开展教学，政治课变成了"运动课"。

"文化大革命"期间政治学科的课程体系被肢解；政治课违反了中学生认知规律和身心发展规律，变成了纯粹的实践课（运动课）；课程的理论价值得不到体现，完全服从政治运动的需要，背离了政治课的性质和目标；政治课教师队伍被摧毁，不少教师受到不公正的批判；政治课的地位和声誉蒙受了严重损害。

5. 拨乱反正时期的第五次政治课改革（1976—1979 年）

"文化大革命"结束后，中学政治课程开始了恢复与重建。1978 年教育部拟定的《全国十年制中学政治课教学大纲》规定：初一年级设"社会发展简史"，初二、初三年级设"科学社会主义常识"。教育部还组织编写了全国统一教材，中学政治课初步恢复了正常的教学秩序。尤其是十一届三中全会以后，中学政治课程在拨乱反正基础上，重新走上健康发展的道路。

6. 改革开放开始的第六次政治课改革（1980—1985年）

1980年9月教育部发出《关于印发改进和加强中学政治课的意见的通知》，明确政治课在学校课程中的地位，并重申了课程的性质、任务及课程设置方案。

1981年初，教育部印发《关于中学政治课教学大纲》（征求意见稿），对政治课的教学目的、教学内容的处理原则、教学中应注意的问题都提出了明确要求。

1982年又提出了课程管理的改进意见，制定了初中"青少年修养""社会发展简史"，高中"政治经济学常识""辩证唯物主义常识"四个教学大纲。

新中国成立以来，由于人为的原因，也有社会政治经济的原因，中学政治课变动非常大。教学大纲的管理规范出台，以及国家层面对中学课程设置的其他行政措施的公布，使中学政治课进入了一种稳定状态，减少了中学政治课设置受到人为因素影响的概率。政治课的发展由以往非制度化的课程状态转向制度化的课程状态，解决了新中国成立以来政治课程设置一直不稳定的历史问题。

这一时期的中学政治课程建设以适应现代化建设为目的，比较注重"完整地、准确地"讲授马克思主义的基本观点和原理。尽管存在"左"的痕迹和过分强调理论性、系统性的倾向等问题，但毕竟完成了"正本清源、拨乱反正"的任务，对政治课走上稳定发展的道路起到了关键作用。相比较而言，国家对政治课程的改革较之其他课程的改革更为重视，中学政治课程进入全面改革期。

7. 深化改革时期的第七次政治课改革（1986—2000年）

1986年4月，全国人大通过了《中华人民共和国义务教育法》（以下简称《义务教育法》）。为了实施《义务教育法》，国家教委于1986年6月制定了《中学思想政治课改革实验教学大纲》，规定中学政治课程的设置方案为：

（1）初中开设的课程有：公民、社会发展史、中国社会主义建设常识，最大的变化是用"公民"取代了原来的"青少年修养"。

（2）高中共产主义人生观、经济常识、政治常识，最大的变化是把"政治经济学常识"分解为"经济常识"与"政治常识"两门课程。

（3）大纲还特别提出要改变注入式的教学方法，实行启发式的教学方法。

1992年3月，国家教委制定颁发的《全日制中学思想政治课教学大纲（试行）》规定：全日制中学从初一至高三，各年级不再分列课名，统称"思想政治"课。

1996年6月和1997年4月，《高级中学思想政治课程标准（实验）》和《九年义务教育小学思想品德和初中思想政治课程标准（试行）》相继颁发。

《九年义务教育小学思想品德和初中思想政治课程标准（试行）》第一次把九年义务教育作为一个完整阶段编订课程标准，并正式增加了心理健康教育的内容。规定了初中一年级进行良好的心理品质、高尚的道德情操和正确思想方法的教育；初中二年级进行法律常识的教育；初中三年级进行社会发展常识和我国基本国情的教育。

《高级中学思想政治课程标准（实验）》规定：高中的思想政治课按经济、哲学、政治学科分类的方式设置课程，高一进行经济常识的教育，高二进行哲学常识的教育，高三进行政治常识的教育。

8. 21世纪以来的第八次政治课改革（2001年至今）

2001年，我国开始了新一轮的课程改革。教育部制定《基础教育课程改革纲要（试行）》，确定了改革目标，用新的课程标准取代了我国沿用了几十年的教学大纲，这是本次课程改革的一个重要环节。

（1）初中思想品德课的改革。

① 课程名称的变化：原来初中的"思想政治课"易名为"思想品德课"。2003年教育部颁发了《全日制义务教育初中思想品德课程标准》（实验稿），2011年颁布《义务教育思想品德课程标准（2011年版）》（修订稿），在义务教育阶段正式规定小学开设品德与生活、品德与社会课，初中开设思想品德课，高中开设思想政治课。

② 课程内容的变化：名称的变化也反映了内容方面的变化和完善。从内容上看，以成长中的我，我与他人和集体，我与国家和社会为三大板块，综合了道德、心理健康、法律、国情的内容，整体构建课程内容。

③ 课程结构的变化：从结构上看，由横向和纵向两个逻辑框架组成；横向包括道德、心理健康、法律和国情教育四个方面的学习内容，强调的是这四大内容的整合；纵向包括成长中的我，我与他人和集体，我与国家和社会三个方面，强调的是这三个方面之间的关系，核心是"我"（即学生）。

（2）高中思想政治课的改革。

2004年颁发《普通高中思想政治课程标准（实验稿）》，该课程标准对高中思想政治课程的建设做出了规定，与原课程标准相比有以下变化。

① 课程内容的变化：课程内容在原来政治、经济、哲学的基础上增加了文化生活的内容。

② 课程结构的变化：思想政治课程由必修课程和选修课程两大部分所组成，包括四个必修课模块和六个选修课模块，内容涉及政治、经济、文化、哲学、社会、法律、逻辑、伦理道德等方面。

至此，新的中小学基础德育课程体系形成，对从小学到高中12年基础教育中的德育课程建设与实施做了整体规划。根据中小学生不同年龄段的认知和身心发展特点，确定不同教育阶段的德育内容和要求。德育课程体系的设计思路体现了生活逻辑与学科逻辑的统一，既保持以生活主题为基础的系统联系，又体现了知识内容目标的递进层次。

三、思想政治（品德）课发展的启示

思想政治（品德）课是一门对学生进行马克思主义与中国化马克思主义基本观点教育的课程，旨在引导中学生逐步树立建设中国特色社会主义的共同理想，初步形成正确的世界观、人生观、价值观，为学生终身发展奠定思想品德与思想政治素质基础。从对课程的发展历程的回顾，可以得到以下启示。

1. 以马克思主义和中国化马克思主义理论为指导

坚持马克思主义和中国化马克思主义的指导，这是中学思想政治（品德）课发展的基础，也是区分社会主义教育与资本主义教育的标志。

我国的社会主义实践以及全世界的无产阶级实践都证明了马克思主义是科学真理，资本主义世界也普遍承认这个事实，1999 年由英国广播公司通过民意测查评选以往一千年来影响最大的思想家，马克思位居榜首，这一事实就是最有力的佐证。

中国化马克思主义是马克思主义与中国实践相结合的产物。马克思主义在中国化的过程中产生了毛泽东思想、邓小平理论、"三个代表"重要思想、科学发展观等理论成果。

为了便于深入分析马克思主义与中国化马克思主义对中学思想政治（品德）课的重要指导作用，我们把中学思想政治（品德）课的发展划分为两个阶段：新中国成立前的孕育与探索阶段（1921—1949 年）、新中国成立后的改革和发展阶段（1949 年至今）。

（1）新中国成立前政治课的孕育与探索阶段。

1921 年至 1949 年是政治课发展的孕育与探索阶段，与马克思主义在中国的传播密切联系。马克思主义与中国工人运动相结合产生了中国共产党，马克思主义也成为党的指导思想。中国共产党把马克思主义引进当时的中学课堂，开始对中学适龄学生进行马克思主义理论教育，为革命培养后备力量。

第一、二次国内革命战争时期，由于中国共产党还没有自己的学校，只能把马克思主义理论化整为零，在学科课堂上传播。到抗日战争时期，中国共产党已经创建或接管了少量的中学，开始探索政治课的建设。到第三次国内革命战争时期（解放战争时期），政治课开始取得正式的地位，成为中学一门必修课。

回顾中学政治课的这个发展阶段可以发现，政治课在新民主主义革命时期一出现，就是中国共产党宣传马克思主义的重要工具。在三次国内革命战争以及抗日战争时期，我党都利用政治课宣传了马克思主义，启发群众和青少年的政治觉悟，促使他们投身于革命建设。例如，在革命根据地，苏维埃政府创办了党、政、军、师范等方面的干部学校，开设了马列主义基本原理、党的建设、工人运动史等政治课。在解放区的中学开设了政治常识、中国概况和世界概况、社会发展史、政治经济学等课程。这些课程的教材都以马克思主义为指导或直接以马克思主义基本常识为内容编写，对于帮助青少年学生了解马克思主义、认识中国革命和社会发展规律、投身于革命斗争事业发挥着积极的作用，并为新中国成立后在各类学校开设马克思主义政治课奠定了基础。同时，毛泽东思想也在马克思主义与中国革命结合过程中产生，成为政治课的重要教学指导思想。

（2）新中国成立后的改革和发展阶段（1949 年至今）。

新中国建立后，政治课的地位得到巩固和加强。中学政治课的发展尽管出现曲折，但只要坚持马克思主义和毛泽东思想的正确指导，就能及时纠正，回到正常发展轨道。相反，一旦放弃马克思主义的指导，政治课的发展就会陷入僵局。

1955 年片面学习苏联模式，把思想政治教育融入其他课程中，不开设思想政治课。1957 年"大跃进"期间，政治课的教学一度受到冲击，企图用纯实践课的方式替代课堂教学中的理论学习。十年"文革"则采用"停课闹革命"，后期"复课闹革命"，但以"政治运动"方式上课，已经不是真正意义上的政治课。削弱甚至是放弃马克思主义对中学政治课的指导，结果导致政治课停课或取消。由于缺少思想品德与思想政治教育，青少年思想政治觉悟普遍滑落，对社会产生了不良影响。

十一届三中全会以后，以邓小平为代表的中国共产党人及时纠正了十年动乱的错误，使我国走上了改革开放的道路，提出了有中国特色的社会主义理论，后来又形成了"三个代表"

重要思想和科学发展观，马克思主义中国化的成果得到极大的丰富，这些中国化的马克思主义理论成果和马克思主义一起成了中学思想政治（品德）课的指导思想，相应的内容也在教材与课堂教学中得到体现。

尤其是 20 世纪 90 年代以来，国际与国内的形势都出现了很大的变化。世界随着"冷战"的结束，进入了和平发展时期。我国抓住了这一有利时机，全面深化改革开放。整个社会处在经济、文化、道德的转型时期，形成了社会多元化格局，这个时期的中学生兴趣广泛，易于接受新事物、新思想，他们的思想、道德、政治观念不可避免要受到多元化的影响。要避免多元化冲击可能引起的思想、文化观念的混乱，思想政治（品德）课就要坚持马克思主义与中国化马克思主义理论的主导地位，坚持社会主义核心价值观的教育。

2. 贯彻党和国家的教育方针

坚持党和国家的领导，是中学政治课改革尽管过程曲折，最终仍获得发展的一个重要原因。党和国家对教育工作的领导通过制定教育方针来实现，党的教育方针根据社会发展，国情的变化而变化。在不同历史时期的教育方针，反映了党领导教育工作的基本指导思想，这是政治课内容不断完善和发展的依据。

（1）新中国成立以来主要教育方针的回顾。

① 新民主主义教育方针。1949 年 9 月，中国人民政治协商会议第一次全体会议通过了《中国人民政治协商会议共同纲领》。纲领明确规定："中华人民共和国的文化教育是新民主主义的，即民族的、科学的、大众的文化教育。人民政府的文化教育工作，应以提高人民文化水平，培养国家建设人才，肃清封建的、买办的法西斯主义的思想，培养为人民服务的思想为主要任务。"这表明我国的社会性质发生转变，即由旧民主主义向新民主主义和社会主义转变，教育方针也要适当进行调整。

② 1978 年宪法中提出的教育方针。"我国的教育方针是教育必须为无产阶级政治服务，教育必须同生产劳动相结合，使受教育者在德育、智育、体育几方面都得到发展，成为有社会主义觉悟的有文化的劳动者"，强调教育要为社会主义建设服务。

③ 1986 年通过《中华人民共和国义务教育法》，明确教育目的 —— 义务教育必须贯彻国家的教育方针，努力提高教育质量，使儿童、少年在品德、智力、体质等方面全面发展，为提高全民族素质，努力培养有理想、有道德、有文化、有纪律的社会主义的建设人才奠定基础。

④ 2001 年颁布《国务院关于基础教育改革与发展的决定》，指出教育目标 —— 要高举邓小平理论伟大旗帜，以邓小平同志教育要"面向现代化、面向世界、面向未来"和江泽民同志"三个代表"重要思想为指导，坚持教育必须为社会主义现代化建设服务，为人民服务，必须与生产劳动和社会实践相结合，培养德、智、体、美全面发展的社会主义事业的建设者和接班人。

（2）中学政治课体现教育方针的变化。

教育方针的制定鲜明地反映了时代精神，体现时代特征。新中国成立以来，我国教育方针适应时代要求实现了三次根本性的转变：一是实现了从半殖民地半封建的旧教育向新民主主义和社会主义教育的转变；二是实现了由"教育为无产阶级政治服务"向"教育必须为社会主义建设服务"的转变；三是实现了教育为计划经济服务向为市场经济服务的转变。

党和国家的教育方针是中学思想政治（品德）课改革发展的依据，政治课积极贯彻党和国家的教育方针。在每个不同的历史时期，党和国家的教育方针都各具特色，都是采用当时最有效的方法，从宏观上把握当时的国情而确定，进而指导教育工作。教育主管部门通过对教育方针的解读，以纲要、意见、通知、标准等形式对教育系统提出具体要求。新中国成立以来，积极贯彻党和国家的教育方针，是思想政治（品德）课不二的选择。党和国家针对思想政治（品德）课的发展，先后颁布过若干重要文件（参见表 1-1）。

表 1-1　党和国家颁布关于政治课改革的系列文件

时间	党和国家颁布关于政治课改革的系列文件
1951 年 6 月	教育部《关于改定中学政治课名称、教学时数及教材的通知》
1951 年 11 月	教育部《关于中学"政治课"略有变更的通知》
1954 年 7 月	教育部《关于中学部分学科的设置、授课时数的变更及政治教材的通知》
1956 年 6 月	教育部《关于 1957—1958 学年度中学教学计划的通知》
1956 年 8 月	教育部《教育部关于中学、师范学校设置政治课的通知》
1957 年 8 月	教育部《关于中学、师范院校设置政治课的通知》
1957 年 8 月	教育部《关于对中学和师范学校学生进行社会主义思想教育的联合通知》
1959 年 7 月	教育部《中等学校政治课教学大纲（试行草案）》
1961 年 8 月	教育部《关于 1961—1962 年度中等学校政治课课程设置和教学用书的通知》
1963 年 7 月	教育部《关于实行全日制中小学新教学计划（草案）的通知》
1964 年	《关于改进高等学校中等学校政治理论课的意见》
1966 年	《关于 1966—1967 学年度中学政治、语文、历史教材处理意见的请求报告》
1978 年	教育部《全国十年制中学政治课教学大纲》
1980 年 9 月	教育部《关于印发改进和加强中学政治课的意见的通知》
1981 年初	教育部《关于中学政治课教学大纲（征求意见稿）》
1985 年 8 月	中共中央发出《关于改革学校思想品德和政治理论课程教学的通知》
1986 年 4 月	第六届全国人民代表大会第四次会议通过了《中华人民共和国义务教育法》
1986 年 6 月	国家教委《中学思想政治课改革实验教学大纲》
1992 年 3 月	国家教委重新制定颁发《全日制中学思想政治课教学大纲（试行）》
1994 年 8 月	中共中央《关于进一步加强和改进学校德育工作的若干意见》
1995 年 12 月	国家教委《关于进一步加强和改进中学思想政治课教学工作的意见》
1996 年 6 月	《高级中学思想政治课程标准》（实验稿）
1997 年 4 月	《九年义务教育小学思想品德和初中思想政治课程标准（试行）》
2001 年 6 月	《国务院关于基础教育改革与发展的决定》
2001 年 10 月	教育部《九年义务教育小学思想品德课和初中思想政治课程标准（修订）》
2003 年 5 月	教育部《全日制义务教育初中思想品德课程标准（实验稿）》
2011 年	教育部《义务教育思想品德课程标准（修订版）》

党和国家通过这些文件对思想政治（品德）课的目标、指导思想、教学内容、教学形式、教学方法、教学评价标准等提出指导建议。围绕这些文件及相关的指导建议，构建适合那个时代的思想政治（品德）课教材，利用教材组织教学，成为思想政治（品德）课改革发展的依据。

同时，思想政治（品德）课也是宣传和普及党和国家各个时期的路线、方针、政策的有力工具。如新中国成立初期，为了配合社会主义改造，政治课有计划地对学生进行了党的过渡时期总路线的教育，还规定从初一到高三都设时事政策课。改革开放以来，根据社会需要，中学思想政治（品德）课增加了法律、市场经济常识等方面的内容，最新的一轮课程改革中，思想政治（品德）课也配合我国政治经济发展对人才的需要，对课程内容以及教学评价方式等方面的内容进行调整。

3. 注重社会发展与学生个体发展的统一

从人类历史的总进程来看，社会发展与个体发展是一致的。政治课具有满足社会发展与个体学生发展的属性，在符合社会发展与促进学生个体发展的价值选择中不存在着根本意义上的冲突，能同时满足两者发展的需求也是课程的追求目标，但是在终极意义上，人是更根本的因素。

新中国成立以后，中学政治课的发展过程呈现出由社会需求优先到社会需求与个人需求并重的转变历程，与之相适应，名称也经历了"政治课""思想政治课"到"思想政治（品德）课"的变化过程。

（1）社会发展优先于个人发展。

从我国中学政治课的发展过程来看，在特定的历史阶段，受到特定社会环境的影响，两种需求很难两全其美，在课程创建的革命时期，社会发展需求是最主要的。

① 服从社会主义革命的需求。我党自创建自己的第一所中学以来，政治课就不断调整课程内容及教学方式，适应社会革命发展的需要，很好地实现了为革命服务的功能。纵观新民主主义革命前三十年（1919—1949 年），在我党所办教育中，政治课始终处于非常重要的地位。政治课教学任务、教学内容、教学方式都与当时的革命斗争紧密相连，随着形势的变化而变化。教学主要采取灌输和直接参加革命实践相结合的方式，政治课直接服务于革命，服务于战争，当时取得了很好的效果。

② 服务于社会主义改造与建设需求。新中国成立后，我国经历了曲折的社会发展过程，政治课始终与社会的发展紧密联系，服务于社会的需要。

在新中国成立后的初期（1949—1966 年），政治课面临着复杂、艰难的国际与国内环境，在宣传党的路线方针政策方面发挥着重要的社会导向功能。1957 年至 1966 年是我国全面建设社会主义的十年，是个体自我意识与个人合理需求慢慢凸显的时期。由于受"左"倾错误思想的影响，政治课不得不配合政治运动，围绕着政治运动运转。社会发展的需求始终压制着个人发展的合理需求，政治课突出德育的政治功能，用政治思想教育代替道德教育。

（2）兼顾社会发展与学生个体发展的时期。

21 世纪以来的思想政治（品德）课程改革，在符合社会发展需要方面是成功的。同时，也体现出尊重学生发展的需求，关注满足学生发展的价值取向。

① 正确处理思想政治（品德）课程与学生的关系。按传统理解，课程只是政府和学科专家关注的事，学生只是既定课程的接受者和吸收者。最新一轮的思想政治（品德）课改革要求改变学生的被动地位，认为学生也是课程的开发与利用者。只有当学生不外在于思想政治（品德）课程，而是课程的有机构成部分，思想政治（品德）课程才能更好地体现个体学生的需求。

② 思想政治（品德）课程要坚持正确的学生观与学习观。进入 21 世纪，"以人为本"的科学发展观已经成为社会主流价值取向，思想政治（品德）课程由重视政治、经济等社会功能向兼顾人文功能转向，个体学生的需求得到了应有的重视。

思想政治（品德）课程改革要坚持正确的学生观，"一切为了学生，为了一切学生，为了学生一切"。思想政治（品德）课作为教学活动中的客体，要满足主体学生的需求，课程的设置者、课堂教学的实施者要有正确的学生观。

思想政治（品德）课程改革要坚持正确的学习观。倡导学习方式多元化，要求教师教会学生学习的方法，而不仅仅是教给学生知识。倡导自主、合作、探究的学习方式，思想政治（品德）课程要符合每个学生终身发展的需要，培养学生终身学习的愿望和能力。

第二节　思想政治（品德）课的性质

性质是一事物区别于其他事物的本质和特点。任何一门课程都要明确它的性质，因为性质决定着课程在学校教育中的地位、任务。明确课程性质也是教师把握课程的特点，确定教学原则、选择教学方法与手段，有效地组织教学的基点。因此，确定思想政治课的性质是搞好思想政治课教学的重要前提。

一、初中思想品德课的性质

《全日制义务教育思想品德课程标准（2011 版）》对课程的性质做出以下规定：思想品德课程是一门以初中学生生活为基础、以引导和促进初中学生思想品德发展为根本目的的综合性课程。本课程的特性主要有以下几个方面。

1. 思想性

思想性是思想品德课的灵魂，它决定着课程的方向，规定着课程的基本特征。思想品德课以社会主义核心价值体系为导向，深入贯彻落实科学发展观，根据学生身心发展特点，分阶段分层次对初中学生进行爱祖国、爱人民、爱劳动、爱科学、爱社会主义的教育，为青少年健康成长奠定基础。

2. 人文性

人文性是思想品德课程的主要特性，尊重学生学习与发展规律，体现青少年文化特点，关怀学生精神成长需要，用初中学生喜闻乐见的方式组织课程内容、实施教学；用优秀的人类文化和民族精神陶冶学生心灵，提升学生的人文素养和社会责任感。关注学生成长需要与生活体验，不断丰富学生的思想情感，引导学生确立积极进取的人生态度，培养坚强的意志和团结合作的精神，促进学生人格健康发展。

3．实践性

实践能够增强思想品德教育的针对性和实效性，也可以加强和巩固思想品德教育的成果。从学生实际出发并将初中学生逐步扩展的生活作为课程建设与实施的基础。注重与社会实践的联系，引导学生自主参与丰富多样的活动，在认识、体验与践行中促进正确思想观念和良好道德品质的形成和发展。实践性是很多课程的追求，但是思想品德课程更加关注这一点，因为思想品德课程本质上不是一套知识体系，而是致力于道德品质和人文精神的习得和养成的课程。

4．综合性

思想品德课的综合性首先表现为内容的综合，它有机整合道德、心理健康、法律和国情等多方面的学习内容。其次表现为生活的综合，它与初中学生的家庭生活、学校生活和社会生活紧密联系，几乎涉及中学生所有的生活空间。最后表现为追求目标的综合，改变了课程片面重视知识目标的弊端，将情感态度价值观的培养、知识的学习、能力的提高与思想方法、思维方式的掌握融为一体。

二、高中思想政治课的性质

教育部于2004年颁布了《普通高中思想政治课程标准（实验）》，标准规定了高中思想政治的课程性质：高中思想政治课进行马克思列宁主义、毛泽东思想、邓小平理论和"三个代表"重要思想的基本观点教育，以社会主义物质文明、政治文明、精神文明建设常识为基本内容，引导学生紧密结合与自己息息相关的经济、政治、文化生活，经历探究学习和社会实践的过程，领悟辩证唯物主义和历史唯物主义的基本观点和方法，切实提高参与现代社会生活的能力，逐步树立建设中国特色社会主义的共同理想，初步形成正确的世界观、人生观、价值观，为终身发展奠定思想政治素质基础。对于高中思想政治课的性质，可以从以下三个方面来把握：

1．从课程的核心价值、基本内容和培养目标来把握

从核心价值来看，思想政治课是一门进行马克思主义基本观点教育的课程；从基本内容来看，思想政治课是一门提高认识、参与当代社会生活能力的课程；从培养目标来看，思想政治课是一门培养学生思想政治素质的课程。因此，对高中思想政治课的课程定位，既需要在学科系统中把握，又需要在德育系统中把握。

2．从作为学科课程来把握

作为学科课程，思想政治课是集理论教育、社会认识和公民教育于一体的综合性课程，相对于一般学科课程，既具有更为宽泛的学科背景，又具有更为重要的德育功能。它的设置，是其他任何课程都替代不了的，也是其他国家的课程所无法类比的。

（1）思想政治课对学生实施综合的素质教育，主要包括理论知识素质教育、思想政治素质教育、道德品质素质教育、法律意识素质教育、心理素质教育等。

（2）思想政治学科所包含的基本理论和知识内容非常广泛，如哲学、经济学、文化学、政治学、法学、社会学、伦理道德、心理健康、国情等，是中学所有课程中最"杂"的，但形散而神不散。教学内容实质上是马克思主义的基础理论、基础知识以及马克思主义理论在

社会生活领域的初步应用。

3. 从作为德育课程来把握

作为德育课程，思想政治课具有重要的德育功能，它是学校德育工作系统中的一个重要环节，具有不同于一般德育工作的课程特点。德育范畴包括社会德育、学校德育和家庭德育，在这之中，学校德育是主渠道、主阵地、主课堂。而思想政治课在学校德育中又起着奠基和导航作用，是学校德育的中心环节，可以通过课堂教学的方式开展德育，使德育工作更有针对性、实效性和主动性。

总之，高中思想政治课的设置，集中体现了开展未成年人思想道德建设的根本方针、根本目标、根本任务、根本途径和根本举措。我们应该从这个高度理解和把握思想政治课的性质。

三、思想政治（品德）课程性质的认识变化

最新一轮课程改革后，思想政治（品德）课程的德育性质已经成为共识，与课改前对课程性质的认识相比有以下几个变化：

1. 强化了作为新时代公民应具有的基本思想品德

在经济全球化、信息社会化和文化多元化不断拓展与深化的 21 世纪，思想政治（品德）课应该是一门以塑造和培养现代公民为目标的素质教育课程。与传统中学政治课程一贯坚持把政治教育摆在首位，轻视课程的道德、思想作用相比，思想政治（品德）课的教育理念发生了重大的转变，即从单一的政治教育走向了现代公民素质教育。与教学大纲和旧课程标准相比，新课程标准认识到思想政治（品德）教育要为学生的思想素质、政治素质和道德品质发展打下坚实基础，强调以生活为基础，以做负责任的公民为基本理念，以新时代公民应具有的基本思想品德素养为主要内容，对学生进行基本的思想品德教育。

思想品德教育突出思想性，思想性是思想政治（品德）课程的灵魂，它决定着课程的方向，规定着课程的基本特征。在某种意义上，对思想政治（品德）课程的这种思想性规定，是我国社会主义教育性质最突出的表现。思想政治（品德）课以马克思主义和中国化马克思主义为指导，紧密联系社会生活和学生思想实际，帮助学生逐步形成良好的心理品质和道德品质，养成遵纪守法和文明礼貌的行为习惯，增强爱国主义、集体主义的思想情感，逐步树立中国特色社会主义的共同理想，为学生形成正确的世界观、人生观和价值观奠定基础。

2. 关注课程的人文性，关注学生的个性发展

思想政治（品德）课注重人文性，以人为本，与传统政治课注意共同性，压抑个性相比是一个巨大的转变。

传统的中学政治课程非常强调对共同价值观念、共同行为标准和集体意识的宣传与养成，但不注重学生多样性的存在，忽视学生的个体特征、独立自主的精神、独立思考以及个人的兴趣爱好等，束缚了学生的个性发展。新课程标准强调"本课程是为初中学生思想品德健康发展奠定基础"，在强调学生是有意识、有情感、内心世界的独立主体的基础上，以学生的全面发展为本，从学生成长的需要出发，尊重学生个体差异，尊重学生学习和发展规律，关注学生的思想情感，引导学生形成积极进取的人生态度，培养学生坚强的意志和团结合作的精神，最终将个人利益、集体利益和国家利益三者结合起来，促进学生的全面发展。

3. 课程回归生活，关注生活德育

《普通高中思想政治课程标准（实验）》和《义务教育思想品德课程标准（2011 年版）》都提出了思想政治（品德）课程回归生活的德育理念，主张利用好学生的生活体验来实施德育。体现了课程价值取向的转向，即课程培养有道德的人而不是"道德研究者"（道德知识的学习者）。课程的逻辑是生活逻辑兼顾学科逻辑，而不是纯粹的学科逻辑。作为一门德育课程，虽然不能涵盖学生的整体生活，但力求反映学生的整体生活。

第三节　思想政治（品德）课的地位

思想政治（品德）课对中学生进行马克思主义常识和中国化马克思主义基本知识教育，是培养中学生社会主义公民意识的一门必修课，它在中学生思想素质、政治素质、道德品质培养方面处于核心地位，是其他任何课程所无法取代的。

一、思想政治（品德）课在中学各学科中的首要地位

思想政治（品德）课是一门综合性的必修课，是实施素质教育的一门重要课程。学生的素质所包含的内容很多，思想政治素质是所有素质中最重要的素质。思想政治（品德）课承担着培养中学生的思想政治素质的重任。

1. 思想政治（品德）是中学课程体系中不可缺少的一门必修课

在中学教育中开设思想政治（品德）课是我国教育的一大优势，它在革命时期和社会主义建设时期都发挥了独特的历史作用。

思想政治（品德）课肩负着意识形态教育的使命，向青少年传授国家意志，把握舆论导向，提供精神动力，这是其他学科所不具备的直接功能。思想政治（品德）课如果不重视思想政治素质的教育，就失去其自身存在的价值。在其发展史上曾经犯过类似的错误，如 1956 年片面学习苏联经验，取消中学政治课，把思想政治教育寓于其他学科教学之中，导致青少年思想政治觉悟的普遍滑落；"大跃进""文化大革命"期间停止或取消思想政治课，同样引起了学生思想政治觉悟的混乱，产生了不良的社会影响，这些都说明思想政治（品德）课程自身的生命力与价值。重视思想政治（品德）课的价值，切实搞好中学思想政治（品德）课教学，直接关系着社会的稳定。

2. 思想政治（品德）是一门综合性必修课程

思想政治（品德）课是以中学生生活为基础，涉及道德品质、心理健康、法律、国情、经济、政治、文化和哲学等内容，以引导和促进中学生思想品德发展为根本目的的综合性课程，具有思想性、人文性、实践性、综合性的特点。集中体现了开展未成年人思想道德建设的根本方针、根本目标、根本任务、根本途径和根本举措。是一门集理论教育、社会认识和公民教育于一体的综合性课程，相对于一般学科课程，既具有更为宽泛的学科背景，又具有更为重要的德育功能，是其他任何课程都替代不了的，也是其他的课程所无法类比的。

思想政治（品德）课需要综合利用好其他学科的积极因素。任何一门独立的学科，都有自己的学科特点，社会科学类的学科教材一般都具有鲜明的情感态度与价值观，比如语文侧

重情感的教育；历史、地理侧重唯物史观教育；自然科学教材本身没有价值观，但它们所揭示的客观规律渗透着唯物主义思想和辩证法的因素，是发展学生辩证唯物主义思想的重要基础。思想政治（品德）课在各科教学中所激发起的情感、讲述的史实、揭示出的思想基础上，联系学生的生活实践经验，将其上升到观点，并综合这些观点，这成为思想政治（品德）课可利用的其他学科的积极教学因素。

在对待中学思想政治（品德）课的课程地位上，要避免出现轻视、淡化该课程的倾向，轻视思想政治（品德）课的错误倾向有两方面表现：一方面，认为思想政治课不是科学知识，不能作为一门课程设置；另一方面，认为我们进入了社会主义初级阶段，阶级斗争不再是我国社会的主要矛盾，工作重心都应转移到经济建设上来，无须再设思想政治课。实践已经证明这两种想法都是错误的，思想政治（品德）课是对中学生进行马克思主义常识和公民品德教育的综合性的必修课，从全面贯彻执行党的教育方针看，中学政治课起着不可替代的重要作用。

二、思想政治（品德）课在中学德育中的地位

在《中学德育大纲》所列的实施德育工作的途径中，思想政治（品德）课列在首位，说明其在中学德育工作中的特殊地位。

1. 学校德育的主导渠道

中学是对未成年人进行思想道德教育的主渠道，思想政治（品德）课是中学德育的重要组成部分。中学德育可以通过思想政治（品德）课、其他学科、班主任工作、团队工作（共青团、少先队、学生会等）、劳动与社会实践、课外活动、校外教育、家庭教育、社会教育等途径进行，思想政治（品德）课起主导作用，是主导渠道。

思想政治（品德）课是依照国家制定的课程标准，通过系统的教材，讲授马克思主义基本观点和其他有关的社会科学知识的课程，使德育内容能够有计划、有目的得以组织实施，为中学德育制度化、规范化提供有力保证。

（1）思想政治（品德）课有统一的课程标准和教材，有比较系统的、相对稳定的教学内容。

（2）思想政治（品德）课有统一的教学计划和教学进度，并主要以课堂形式分班进行教学，教学时间有保证，因而思想政治教育的效率比其他途径要高。

（3）思想政治（品德）课对学生进行思想政治教育要把教材的内容和要求与学生的实际恰当地联系起来，这是其他途径所不完全具备的。

（4）思想政治（品德）课对学生进行思想政治教育，主要是从根本上提高学生分析问题的能力和思想政治觉悟。

它不同于时事教育、日常思想政治工作、家庭教育、社会教育。其中时事教育，是由教育行政部门、教师根据形势及时对学生进行的国际国内形势及党的方针政策教育；日常思想政治工作是通过班主任工作，课外活动和团队工作（共青团、少先队、学生会）对中学生进行教育。这些途径是德育的重要途径，但这些方式不可能像思想政治（品德）课那样系统全面地对学生进行马克思主义基本观点教育。

2. 在中学各学科中首要的德育地位

《中学德育大纲》指出思想政治（品德）课"是向学生较系统地进行社会主义思想品德和

政治教育的一门课程，在诸途径中居于特殊重要地位。它以课程教学为主要形式，以马克思主义为指导的理论观点和社会科学基础知识武装学生，逐步提高学生的思想政治觉悟和认识能力，培养他们的社会主义道德品质"。

中学思想政治（品德）课是德育工作的主导渠道，在学校课程体系中，思想政治（品德）课是一门直接的、专门的道德教育课程。虽然中学其他各学科都要对学生进行道德品质教育，但不像思想政治（品德）课那样，整个教学都致力于思想品德和政治教育。因此，思想政治（品德）课本质上应该是一门德育课程，义不容辞地发挥其德育的主导渠道作用。

其他各学科则是间接的、隐性的道德教育课程，它们主要以传授本学科知识为首要任务，在完成本学科任务的同时采取不经意的方式影响学生的道德品质和思想政治素质，它们的德育任务是零碎的、偶然的，不像思想政治课那样系统地、专门地致力于现代公民素质的教育。

3. 我国学校社会主义性质的重要标志

思想政治（品德）课是体现我国学校教育社会主义性质的重要标志。我国的教育是社会主义教育，我国人民民主专政的国家性质决定了各级各类学校必须坚持社会主义的办学方向，必须为社会主义现代化建设服务，培养适合社会主义事业发展需要的建设者和接班人。在中学开设思想政治（品德）课就是为了坚持社会主义的办学方向，全面贯彻社会主义的办学方针，使之成为社会主义性质的根本标志之一。

从根本上说教育具有阶级性，社会制度不同，教育的目的、内容和方式也不一样。教育的阶级性表现在：一方面作为一种思想和观点渗透在各科课程和各种活动中；一方面还需要开设专门的德育课来系统传授本阶级的思想体系和行为规范，培养学生成为本阶级的建设者和接班人。

中学各学科都与我国社会制度存在着联系，但是由于各门学科的内容和特点不同，其与社会制度联系的程度和方式也不同。思想政治课是以马克思主义和中国化马克思主义作为指导，对中学生进行社会主义道德观、思想观、政治观教育的显性德育课程，与我国社会主义制度联系最直接，这种密切联系决定了它在中学课程体系中独特的政治地位。

第四节　思想政治（品德）课的任务

一、基本理论知识教育的任务

知识不仅是进一步学习的基础，也应是参与社会的基础。思想政治（品德）课程本身蕴含着广博而又丰富的知识内容，广泛涉及自然、社会和思维的各个领域。课程的主旨在于引导学生学会做人、了解社会，成为负责任的公民。知识是实现这一主旨的基础，也是思想政治（品德）课教育教学活动的依托和载体。

最新一轮思想政治（品德）课程改革，制定了《义务教育思想品德课程标准（2011 年版）》和《普通高中思想政治课程标准（实验）》，两个课程标准都有明确的知识目标规定，强调对中学生的知识传授，使之形成相应的知识储备，并在此基础上提高能力，树立正确的情感态度与价值观。

初中"思想品德"以学生的生活主题为经，以课程内容为纬，进行综合设计，知识内容体系围绕"成长中的我，我与他人和集体，我与国家和社会关系"，有机地整合了道德、心理健康、法律和国情等相关知识，整体构建课程内容。

高中"思想政治"重点讲授马克思主义经济学、政治学、文化、哲学的基本观点，以及我国社会主义现代化建设常识，帮助学生初步形成观察社会，分析问题，选择人生道路的科学世界观、人生观和价值观，逐步提高参加社会实践的能力，为他们成为具有良好政治思想素质的公民奠定基础。

二、思想品德教育的任务

思想品德，是人们在社会生活中，通过处理与自身、他人、集体、国家和社会的关系，而逐渐培养起来的做人做事的稳定的思维方式和行为习惯。思想品德是一种社会意识形态，就其内涵而言，包含思想品质、政治品质和道德品质三个方面。

1. 思想品质教育任务

思想品质包括世界观、人生观、价值观等要素，在思想品德结构中居于十分重要的地位。

（1）思想品质是思想品德的核心要素。表现在两个方面：一是思想制约着心理，决定心理的方向和内容；二是思想支配行为。

（2）思想是思想品德的社会内容。这是因为：一方面，思想受制于社会关系，社会关系决定了思想的社会性；另一方面，思想又反映了社会关系，思想中所蕴含的理性的观念形态，一直是思想品德的社会内容。

（3）思想是思想品德的方向。我们所研究的思想品德不是虚无缥缈的理念，而是具有强烈现实意义的概念。因此，只有坚持思想中的现实性，才能使思想品德的发展符合人类文明发展的进步方向。

2. 政治品质教育任务

政治品质，是指人们在社会生活中处理各种政治关系的行为习惯或习性，是一定阶级或社会的政治观念和原则转化为人们的内心信念和意志，并在其言行中表现出来的稳定特征和一贯倾向。中学思想政治（品德）课的政治教育，主要是通过课程活动影响中学生政治观点、政治立场、政治理想、政治信念、政治态度、政治情感和政治信仰。

政治品质教育具有阶级性和社会性。政治品质是一个社会性、时代性、阶级性很强的概念，不同时代、不同阶级或社会，都会确立不同的政治原则和行为规范，要求本阶级或本社会的成员遵守和实行。

（1）阶级性是指它明确地属于哪个阶级，为哪个阶级的根本利益服务，其作用在于维护一个特定社会的统治阶级的统治。我国中学思想政治教育的实施者是国家和中国共产党，受教育者是中学生。在新中国成立之前的革命年代，政治课首要的任务就是政治教育。这个时期的政治教育任务侧重于阶级性，用革命的使命号召青年学生投身于革命，为了民族与国家，个人要甘于牺牲。这个时期政治教育中的阶级性远远高于社会性。强调个人的发展依赖、从属于社会的发展，社会的价值高于个人价值。

（2）社会性是指思想政治教育的传递性、工具性、手段性等非阶级的、普遍性的一面，它可以为社会中所有人的发展和一切社会的发展服务，其作用是维系一个社会共同体的存在和发展。改革开放后，中学思想政治（品德）课的政治教育得到了改善，强调阶级性与社会性并重，以社会性引导阶级性的发展。

3．道德品质教育任务

道德品质是一个综合性范畴，由道德认识、道德情感、道德意志、道德信念、道德行为等基本要素组成，是道德主体在对道德原则和道德规范有明确认识的自觉意识基础上，凭借意志的力量自主选择之后形成的行为习惯。

道德品质教育是思想政治（品德）课的一项重要任务，目的是形成学生一定的道德意识和道德行为规范。中学思想政治（品德）课作为中学德育工作的组成部分，是要通过教学使学生的道德素质提高，能正确处理个人利益、集体利益、国家利益三者关系，能正确对待人生道路上的成败，进而树立科学的世界观、人生观和价值观，形成健全的人格。

三、能力培养的任务

中学思想政治（品德）课的基本任务是传授知识、培养能力、形成情感态度价值观，进而规范学生的行为。思想政治（品德）课的能力培养就是指通过课程的学习促进后天因素中的积极因素，进而培养学生各方面的能力。

1．自学能力的培养

自学意味着积极主动地学习，也意味着发现学习的乐趣。中学思想政治（品德）课应培养学生看报、看新闻并掌握其精神实质的能力，还要培养学生能阅读通俗读物和某些经典著作的能力，使学生掌握打开知识宝库的钥匙和本领。

2．观察能力的培养

观察能力是指善于全面、深入、正确地认识事物特点的能力。观察是获得感性认识的一个重要途径，学习者通过观察获得的大量感性材料，为进一步获得更多的理性知识打下基础。

3．辨别能力的培养

思想政治（品德）课的辨别能力培养是在比较中区分事物、辨别是非，从而获取更多的知识，提高自身的能力。

4．思维能力的培养

这方面通俗地说就是动脑筋想问题，就是培养善于运用所学知识，深入认识事物的本质，揭示其规律的能力，实现由感性认识上升到理性认识的飞跃。

思想政治（品德）课的能力培养要贯彻理论联系实际的教学原则，中学生不仅要学习基本的理论知识，还要参与社会实践。思想政治（品德）课是以社会为课堂，在社会实践中考查学生对所学知识的理解运用情况，并提高其综合能力。但要注意初中与高中课程标准提出的能力要求的不同，在具体实践过程中，要注意层次差别，防止要求过高或过低。

四、心理疏导任务

思想政治（品德）课承担着心理疏导任务。中学生身心发展处于人生发展的关键阶段，必须针对中学生的心理问题，对中学生进行心理素质教育，帮助学生形成良好的个性心理品质。

　　思想政治（品德）课的心理疏导任务与心理教育相辅相成，成为对中学生进行心理疏导的重要平台。心理疏导任务可以充分利用涉及心理健康的相关内容，适时地进行心理指导。心理疏导工作做好了，可以促使学生保持积极向上的精神状态，有正确的自主意识和较强的调节能力，有较好的人际关系协调能力等。

第二章　思想政治（品德）课程标准

最新的基础教育课程改革，是新中国成立以来的第八次基础教育课程改革，由于发生在21世纪之初，所以也称为新课程改革。此次课程改革以2001年教育部颁布的《基础教育课程改革纲要（试行）》为标志。思想政治（品德）课程改革也随之开展，2003年，教育部颁发《全日制义务教育思想品德课程标准（实验稿）》，2011年又颁布《义务教育思想品德课程标准（2011年版）》，替代了2003年的实验稿；2004年教育部颁布了《普通高中思想政治课程标准（实验稿）》。这两个标准是中学思想政治（品德）课程改革的指导性文件。

第一节　思想政治（品德）课程的改革

新中国成立以来的第八次基础教育课程改革在党和政府的直接领导下开始。由于课程改革是顶层设计，所以与前七次相比，表现出速度快、力度大、影响广等特点，对我国基础教育乃至整个教育的发展产生深远的影响。

一、课程改革的动因

经过多年的改革开放，我国的综合国力已进一步增强，制约我国经济社会发展的国际国内形势与改革开放初期相比已经发生很大的变化，教育需要为了跟上这种变化而进行改革。

1. 知识经济的要求

21世纪全球经济进入知识经济，因此被称为知识经济时代。同过去农业、工业时代相比较，知识经济的发展依赖于具有高度科学文化素养和人文素养的人才。高素质的人才一方面要能掌握基本的学习工具，另一方面要具备基本的知识、技能，正确的情感、态度和价值观。

知识经济发展更依赖科学技术的进步，而科技进步取决于创新型人才的培养。知识对于经济发展的意义相当于农业经济时代的土地、劳动力，或工业经济时代的原材料、工具、资本，是经济发展的直接资源。而我国的教育体制在促进科技进步，创新型人才的培养方面存在结构性的缺陷，一方面表现在人才的基础知识、基础技能不扎实；另一方面表现在个性与创造性方面远落后于先进国家。

高素质人才除了掌握知识与技能外，还需要有合格的思想素质、政治素质、道德素质，需要有正确的世界观、人生观、价值观。因此，培养有现代社会公民意识的负责任的公民，成为思想政治（品德）课的首要任务，成为促进思想政治（品德）课程改革的推动力。

2. 全面实施素质教育的要求

素质教育是新课程改革的目标，我国的教育方针随社会发展进程和改革开放的进程不断进行调整，但对素质教育的追求从未停止过，从教育要培养有理想、有道德、有文化、有纪律的"四有新人"，到教育要面向现代化、面向世界、面向未来的"三个面向"等教育思想，无不体现着素质教育的强烈诉求。素质教育是所有教育政策、文件制定的基础，是我国的一项基本教育政策。

（1）素质教育的核心是培养合格公民，把学生培养成为一个有完善人格的负责任的公民。

人格的形成受到先天因素与后天因素的共同影响，青少年学生处于完美人格形成的关键时期。素质教育就是通过后天的社会教育，对学生健康完美人格的形成进行积极干涉，教学生学会做人。思想品德素质是一切素质中最重要的素质，是素质的灵魂，所以思想政治（品德）课程在促使学生健康完美人格形成中负有重要的责任。

（2）创新精神是素质教育的重要内容。

培养创新精神和创新人才是素质教育的重要内容，素质教育离不开创新，创新人才也离不开素质教育。但素质教育在我国要得到全面真正的实施，还面临许多问题需要解决。传统的应试教育势力强大，其固有的知识本位、学科本位问题严重影响了学生主体地位的实现，这与时代对创新人才的要求形成了极大的反差。

思想政治（品德）课能为创新人才培养提供正确的指导，对培养创新人才的良好思想品德与思想政治素质有促进作用。创新精神与创新人才的培养，客观上需要对现有的思想政治（品德）课程进行改革，以便更好地发挥课程对素质教育的助推力量。

3. 全球主要国家课程改革的启示

我国最新的课程改革建立在调查研究的基础上，除了国内的调查之外，还组织了专家学者对国外主要国家进行调查与研究，得到以下启示。

（1）政府主导课程改革。

主要发达国家的课程改革是促进这些国家综合国力强大的重要原因，课程改革能满足这些国家政治、经济、军事等方面的需要，反过来，这些需要也成为推动这些发达国家课程改革的动力之一。国外主要国家都非常重视以基础教育课程改革为核心的教育改革，各国政府都参与并领导了课程改革。

（2）课程改革的课程理念新颖有效。

综合世界主要国家的课程改革，发现课程改革理念存在着一定的共性：

① 认为学生获取知识的能力比获取的知识更有价值，注重基础学力的提升，为终生学习奠定基础，满足人的成长需要。

② 强调价值观教育和道德教育。由于科技进步在促进人类文明发展的同时也带来了负面的影响，各国都强调价值观与道德教育，提出普适性的价值和道德原则。

③ 在课程建设过程中重视学生的生活经验，以生活引领情感、态度与价值观的提高，主张生活即教育，教育即生活。重视发展学生的创造性与个性，认为两者是相互促进的，是人的可持续发展的基础。

这些国家的课程改革理念及组织方式，是导致这些国家能进行课程改革并取得成功的原因，对我国的课程改革有重要借鉴意义。

二、课程改革的目标

课程改革最大的一个追求是实现人的全面发展，但这一追求在应试教育思想之下是难以实现的。因此，新的课程改革，需要革除原有课程的弊端，树立科学合理的课程改革目标。思想政治（品德）课程改革要实现的目标有以下内容：

1. 完善课程目标体系

知识、能力、情感态度与价值观三维目标要全面实现。思想政治（品德）课作为一门德育课程，其课程目标要全面，并且突出德育性。新的思想政治（品德）课程改变了过去片面追求知识的倾向，打破传统的基于精英主义思想和升学取向的过于狭窄的课程定位，而去关注学生"全面"的发展。

根据学生身心特点来确定不同阶段课程目标顺序。初中思想品德与高中思想政治课的分类课程目标的排序并不相同，初中的排序是：① 情感态度与价值观目标，② 能力目标，③ 知识目标；高中则是：① 知识目标，② 能力目标，③ 情感态度与价值观目标。这显现了德育课程要符合学生的身心发展特点。低年级更注重生活逻辑，根据生活经验确定分类目标实现的顺序，高中思想政治则突出学科逻辑与生活逻辑的并存，按学科逻辑构建分类目标的顺序，并把生活逻辑融入其中。

2. 改革评价方式与考试制度

思想政治（品德）课程要建立一种发展性的评价体系，改变课程评价过分强调甄别与选拔的功能，从而发挥评价促进学生发展、教师提高和改进教学实践的功能。

主张对学生的评价要把思想政治素质的评价放在首位；评价方式多样化，形成性评价与终结性评价结合，封闭性评价与开放性评价结合；评价主体多样化，除了教师，学校、家长、社会之外，学生也是评价的主体。

3. 整体构建德育课程

把基础教育的德育形成一个有机整体，并且与高校的德育课程衔接。从小学低年级的品德与生活，到小学高年级的品德与社会，到初中的思想品德，到高中的思想政治，再到高校的思想政治理论课，形成按学生身心发展特点以及参与社会生活的程度而构建的德育课程体系。

4. 德育课程名称的改革

新的课程改革改变了课程的名称，从新中国成立初期的"政治课"到"思想政治课"再到现在初中的"思想品德"课、高中的"思想政治课"，这表明我国对思想政治（品德）课程的性质认识越来越准确。课程名称的改革代表着对课程性质的认识从政治课程到学科课程，再到德育课程的曲折发展过程。

5. 改变教学方式

教学实施的方式与方法伴随着课程改革发生的变化而变化。《基础教育课程改革纲要（试行）》提出："改变课程实施过于强调接受学习、死记硬背、机械训练的现状，倡导学生主动参与、乐于探究、勤于动手，培养学生搜集和处理信息的能力、获取新知识的能力、分析和解决问题的能力以及交流与合作的能力。"以往长期的灌输式学习使学生变得机械、被动，自然也就制约了学生的创造性。新课改不再单纯以学科为中心组织教学，教学过程注重与学生的经验结合在一起，帮助学生在现实生活的基础上形成新知识、新概念。

学生学习方式的改善是以教师教学行为方式的变化为前提的，如何实现学生的主体地位，以学生为中心组织教学活动，有效实施自主学习、合作学习、探究性学习的学习方式，都是思想政治（品德）课教学方式变革的重要内容。因而教师教学行为的变化和学生学习方式的改善对本次课程改革成功与否有重大意义，从某种意义上讲，也是素质教育能否深入推进的关键因素。

6. 调整课程内容及内容结构

初中课程内容中删减了原来的"社会发展简史"内容，围绕初中学生的生活中心、生活半径及认知发展水平，以"成长中的我""我与他人和集体""我与国家和社会"为纵轴，整合了道德、心理健康、法律和国情教育四个方面的内容。

高中思想政治既开设必修课，还开设了选修课。课程体系由学习领域、科目和模块三个层次构成，思想政治课属于人文与社会学习领域，课程内容由四个必修模块和六个选修模块构成。

新的思想政治（品德）课改变了原来课程内容"繁、难、偏、旧"和过于注重书本知识的弊端，关注学生的学习兴趣和生活经验，强调以学生的生活为基础，精选了学生终身学习必备的基础知识和技能来建构课程内容。

7. 实行三级课程管理制度

思想政治（品德）课程将改变课程管理过于集中的状况，实行国家、地方、学校三级课程管理，增强课程对地方、学校及学生的适应性。从课程资源开发与利用角度出发，鼓励开发与学生生活密切相关的思想政治（品德）课程资源。

第二节　思想政治（品德）课程的基本理念

课程建设必须以一定的课程理念为基础，课程的基本理念就是构建这门课程的哲学基础和理论追求，课程标准的内容和实施必须符合这个理念或追求。

一、初中思想品德课程基本理念

1. 帮助学生过积极健康的生活，做负责任的公民是课程的核心

初中学生正处于身心发展的重要时期，自我意识和独立性逐步增强。在初中阶段帮助学生形成良好品德，树立责任意识和积极的生活态度，对学生的成长具有基础性的作用。

由于生活半径的扩大，学生的眼光和行为开始涉及社会生活的不同角落，但他们对美好生活的理解还比较片面，以自我为中心来观察和理解生活。这个时候学生需要帮助，帮助既不是生硬灌输，也不是强制、他律，而是引领学生感悟、提升、践行，逐步形成基本的是非、善恶和美丑观念，过积极健康的生活，做负责任的公民。

做负责任的公民，对于初中学生来说，意味着承担义务。随着社会向前发展，对中学生进行必要的法律知识教育成为必要，以帮助他们明白自己承担着一定的社会义务。正在社会化的中学生，如何从家庭、学校适应过渡到社会适应，社会秩序中的法律约束要严于道德约束，初中学生应该正确认识"我与社会"的关系，在明白享有社会赋予的权利的同时，也懂得对社会义务的承担。

2. 初中学生逐步扩展的生活是课程的基础

思想品德是人在对生活的认识、体验和实践过程中逐步形成的。进入初中后，初中生的生活范围逐渐扩展，需要处理的各种关系日益增多，他们的视野和行动都有所拓展。生活即教育，他们的思想品德在生活中生成，思想品德课教学必须适应这一认识规律，教学不能偏离学生的生活体验，否则事倍功半。

思想品德课程正是在学生逐步扩展的生活经验的基础上，与他们一起体会成长的美好、面对成长中的问题，为初中学生正确认识成长中的自己，处理好与他人和集体、与国家和社会的关系提供必要的帮助。初中思想品德课程如果以学科知识为框架构建知识内容，很容易脱离学生的生活，脱离生活的思想品德课教学，学生普遍学习热情不高，甚至拒绝参与学习。改变这一倾向最好的方式就是坚持正确的学生观，体现学生的需求，真正以学生为主体，在课程内容设计上，尽量做到按照学生扩展的生活逻辑规律去安排。

3. 坚持正确价值观念的引导与学生独立思考、积极实践相统一是课程的基本原则

这一理念属于思想政治（品德）课程的方法理念范畴，揭示在思想品德教学过程中要注意方式与方法。

（1）知识教育与实践教育并举。思想品德的形成与发展，离不开学生的独立思考和积极实践，国家和社会的要求只有通过学生的独立思考与实践才能为学生真正接受。

（2）引导教育与自我教育并重。思想品德课程将正确的价值引导蕴含在鲜活的生活主题之中。坚持正确价值观念的引导与学生独立思考、积极实践相统一是课程的基本原则。

（3）说理教育与体验教育结合。课堂教学要注意用好正面的说理教育，但对于学生来说毕竟是间接体验，还要注意课外活动、调查研究、家庭教育与社会教育等多种手段一起发挥作用。注重课内课外相结合，鼓励学生在实践中进行积极探究和体验，通过道德践行促进思想品德的健康发展。

无论采用何种教育方式，都离不开学生的家庭生活、学校生活和所处时代的社会生活。

二、高中思想政治课程基本理念

1. 坚持马克思主义基本观点教育与把握时代特征相统一

高中阶段，随着学生认识能力的提高，以及对社会认识的深入，已经具备接受马克思主义及中国化马克思主义基本观点的知识基础和接受能力。课程标准提出了知识目标要达到"知道、理解"的水平；能力上要达到"正确的价值判断和行为选择、主动参与"等能力要求，以此解释和解决现实社会问题；情感、态度与价值观方面则要求达到"热爱、坚定、树立、奉献"等层次。

马克思主义与中国化马克思主义不是一成不变的，它是一个开放的、不断发展的理论体系，它必须能够不断解决社会中提出的新问题，因此要坚持马克思主义基本观点教育和把握时代特征相统一，紧密联系我国社会主义现代化建设的实际。既要坚持马克思主义相对稳定的基本原则，又要着眼于当前国际形势和我国基本国情的不断变化，着眼于基本理论的创新和发展，思想政治教育既要与马克思主义一脉相承、又要与时俱进。

2. 加强思想政治方向的引导与注重学生成长的特点相结合

从德育体系的基础和导向作用来看，高中学生尚处于世界观、价值观、人生观的形成时

期，其思想活动具有多变性和可塑性的特点，而在扩大开放和深化改革的背景下，多元文化的碰撞、市场经济条件下多种社会价值观念的形成都会对青少年的成长产生影响，如何让他们在多元文化和价值体系中做出正确选择，直接影响着他们的健康成长。为此，针对其思想活动的多变性、可塑性等特点，在尊重学生个性差异和各种生活关切的同时，实现德育教育的导向作用，恰当地采取释疑解惑、循循善诱的方式，帮助他们认同正确的价值标准，把握正确的政治方向。

3. 构建以生活为基础、以学科知识为支撑的课程模块

在开设必修课程的同时，提供具有拓展性和应用性的选修课程，以满足学生发展的不同需要。

从教育的对象和目标来看，思想政治课以高中青年学生为教育对象，以青年学生的全面发展为目标，必须准确把握青年学生的成长特点、对知识的接受程度、对问题的认识角度、现有的生活经验以及学生的发展要求。要立足于学生现实的生活经验，着眼于学生的发展需求，把理论观点的阐述寓于社会生活的主题之中，构建学科知识与生活现象、理论逻辑与生活逻辑有机结合的课程模块。为此在新课程中淡化了知识的逻辑体系，强化了对生活的回归，即生活逻辑，这样才能够让学生在现实的生活体验中去接受、去理解、去辨别，树立正确的价值理念，以生活化的方式理解和构建马克思主义的理论体系。

4. 强调课程实施的实践性和开放性

只有强调实践性与开放性，思想政治课才能引领学生认识社会、适应社会、融入社会。只有强调课程实施的实践性和开放性，才能让学生在民主的教学过程中，提高对知识的理解和对问题的分析、解决能力，感受经济、政治、文化各个领域应用知识的价值和理性思考的意义。只有坚持实践性与开放性的结合，才能促进开放的教学方式与合作探究的学习方式的结合，提高学生主动学习和自我发展的能力。

5. 建立促进发展的课程评价机制

从课程实施与评价的方式来看，课程的实现既要坚持理论与实际结合的基本原则，又要有科学的评价机制。

评价方式要灵活多样，多采用诊断式评价、发展性评价，终结性评价要慎用，评价结果要能全面反映学生思想政治素质的发展状况。

建立能够激励学生不断进步的评价机制，改变单纯注重知识目标的评价和单一的纸笔测试的评价方式，要趋向于三维目标的全面综合评价，既要考查学生掌握和运用相关知识的水平和能力，更要考查他们的思想发生积极变化的过程，立足思想政治素质的提高。

第三节　思想政治（品德）课程目标

一、思想政治（品德）课程目标含义

1. 课程目标的含义

课程目标是一定学校的某门、某类课程或课程体系所要达到的预期标准和结果。课程目标与教育目的、培养目标、教学目标关系密切，是教育教学活动要达到的四个不同层次的目标。

　　教育目的是指国家和社会对教育对象总的质量标准和总的规格要求；培养目标是各级各类学校和不同层次的教育各自所要达到的具体要求和标准；教学目标是教师在具体的教学活动过程中要达到的具体要求和标准。

　　教育目的位于最高层次，其次是培养目标，再次是课程目标，教学目标位于结构底层，依次为：教育目的—培养目标—课程目标—教学目标。它们之间的关系表现为，高层次的目标包含、制约低层次的目标，低层次的目标表现和达成高层次的目标。如图 2-1 所示。

　　2. 思想政治（品德）课程目标的含义

　　思想政治（品德）课程目标是指义务教育阶段思想品德课和高中思想政治课各自所要达到的课程预期标准和结果。思想政治（品德）课程目标一般由总目标和分类目标两部分构成。

图 2-1　教育目的、培养目标、课程目标、教学目标之间的关系

　　中学思想政治（品德）课程目标涉及初中和高中两个不同阶段，分属于两个不同层次的培养目标，因此，思想政治（品德）课程目标可具体分为：初中思想品德课程目标和高中思想政治课程目标。

二、初中思想品德课程目标

　　根据《全日制义务教育思想品德课程标准（2011 版）》的规定，初中思想品德课程目标分为两个层次：总目标和分类目标。

　　1. 总目标

　　思想品德课程以社会主义核心价值体系为导向，旨在促进初中学生正确思想观念和良好道德品质的形成与发展，为学生成为有理想、有道德、有文化、有纪律的社会主义合格公民奠定基础。

　　2. 分类目标

　　思想品德课程引导和帮助学生达到情感态度与价值观目标、能力目标、知识目标三个目标维度。

　　（1）情感态度与价值观目标。

　　① 感受生命的可贵，养成自尊自信、乐观向上、意志坚强的人生态度。

　　② 体会生态环境与人类生存的关系，爱护环境，形成勤俭节约、珍惜资源的意识。

　　③ 养成孝敬父母、尊重他人、诚实守信、乐于助人、有责任心、追求公正的品质。

　　④ 形成热爱劳动、注重实践、崇尚科学、自主自立、敢于竞争、善于合作、勇于创新的个性品质。

　　⑤ 树立规则意识、法制观念，有公共精神，增强公民意识。

　　⑥ 热爱集体、热爱祖国、热爱人民、热爱社会主义，认同中华文化，继承革命传统，弘扬民族精神，有全球意识和国际视野，热爱和平。

　　（2）能力目标。

　　① 学会调控自己的情绪，能够自我调适、自我控制。

② 掌握爱护环境的基本方法，形成爱护环境的能力。

③ 逐步掌握交往与沟通的技能，学习参与社会公共生活的方法。

④ 学习搜集、处理、运用信息的方法，提高媒介素养，能够积极适应信息化社会。

⑤ 学会面对复杂的社会生活和多样的价值观念，以正确的价值观为标准，做出正确的道德判断和选择。

⑥ 学习运用法律维护自己、他人、国家和社会的合法权益。

（3）知识目标。

① 了解青少年身心发展的基本常识，掌握促进身心健康发展的途径与方法，理解个体成长与社会环境的关系。

② 了解自我与他人和集体关系的基本知识，认识处理自我与他人和集体关系的基本社会规范与道德规范。

③ 理解人类生存与生态环境的相互依存关系，认识当今人类所面临的生态环境问题及其根源，掌握环境保护的基础知识。

④ 知道基本的法律知识，了解法律在个人、国家和社会生活中的基本作用和意义。

⑤ 知道我国的基本国情，初步了解当今世界发展的现状与趋势。

三、高中思想政治课程目标

高中思想政治课程目标由总目标与分类目标两部分构成。

1. 总目标

知道中国共产党是中国特色社会主义事业的领导核心，马克思列宁主义、毛泽东思想、邓小平理论和"三个代表"重要思想、科学发展观是中国共产党的指导思想，"三个代表"重要思想和科学发展观是马克思主义在中国发展的最新成果；了解中国特色社会主义现代化建设常识；学习运用马克思主义基本观点和方法观察问题、分析问题、解决问题；具备在现代社会生活中应有的自主、自立、自强的能力和态度；具有爱国主义、集体主义和社会主义思想情感；初步形成正确的世界观、人生观和价值观。

2. 分类目标

（1）知识目标。

① 知道中国共产党始终代表中国先进生产力的发展要求，代表中国先进文化的前进方向，代表中国最广大人民的根本利益。

② 理解发展社会主义市场经济、社会主义民主政治、社会主义先进文化的意义。

③ 了解辩证唯物主义和历史唯物主义的基本原理和方法。

④ 理解当代中国的公民道德建设和法制建设的基本要求。

⑤ 获得正确选择人生发展道路的相关知识。

（2）能力目标。

① 提高用马克思主义立场、观点和方法面对实际问题，做出正确的价值判断和行为选择的能力。

② 提高主动参与经济、政治、文化生活的能力。

③ 提高在社会生活中正确处理竞争与合作关系的能力。

④ 培养为未来生活而自主学习、选择、探索的能力。

⑤ 增强依法办事、依法律己和依法维护自身权益的能力。

⑥ 发展采用多种方法特别是现代信息技术，收集、筛选社会信息的能力。

（3）情感、态度与价值观目标。

① 热爱中国共产党，坚定走中国特色社会主义道路的信念。

② 热爱祖国，热爱人民，关心祖国命运，增强民族自尊心、自信心和自豪感，弘扬中华民族精神，树立为实现中华民族伟大复兴而奋斗的志向。

③ 关注社会发展，积极参加社会实践，诚实守信，增强社会责任感和民主法制观念，培养公民意识。

④ 热爱集体，奉献社会，关心他人，乐于助人，倡导团结友善的精神。

⑤ 乐于学习，尊重科学，追求真理，具有科学态度和创新精神。

⑥ 热爱生活，积极参加健康有益的文化活动，保持昂扬向上的精神状态，追求更高的思想道德目标。

⑦ 热爱和平，尊重世界各民族的优秀文化，关注全人类的共同利益，培养世界眼光。

第四节　思想政治（品德）课程设计思路

一、初中思想品德课程设计思路与特点

1. 初中思想品德课程设计思路

初中思想品德课程以初中学生逐步扩展的生活为基础，以学生成长过程中需要处理的关系为线索，有机整合道德、心理健康、法律、国情等方面的内容进行科学设计。

初中学生逐步扩展的生活，尤其是处在青春期的初中学生的身心发展特点是思想品德课程设计的基础。初中阶段学生的活动范围逐渐从家庭、学校、社区向更广泛的社会领域扩大，他们对自己的理解是伴随着他们社会生活范围的扩大而深入的。

随着社会参与度扩大，他们成长中遇到的问题也越多。课程从学生的生活实际出发，满足他们发展的需要，引导初中阶段的学生学习正确处理与自我、与他人和集体，以及与国家和社会的关系。这三组重要关系依次构成了本课程的三大内容板块，每一内容板块中均涉及道德、心理健康、法律和国情等方面的具体内容。

2. 初中思想品德课程设计的特点

初中《义务教育思想品德课程标准（2011年版）》提出加强思想品德教育的针对性、主动性和实效性，着力从学生成长、发展与生活实际出发，从学生思想品德发展的现状、问题和需要出发，打破传统的学科式框架体例，真正使教科书的编写发生实质的转向，由面向成人世界的规范设计转而面向学生的品德与生活设计。

（1）课程内容采取综合化的设计思路。

① 以生命成长为主线，以品德为聚焦点进行整合，把社会的、国家的、公民教育方面的内容融入该课，促进学生身心发展。

思想品德课要反映初中生个体生命成长中所面临的种种变化，如身心方面的变化、个体

生存状况的变化等。只有把握住这些变化，思想品德课才能真正尊重个人的生命成长，才能通过展现学生生命成长中的矛盾和困惑而真正走进学生的生命，并为学生的活动和成长提供一个空间，思想品德课才能具有现实的针对性。

②以学生的生活逻辑来建构课程内容。课程内容的建构以学生的成长为目的，体现学生成长的生活逻辑，而不是以知识的传播为目的，即从"我们教什么"转变到"学生生命成长需要什么"。

思想品德课程的特点之一，就是以学生的生活为主题来建构学习内容，以生活逻辑替代了学科逻辑。以往的德育课程内容注重于知识逻辑，以"是什么""为什么""怎么办"的学科逻辑来确定内容。新课程则以学生的生活视觉来构建，侧重于学生在成长中遇到了什么，怎么思考，如何应对的生活逻辑来构建。

课程内容的设计基于学生成长的生活主题，以心理健康、道德、法律和国情教育四个方面的学习内容为横坐标，以成长中的我、我与他人和集体的关系、我与国家和社会的关系三个方面为纵坐标，形成三纵四横（三大关系、四大内容）的思想品德课程的知识体系。如表2-1所示。

表 2-1　思想品德课程的知识体系

关系 ＼ 内容	心理健康	道德	法律	国情教育
成长中的我	认识自我	自尊自强	心中有法	文化认同（中国心）
我与他人和集体	交往与沟通	在集体中成长	权利与义务	共同理想
我与国家和社会	积极适应社会的发展	认识国情，爱我中华	法律与秩序	知国情、爱中华

纵坐标以学生成长和生活中常见的基本问题为主，这些问题随着学生生活半径的扩大，由近及远包括：自我认识问题、对他人的问题、对国家的问题、对社会的问题以及对周围事物的问题等。

横坐标以学科知识为线索，因为个体在与不同的社会主体交往时，必然涉及心理、道德、法律和国情等方面的内容，因此，相关的内容也必然被包括进课程内容之中。

③以品德为核心，辅以政治、思想、法律等方面的重要内容，最终通过个人心理将其转换内化为个人品质。通过这种整合，内容呈现不是以年级为逻辑，而是以自身框架为逻辑，可以有效地改变以往按年级分学科进行的知识性德育模式，体现的是"大德育"观念。学校德育的目标、内容、方法都以促进学生的思想品德发展为出发点和落脚点；教育工作者要具有"一切为了学生"的自觉意识，对于学生的品德发展具有高度的责任感；要面向全体学生，决不放弃对任何一名学生的德育引导，确立"为了一切学生"的教育思想。同时，德育要兼顾知、信、行，目标要全面，不能有偏废，实现"为了学生一切"的教育理念。

④在解读这个逻辑框架图示时，应该注意：第一，学生成长过程中，我与环境的关系也是一个重要的方面。但是，由于考虑到初中地理、历史与社会等课程已经充分考虑了人与自然的关系，所以，课程没有安排"我与自然环境"的维度。但在教学过程中涉及相关内容时，应该与相关学科相结合。第二，逻辑框架只是构建课程体系的脚手架，它列出了应该纳入课程的学习内容。但在现实中，许多知识是相互包含的，如爱国、共同理想和文化认同就是这

样的关系。所以，标准中某些内容的出现顺序，并不与框架完全一致。

（2）课程内容设计以生活为中心。

陶行知先生提出"生活即教育""社会即学校""教学做合一"的生活教育理论，这些理论对思想品德课程的建设与教学的实施价值巨大。思想品德课程作为一门德育课程，其任务是实现知、情、信、意、行的统一。课程内容如果离开生活，即失去它的根基，没有生活的道德教育是死的教育。道德不仅仅停留在知识，道德是在生活中形成的，与学校整体生活都有关。因此解决思想品德课合理性的唯一出路就是要让德育回归生活。德育课程要想为自己的存在辩护，就必须重建与学生生活的联系。

① 课程价值取向的转向：培养有道德的人而不是"道德研究者"（道德知识的学习者）。

② 课程的逻辑：生活的逻辑而不是学科的逻辑。

③ 德育课程与学生生活的关系：不能涵盖学生的整体生活，但力求反映学生的整体生活。

二、高中思想政治课程设计思路与特点

1. 高中思想政治课程设计思路

本课程采取模块式的组织形态，分为必修和选修两部分。各课程模块的内容相对独立，实行学分管理。

（1）必修部分是所有学生必须学习的课程，共8个学分，设4个课程模块。

（2）选修部分是学生自主选择的课程，共12个学分，设6个课程模块。

（3）各课程模块均为36学时，经考核合格，可获2个学分。

（4）课程模块的开设顺序应根据学生的选择和学校的实际情况确定，必修模块的学习主要在高一、高二年级完成。

（5）本课程必修部分每周2学时，各课程模块的教学以一学期为单位。

（6）必修课程包括四个模块：思想政治必修①"经济生活"；思想政治必修②"政治生活"；思想政治必修③"文化生活"；思想政治必修④"生活与哲学"。

必修课程围绕经济生活、政治生活、文化生活的主题设置三个模块，并以马克思主义哲学常识为主要内容，设置生活与哲学模块。这四个课程模块的建构，既保持以生活主题为基础的系统联系，又体现内容目标的递进层次，对应社会主义物质文明、政治文明、精神文明协调发展的要求，社会主义市场经济、社会主义民主政治、社会主义先进文化建设常识，将成为本课程的重要内容。

（7）选修课程包括六个模块：思想政治选修①"科学社会主义常识"；思想政治选修②"经济学常识"；思想政治选修③"国家和国际组织常识"；思想政治选修④"科学思维常识"；思想政治选修⑤"生活中的法律常识"；思想政治选修⑥"公民道德与伦理常识"。

选修课程是基于必修课程教学的延伸和扩展，是体现课程选择性的主要环节。课程模块的设置，把先进性要求与广泛性要求结合起来，既着眼于学生升学的需要，又考虑到学生毕业后的就业需求；既体现本课程作为德育课程的特有性质，又反映本课程在人文与社会学习领域中的特有价值。

2. 高中思想政治课程设计的特点

（1）课程的性质。

高中思想政治课程的性质，从核心价值来看，是一门进行马克思主义基本观点教育的课

程；从基本内容来看，是一门提高认识、参与当代社会生活能力的课程；从培养目标来看，是一门培养学生思想政治素质的课程。因此，对高中思想政治课的课程定位，既需要在学科系统中把握，又需要在德育系统中把握。

（2）课程设计思路。

① 理解"课程模块"的建构方式。普通高中思想政治课被列为人文与社会学习领域中的科目，由学习领域、科目、模块三个层次构成，各科目都包括必修和选修两部分。课程模块作为建构高中课程体系的基础，不同模块的知识系统能够满足学生不同的知识需求及能力需求，为学生的不同发展奠定基础。所以从技术层面上讲，如何深入理解模块建构方式，对于我们把握课程标准也是至关重要的。

就课程模块而言：模块之间既相互独立，又反映学科内容的逻辑体系；每一模块都有明确的教育目标，并围绕某一特定内容，整合学生经验和相关内容，构成相对完整的学习单元；每一模块都对教师教学行为和学生学习方式提出要求与建议。

② 把握必修课的基本框架。根据课程性质和课程理念，从总体上把握必修课的框架设计思路的三个基本点。

从课程性质上看，进行马克思主义基本观点的教育是课程的本质特征。

从课程理念上看，"三个代表"重要思想是统领课程内容目标的灵魂。

从课程逻辑上看，以生活逻辑为主线是整合课程内容的方法论基础。

据此，必修课程共设四个课程模块。思想政治必修①②③分别讲述经济、政治、文化三大生活领域的常识，以适应社会主义物质文明、政治文明、精神文明的协调发展的要求。社会主义市场经济、民主政治、先进文化的意义，是整合这三个课程模块的核心概念。思想政治必修④的哲学知识则是上述三个模块内容目标的支撑，即认识经济、政治、文化三大生活领域的世界观和方法论；求真务实，集中体现了辩证唯物主义与历史唯物主义的科学精神，是整合这个课程模块的核心概念。思想政治必修课基本知识体系如图 2-2 所示。

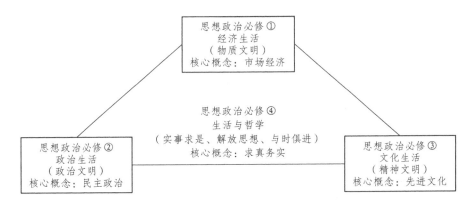

图 2-2　思想政治必修课的知识体系

上述四个课程模块的构建，至少有如下几个特点。

思想政治必修①"经济生活"：以中国共产党始终代表中国先进生产力的发展要求为统领。

思想政治必修②"政治生活"：以中国共产党始终代表中国最广大人民的根本利益为统领。

思想政治必修③"文化生活"：以中国共产党始终代表中国先进文化的前进方向为统领。

思想政治必修④"生活与哲学"：以解放思想、实事求是、与时俱进为统领，这是"三个代表"重要思想的精髓。

第五节　思想政治（品德）的内容标准

一、初中思想品德课程内容标准

1. 成长中的我

（1）认识自我。

① 悦纳自己的生理变化，促进生理与心理的协调发展。根据少年期的三大生理变化及其所导致的身心协调问题，把握初中生心理发展的根本特点，进而在引导学生悦纳自己生理变化的基础上，促进其生理与心理的协调发展。

② 了解青春期心理卫生常识，体会青春期的美好，学会克服青春期的烦恼，调控好自己的心理冲动。围绕少年期的三大心理过渡和三大心理矛盾，对学生进行青春期心理卫生的常识教育，帮助他们学会克服青春期的烦恼，掌握调控自己心理冲动的有效方法。

③ 正确对待学习压力，克服厌学情绪和过度的考试焦虑，培养正确的学习观念和学习动机。随着学习任务的加大，学习成绩对中学生会产生压力，不可避免会出现紧张焦虑的情绪，并且无法自我释放。对学生进行学习观念与学习动机的引导，能在一定程度上减轻他们的压力。

④ 理解情绪的多样性、复杂性，学会调节和控制情绪，保持乐观、积极的心态。从理解情绪的多样性入手，认识情绪在人类生活中的独特作用，进而结合生活中可能出现的情绪问题，学习调节和控制情绪、保持乐观心态的常用方法。

⑤ 客观分析挫折和逆境，寻找有效的应对方法，养成勇于克服困难和开拓进取的优良品质。从正确看待挫折和逆境入手，通过讨论、交流寻找有效应对挫折的方法，进而帮助学生养成勇于克服困难和开拓进取的优良品质。

⑥ 主动锻炼个性心理品质，磨砺意志，陶冶情操，形成良好的学习、劳动习惯和生活态度。充分认识主动锻炼个性心理品质在社会适应和个人成长中的意义，磨砺意志，陶冶情操，形成良好的学习、劳动习惯和生活态度，进而引导学生讨论并学习增强自我修养的常用方法。

⑦ 了解自我评价的重要性，能够客观地认识自我，积极接纳自我，形成客观、完整的自我概念。

从了解自我评价的重要性入手，通过讨论、交流掌握客观、全面认识和评价自己的方法，进而帮助学生形成比较清晰的自我整体形象。

（2）自尊自强。

① 认识生命形态的多样性，理解人类生命离不开大自然的哺育。

了解自然万物构成一个共存共荣的生命大系统，我们每一个人的生命就孕生于自然界并依赖于它，我们应该对大自然抱有敬畏之心、感激之情。

② 认识自己生命的独特性，珍爱生命，能够进行基本的自救自护。

让初中生认识到生命的可贵，生命的独一无二，体会生命的可贵，并在此基础上热爱生活，积极地投入生活，让自己的生命更有意义。

③ 自尊、自爱，不做有损人格的事。

让学生明白个体生命的可贵在于养成自尊、自立和自强的精神。自尊是人格之本，是人对自身人格的肯定，是人的正常发展的需要，是人的重要内在价值。自尊不仅仅是外在仪表的修饰，更在于保持心灵的积极健康状态。

④ 体验行为和后果的联系，懂得每个行为都会产生一定后果，学会对自己的行为负责。

为了使学生养成良好的品质，就要使学生考虑自己行为的成因与结果，懂得人人都应该对自己的行为负责的道理。对自己的行为负责即自我负责，做一个有责任感的人，意味着在做事前自省自律，避免自己做错误的事。

⑤ 能够分辨是非善恶，学会在比较复杂的社会生活中做出正确选择。

相对全面地理解是非善恶的标准，具有明确的价值观，坚持自己的意见，不屈从压力而做错误的事情，并且敢于对其他人做的错事提出反对意见，勇于承担自己的责任。

⑥ 体会生命的价值，认识到实现人生意义应该从日常生活的点滴做起。

⑦ 养成自信自立的生活态度，体会自强不息的意义。

（3）心中有法。

① 知道法律是由国家制定或认可，由国家强制力保证实施的一种特殊行为规范。理解我国公民在法律面前是一律平等的。

② 知道不履行法律规定的义务或做出法律所禁止的行为都是违法行为，理解任何违法行为都要承担相应的法律责任，受到一定的法律制裁。

③ 知道法律对未成年人的特殊保护，了解家庭保护、学校保护、社会保护和司法保护的基本内容。掌握获得法律帮助和维护合法权益的方式和途径，提高运用法律的能力。

④ 了解违法与犯罪的区别，知道不良心理和行为可能发展为违法犯罪，分析未成年人犯罪的主要原因，增强自我防范意识。

2. 我与他人和集体

（1）交往与沟通。

① 知道礼貌是文明交往的前提，掌握基本的交往礼仪与技能，理解文明交往的个人意义和社会价值。

② 了解青春期闭锁心理现象及危害，积极与同学、朋友和他人交往，体会交往与友谊对生命成长的意义。

③ 体会父母为抚养自己付出的辛劳，孝敬父母和长辈。学会与父母平等沟通，调适"逆反"心理。增强与家人共创共享家庭美德的意识和能力。

④ 了解教师的工作，积极与教师进行有效沟通，正确对待教师的表扬与批评，增进与教师的感情。

⑤ 学会用恰当的方式与同龄人交往，建立同学间的真诚友谊，正确认识异性同学之间的交往与友谊，把握原则与尺度。

（2）在集体中成长。

① 正确认识个人与集体的关系，主动参与班级和学校活动，并发挥积极作用。有团队意

识和集体荣誉感，感受学校生活的幸福，体会团结的力量。

② 学会换位思考，学会理解与宽容，学会尊重、帮助他人，学会与人为善。

③ 领会诚实是一种可贵的品质，正确认识生活中诚实的重要性，知道诚实才能得到信任，努力做诚实的人。

④ 理解竞争与合作的关系，能正确对待社会生活中的竞争，敢于竞争，善于合作。

⑤ 知道每个人在人格和法律地位上都是平等的，做到平等待人，不凌弱欺生，不以家境、身体、智能、性别等方面的差异而自傲或自卑，不歧视他人，富有正义感。

（3）权利与义务。

① 了解宪法对公民基本权利和义务的规定，懂得正确行使权利、自觉履行义务。

② 知道公民的人身权利受法律保护，任何非法侵害他人人身权利的行为，都要承担相应的法律责任。

③ 知道公民有受教育的权利和义务，学会运用法律维护自己受教育的权利，自觉履行受教育的义务。

④ 知道法律保护公民的财产，未成年人的财产继承权和智力成果不受侵犯，学会运用法律保护自己的经济权利。

⑤ 知道法律保护消费者的合法权益，学会运用法律维护自己作为消费者的权益。

3．我与国家和社会

（1）积极适应社会的发展。

① 关注社会发展变化，增进关心社会的兴趣和情感，养成亲社会行为。正确认识好奇心和从众心理，发展独立思考和自我控制能力。

② 合理利用互联网等传播媒介，初步养成积极的媒介批评能力，学会理性利用现代媒介参与社会公共生活。

③ 了解不同劳动和职业的特点及其独特价值，做好升学和职业选择的心理准备。

④ 知道责任的社会基础，体会承担责任的意义，懂得承担责任可能需要付出代价，知道不承担责任的后果，努力做一个负责任的公民。

⑤ 理解遵守社会规则和维护社会公正对于社会稳定的重要性，正确认识和理解社会矛盾，理解发展与稳定的辩证关系。

⑥ 积极参与公共生活、公益活动，自觉爱护公共设施，遵守公共秩序，有为他人、为社会服务的精神。

⑦ 感受个人成长与民族文化和国家命运之间的联系，提高文化认同感、民族自豪感，以及构建社会主义和谐社会的责任意识。

（2）认识国情，爱我中华。

① 知道我国的人口、资源、环境等状况，了解计划生育、保护环境、合理利用资源的政策，形成可持续发展意识。

② 知道我国是一个统一的多民族国家，各民族人民平等互助、团结合作、艰苦创业、共同发展。

③ 了解我国在科技、教育发展方面的现状，理解实施科教兴国战略的现实意义，认识科技创新的必要性，努力提高自身素质。

④ 了解全面建设小康社会的奋斗目标。知道促进城乡、区域协调发展是实现全面建设小康社会奋斗目标的一项重要要求。

⑤ 知道中国特色社会主义理论体系。了解我国现阶段基本经济制度和政治制度，知道我国各民族人民的共同理想。

⑥ 学习和了解中华文化传统，增强与世界文明交流、对话的意识。

⑦ 了解文化的多样性和丰富性，尊重不同的文化和习俗，以平等的态度与其他民族、国家的人民友好交往。

⑧ 了解当今世界发展趋势，知道我国在世界格局中的地位、作用和面临的机遇与挑战，增强忧患意识。

⑨ 认识树立全球观念的重要性，增强为世界和平与发展做贡献的意识和愿望。

（3）法律与社会秩序。

① 知道中华人民共和国宪法是我国的根本大法，是全国各族人民、一切国家机关和武装力量、各政党和各社会团体、各企业事业组织的根本活动准则，增强宪法意识。

② 知道依法治国就是依照宪法和法律的规定管理国家，体会依法治国基本方略的实施有赖于每个公民的参与，是全体公民的共同责任。

③ 知道我国环境保护的基本法律，增强环境保护意识，自觉履行保护环境的义务。

④ 了解建立、健全监督和制约机制是法律有效实施和司法公正的保障，增强公民意识，学会行使自己享有的知情权、参与权、表达权、监督权。

⑤ 懂得维护国家统一，维护各民族的团结，维护国家安全、荣誉和利益是每个公民的义务。

二、高中思想政治课程内容标准

普通高中思想政治必修课程四大模块都有其特定的创意，这些创意蕴含在内容标准之中。准确领会、把握各大模块的创意，对于实施新课程具有更为直接的重要意义。

在此，我们将主要通过对经济生活、政治生活、文化生活、生活与哲学等各个模块的内容、主题、追求的基本目标的分析、阐述，来揭示各个课程模块的主要创意。

1. 经济生活

（1）内容目标。

高中思想政治必修①"经济生活"的序言中对经济生活课程模块的基本功能做了概括性的界定与阐述。

这一模块的基本功能是，以邓小平理论和"三个代表"重要思想为指导，帮助学生认识中国共产党始终代表中国先进生产力的发展要求，知道社会主义的根本任务是发展生产力，各项工作都要服从和服务于经济建设这个中心；了解我国社会主义初级阶段的基本经济制度，知道社会主义市场经济的特点；认识现实生活中常见的经济现象，获得参与现代经济生活的必要知识和技能；理解公平与效率的关系，珍惜诚信的价值，增强法律意识，培养进取精神，树立科学发展观。

（2）课程主题。

以引导学生认识、理解、适应和参与现代经济生活为主题，经济生活模块按照不同的主题将课程教学内容分为四个单元，并分别以具有整合意义的概念来概括主题，这四个单元分别是：生活与消费、投资与创业、收入与分配、面对市场经济。

第一单元：生活与消费。以民众包括学生日常生活消费为主题，基于学生的生活经验，以常见的社会经济生活现象为切入点，围绕与社会经济生活密切相关的金钱、消费问题，在知识、能力和情感态度价值观等方面对学生进行引导。

通过本单元学习，可以了解货币的本质和职能，形成对待金钱的正确态度；理性地面对消费观念的变化，彰显时代风采而又保持艰苦奋斗的优良传统。

第二单元：投资与创业。以社会经济生活中引人注目，能够触及学生兴奋点和活跃学生思维的投资与创业为主题，展示我国社会经济生活中的不同投资行为，不同类型的经营公司，不同的就业途径和创业方式，从而在学会投资、择业、创业和维护自身的合法权益等方面对学生进行引导。

通过本单元学习，可以感悟到锐意进取、诚实劳动、合法经营的意义，还可以进一步体会到，中国特色社会主义经济建设的伟大的创业实践，建设富强的祖国需要我们埋头苦干。

第三单元：收入与分配。以学生既熟悉又陌生的收入与分配为主题，结合市场经济实践，既从宏观角度阐释国家税收、财政收入，政府财政支出，个人收入分配制度，又从微观角度阐述公民的纳税意识，着重在正确处理个人与国家经济利益关系方面对学生进行引导。

通过本单元学习，可以感受到以共同富裕为目标的社会主义分配制度的优越性，理解公民依法纳税的基本义务，增加自己的社会责任感。

第四单元：面对市场经济。以发展社会主义市场经济为主题，联系市场经济实际，揭示市场在资源配置中的决定性作用，同时揭示市场机制、功能的局限性与制定和遵守法律、道德规则的重要性，以及政府宏观调控的必要性；阐释各种所有制包括混合所有制性质的市场主体并存，实行公有制为主体、多种所有制经济共同发展的基本经济制度的合理性；按照全面建设小康社会的要求阐述小康社会经济建设方略的正确选择；结合经济全球化实际与进程阐述与时俱进的对外开放国策，从而着重在把握发展社会主义市场经济的意义、社会主义市场经济的质的规定性，坚持社会主义初级阶段的基本经济制度和对外开放基本国策及科学发展观方面对学生进行全面的引导。

通过本单元的学习，将进一步明确：社会主义市场经济是同社会主义基本制度结合在一起的，既可以发挥市场经济的长处，又可以发挥社会主义制度的优越性；深入贯彻落实科学发展观，发展社会主义市场经济，是全面建成小康社会的重要任务，是实现中华民族伟大复兴的必由之路。

2. 政治生活

（1）内容目标。

新课程标准在思想政治必修②"政治生活"的序言中对本课程模块基本功能的定位是：以邓小平理论和"三个代表"重要思想为指导，帮助学生认识中国共产党始终代表中国最广大人民的根本利益，是中国特色社会主义事业的领导核心；了解中国特色社会主义政治制度，懂得建设社会主义政治文明，最根本的是把党的领导、人民当家作主和依法治国有机统一起来；了解公民在政治生活中依法行使权利，履行义务，参与民主选举、民主决策、民主管理、民主监督的意义、途径和方式；理解国际竞争与合作对于我国发展的影响，进一步增强公民意识和国家观念，坚定正确的政治方向。

（2）课程主题。

以引导学生认识、理解、适应和参与现代政治生活为主题。政治生活模块按照不同的主题将教学内容分为四个单元：公民的政治生活、为人民服务的政府、建设社会主义政治文明、当代国际社会。

第一单元：公民的政治生活。以公民有序参与政治生活为主题，从社会生活中常见的政治现象入手，围绕公民如何参与政治生活，依法行使民主选举权利、民主监督权利、民主决策与管理权利等问题，对学生进行引导。

第二单元：为人民服务的政府。以人民政府的职权与责任为主题，从政府的具体职能活动与公民生活的密切关系入手，就理解人民政府的本质和如何评价政府、制约和监督政府权力、促进政府依法行政，以及公民在生活中如何依法寻求政府帮助等问题，对学生进行引导。

第三单元：建设社会主义政治文明。以建设社会主义政治文明为主题，系统介绍我国的人民民主专政制度、人民代表大会制度、中国共产党领导的多党合作和政治协商制度、民族区域自治制度和宗教信仰自由政策，通过对这些制度和政策的优越性及其完善和发展对政治文明建设的重大意义的探究，在正确把握社会主义政治文明与资本主义政治文明的本质区别、建设社会主义政治文明的意义和途径等方面，对学生进行全面系统的引导。

第四单元：当代国际社会。以当代国际社会和中国外交为主题，以当代国际社会中的中国为重点，在系统阐述主权国家的权利和义务、国际组织的作用、和平与发展的时代主题、世界多极化趋势、当前的国际竞争等有关国际社会常识的基础上，着重引导与帮助学生理解和把握中国在国际社会中坚持独立自主的和平外交政策，既维护自己的国家利益又担负责任的实际及其意义。

3. 文化生活

（1）内容目标。

文化生活模块是根据时代发展、社会进步和高中学生综合素质提高的客观要求而新增加的思想政治课内容，"文化生活"的序言对这一模块的基本功能做了明确的定位与阐述。

本课程所讲的文化主要是指观念形态的精神文化。这一课程模块的基本功能是：以邓小平理论和"三个代表"重要思想为指导，以文化学的学科知识为支撑，引导与帮助学生认识中国共产党始终代表先进文化的前进方向，认同面向现代化、面向世界、面向未来的民族的、科学的、大众的社会主义文化；懂得文化传承、文化交融和文化创新的意义，大力弘扬中华民族精神；正确对待各种文化现象，辨识落后文化，抵制腐朽文化，积极参加健康有益的文化活动，投身社会主义精神文明建设，不断追求更高的思想道德目标。

这一功能定位，同样体现了思想政治课程性质的要求和课程的基本理念，并反映了思想政治课程总目标和分类目标的要求，是文化生活模块教学的指导思想。

（2）课程主题。

以引导学生认识、理解、适应和参与现代文化生活为主题。文化生活模块按照不同的主题将课程教学内容分为四个单元，并分别以具有整合、统领意义的概念及其组合来概括主题。这四个单元分别是：文化与生活、文化传承与创新、文化与民族精神、发展先进文化。

第一单元：主题是先进文化与生活。以不同于经济生活、政治生活的文化生活为主题，基于学生的生活经验，以多姿多彩的文化生活现象为切入点，侧重通过文化生活状况对人与社会的影响进行分析，在正确把握文化生活的价值和进行正确的文化生活选择方面对学生进行引导。

第二单元：主题是文化传承与创新。以中华文化的传承与创新为重点，同时兼顾世界其他民族的文化，以文化传承与创新的统一为主题，以文化创新为主导诉求。侧重在了解文化传播对文化传承的影响、正确领会和把握文化传承的原则、文化创新的必要性和主要途径，以及正确认识和处理中华文化和其他民族文化的关系等方面对学生进行引导。

第三单元：主题是文化与民族精神。以培养和弘扬中华民族精神为主题，知道中华文化是中国各族人民共同创造的，是中华民族的重要标志，与时俱进的中华民族精神是中华文化的结晶的逻辑，着重在领悟中华文明的强大生命力、中华文化的巨大作用、中华民族精神的价值以及弘扬中华民族精神等方面对学生进行引导。

第四单元：主题是发展先进文化。以发展先进文化为主题，直面我国社会先进文化、健康文化、落后文化、腐朽文化并存的文化现实，从分析不同性质的文化及其影响入手，着重在正确认识发展先进文化的必要性、重要性，以及通过加强文化修养提高思想道德水平等方面引导学生。发展先进文化也是整个文化生活模块的主题，是这一课程模块的落脚点。

4．生活与哲学

（1）内容目标。

新课程标准在思想政治必修④"生活与哲学"的序言中对生活与哲学课程模块基本功能的定位是：以邓小平理论和"三个代表"重要思想为指导，帮助学生了解马克思主义哲学的基本原理，学习运用辩证唯物主义和历史唯物主义的观点和方法，正确看待自然、社会和人生的发展，知道实践是检验真理的唯一标准，坚持解放思想、实事求是、与时俱进，能够在社会生活中做出正确的价值判断与行为选择，树立和追求崇高的理想，逐步形成正确的世界观、人生观、价值观。

（2）课程主题。

以引导学生升华生活智慧，展开有智慧的生活为主题。生活与哲学模块按照不同的主题将教学内容分为四个单元：生活智慧与时代精神、探索世界与追求真理、思想方法与创新意识、价值判断和行为选择。

第一单元：主题是生活智慧与时代精神。以哲学与生活的紧密联系为主题，从生活中诸多蕴含哲学道理的故事入手，围绕什么是哲学、哲学的基本问题、马克思主义哲学的地位和作用等问题，对学生进行引导、帮助。

第二单元：主题是探索世界与追求真理。以科学地认识世界为主题，通过对世界物质性原理、规律客观性原理、实践对认识的基础作用等哲学原理的阐述，在坚持从实际出发、实事求是，正确处理客观规律性和主观能动性的关系，坚定追求真理的信念与坚持实践标准相统一等方面，对学生进行引导与帮助。

第三单元：主题是思想方法与创新意识。以培养学生的思想方法、创新精神为主题，从具体到抽象，系统讲述辩证法的基本观点，着重在自觉坚持用联系、发展的观点看问题，学会运用矛盾分析方法，具体问题具体分析，善于抓住并解决主要矛盾，以及解放思想、树立科学发展观等方面，对学生进行引导、帮助。

第四单元：主题是价值判断与行为选择。以正确的价值选择为主题，系统阐述价值、价值观、人生价值观的有关知识，联系生活实际，着重在树立集体主义价值取向、在贡献中实现人生的真正价值等方面，对学生进行引导与帮助。

第三章　思想政治（品德）课的教学准备

　　教学是有目的、有计划和有组织的活动，在进行教学之前，教师需要进行必要的准备。教学准备是整个教学过程的起始阶段，是搞好教学的基础和前提。

第一节　研究课程标准

　　在备课中如何发挥课程标准的作用，取决于我们在备课中对课程标准的地位与作用的认识。思想政治（品德）课程标准是国家意志的体现，是思想政治（品德）课程领域的基本规范。准确把握课程标准，是课程实施的基本前提，而准确理解与钻研课程标准的内涵，并将其应用到备课、上课等各个教学环节之中，是思想政治（品德）教师的基本技能。思想政治（品德）课程标准作为课程领域的基本规则与教学行为依据，可以提供诸多有助于备课的信息。

一、课程标准提供了教科书编写的基本思路和基本要求

　　课程标准是教科书编写的纲领性文件，是备课的基础依据。《普通高中思想政治课程标准（实验）》和《义务教育思想品德课程标准（2011 年版）》是国家对中学思想政治（品德）课程的基本规范和要求，是国家管理和评价课程的基础。《中华人民共和国义务教育法》第三十八条规定："教科书根据国家教育方针和课程标准编写，内容力求精简，精选必备的基础知识、基本技能，经济实用，保证质量。"这从法律的角度明确了课程标准与教科书的关系，规范了教科书的编写的依据，同时，教科书必须经过教育主管部门的审核。

　　课程标准对课程的性质、课程的理念、课程的设计思路、课程目标、内容标准进行了规范，并提出了教学建议、评价建议、教科书编写建议、课程资源的开发与利用建议等。这些内容与建议都是教科书编写组必须仔细研读和揣摩的文本，在此基础上才能形成符合国家意志的教科书。

　　思想政治（品德）教科书建立在教材编写者对课程标准理解的基础上，结合学生的身心发展规律及成长需要而编写。不同版本的教科书不仅要达到课程标准的规定，而且会在自觉或不自觉中比较清晰地反映出编者的教育理念、信仰和观点。所以教科书有一个天然的不足，那就是它与课程标准之间有差距。而教科书是教师开展教学活动的蓝本，也是学生从事学习的基本素材，它为学生的学习活动提供了基本线索、基本内容和主要的活动机会。对学生而言，教科书是他们从事学习活动的出发点，而不是终极目标，即教科书为学生的学习活动提供了基本线索，是实现课程标准、实施教学的重要资源。鉴于课程标准与教科书的关系，以及两者之间的落差，教师在备课时，应该先研究透课程标准，在此基础上再分析教科书。备课正是为了减缓从文本课程到实施课程，即课程标准到课堂教学之间的落差。

二、课程标准提供了不同学段的目标要求

《义务教育思想品德课程标准（2011 年版）》和《普通高中思想政治课程标准（实验）》分别提供了初中和高中阶段的课程总目标和分类目标，分类目标又由情感态度价值观、能力、知识三维目标构成。

初中课程标准没有具体指出每个具体目标安排在哪个年级，应该在哪个学期达成，这给教师留下了可发挥的空间。作为教师而言，在备课中，必须研究课程标准，从中洞察学段目标的标准，对照教科书，把握每个单元、每节课的具体的教学目标。与此同时，研究课程标准的有关建议，可以帮助我们更好地揣摩教科书编者的意图，甚至可以评判编者的意图的正误，还可以根据各个地方以及学校的实际情况开发和利用地方课程资源或校本教学资源，对课程目标进一步细化。

三、课程标准提供的评价建议是备课的重要参考

思想政治（品德）课程标准提供的评价建议，更加关注人的发展过程，并呈现出多元化的趋势。课程标准将学生的发展、教师的发展与课程的发展融为一体。淡化了终结性评价和评价的筛选评判功能，强化了过程评价和评价的教育发展功能。尤其是在过程评价和自我评价的方式方法上有许多新颖、活泼和可操作的创新之处。比如，成长记录、测验与考试、答辩、长周期作业、短周期作业、集体评议等。

在备课中，不管是课堂教学中练习环节的设计，还是课后习题的编制，都要求我们认真思考自己所设计的评价方案是否符合课程标准的要求，是否根据课程标准的评价建议，科学合理地设计我们的教案和教学设计，从而对学生的学习状况做出诊断，找出问题，及时弥补，从而体现出新课程改革的素质教育意图，而不是只重视知识的终结性评价意图。

四、课程标准给备课提供了课程资源开发的途径与建议

课程资源是基础教育课程改革提出的一个重要概念。思想政治（品德）课程标准提出了"课程资源的开发与利用"的建议，这个建议为我们开展备课工作提供了指导性的建议，提醒我们关注身边的资源并及时加以开发和有效利用。

思想政治（品德）课程资源的开发和利用对于转变课程功能和学习方式具有重要意义：第一，可以超越狭隘的教学内容，让师生的生活和经验进入教学过程，让教学活起来；第二，可以改变学生在教学中的地位，从知识的被动接受者转变为知识的共同建构者，从而激发学生的学习积极性和主动性；第三，可以开阔教师的教育教学视野，转变教师的教育观念，从而更好地激发教师的创造性。可以说，课程资源的作用比以往任何时候都更加重要。

在备课中，我们要及时关注课程资源的类别、来源渠道，特别是要了解我们身边可以利用的课程资源，既要大力开发，更要有效利用。

五、课程标准明确了课程基本的价值取向

思想政治（品德）课程的价值由过去单纯强调知识转向同时关注学生的能力、情感态度和价值观，尤其更关注的是学生学习的情感态度及价值观，这是一个根本性的变化。

思想政治（品德）作为一门显性的德育课程，体现素质教育的基本理念，着眼于未来国

民素质。思想政治（品德）课程标准对课程的性质与目标做了定性描述，阐述了本课程改革的基本理念，并对课程标准设计的思路做了详细的说明，便于教材编写者和教师整体把握课程。以学生的生活为基础，统筹学科内容，引领学生独立思考与积极实践相结合；过积极健康的生活，做负责任的公民；逐步引导学生树立正确的人生观、价值观和世界观。这一阐述对思想政治（品德）课程的价值做了清晰的定位，对培养新时期具有良好素质和竞争力的新一代公民具有重要意义。

第二节　研读教材

备课除了要研究课程标准之外，还要充分理解教科书。理解、掌握教材内容是备课工作的核心，是备课活动的主要任务。

一、熟悉教材

教科书凝聚了无数人的智慧，是备课的基本依据，是教师进行教学活动的重要依据，是学生获取知识的主要来源，也是师生沟通的中介，架起了沟通教和学的桥梁。因此，通晓、掌握、运用教科书，是教师的一项重要基本功。

1. 掌握全册教材的内容和知识结构

研读教科书，要注意与研究课程标准相结合，在研究课程标准的基础上把握每个学期的教材要达到的课程目标、课程理念、设计思路、课程内容标准等。

把握每一章节在全册教材体系中的地位和作用，形成整体知识结构。比如，在通读思想政治必修①"经济生活"时，要掌握本册书是由4个单元、11课、22框、45目四个层次结构，每个单元之后，都安排有各单元的综合探究课，帮助学生体验研究性学习。

整理出以单元主题为基础的每个单元的知识结构，再把4单元进行综合，形成思想政治必修①"经济生活"全册书的知识结构图。全册的知识结构图能让教师宏观上了解教材编写者的编写思路，把握该思路与相应的内容是否与课程标准要求相吻合，并且以课程标准为基础，明确在哪些内容上还有拓展的空间。

经济生活框架设计思路（如表3-1所示）：教材按"消费——生产——分配——市场"（4个单元）来设计。全书编写的逻辑思路：为何生产（生活与消费）——是谁生产（生产、劳动与经营）——为谁生产（个人收入的分配）——如何调节生产（社会主义市场经济）。

表 3-1　思想政治必修①"经济生活"教材的设计思路

课程整合	生活与消费	生产、劳动与经营	收入与分配	社会主义市场经济
生活主题	生活的体验	生活的创造	生活的保证	生活的"舞台"
生活内容	如何花钱	如何挣钱	如何分配	如何发展
主体对象	消费者	劳动者	管理者	建设者

2. 要深入细致地研究每一单元的内容与知识结构

以思想政治必修①"经济生活"第一单元"生活与消费"这一内容为例，教师以本单元的主要知识点为线索，把重点、难点、关键点整理出来，再根据其内在的联系，形成知识结构图。

教材从"消费"这个中学生最熟悉的生活现象入手，贴近生活，利用中学生日常生活中的消费体验，激发学生的学习兴趣。在现代市场经济社会，消费总是离不开商品买卖以及货币这个交换媒介，也离不开商品价格的运动变化。根据这一逻辑，本单元设计为三课。第一课：神奇的货币；第二课：多变的价格；第三课：多彩的消费。这三课书由六个框题构成。（具体参考图3-1）

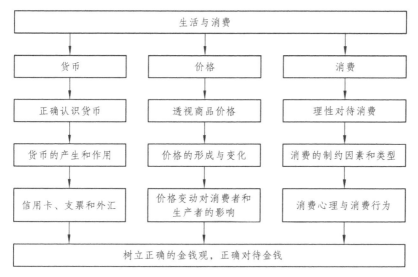

图 3-1　生活与消费知识结构图

第一框的设计思路：因为我们的生活、消费需要商品，而购买商品又离不开货币，由此引出货币这一主题，学习货币的本质、职能，树立正确金钱观。

第二框的设计思路：人们在经济往来的结算中，并不是只有现金结算，而是经常使用各种信用工具进行结算。

第三、四框的设计思路：要消费、交换，人们还必须知道商品的价格，第三框重点研究了供求对价格的影响，第四框则反之，即研究价格变动对生活及生产的影响。

第五、六框的设计思路：认识了货币，也认识了价格，自然可以用来指导消费实践，所以这两框就引导大家去认识消费现象，了解消费及其类型，树立正确的消费观。

3. 深入理解教材的每一个知识点

进一步深入理解、弄清课本中的每一个句子、每一个概念、每一个原理。思想政治（品德）课每一节课的备课都要求教师能字斟句酌，如果没深入文字背后的背景及推理过程，课堂教学过程就只能照本宣科，缺乏知识想象与知识价值的深度挖掘。要解决这个问题，就要回到对教材的认真研读上。读课本要达到一定的阶段才可能对课本内容的处理得心应手（以课时备课为例）：

（1）第一阶段阅读，不看任何参考资料，凭着自己的理解阅读教材文本。这一阶段阅读要形成自己对课时内容的知识结构图，确定教学目标，教学重点、难点与关键点。

（2）第二阶段阅读，与自己掌握的所有有关的资料进行仔细对照。这个阶段最大的要求就是能发现自己第一阶段备课所存在的缺漏，别人想到自己没关注到的有哪些，导致这问题的原因是什么，是自己学科知识欠缺还是思维方法有问题，往后怎么避免。如果是自己想到，别人都没关注到的，能不能对自己很自信，如果到课堂教学中执行会有什么结果，如果教学效果好，这可能就是自己的优势，自己的特色，如果教学效果不好，则要进行更深层次的反思。

（3）第三阶段阅读，通过练习检验自己的阅读。教师本人必须找到相关知识的练习进行检验，要求能熟练解答课本的问题，还要能解决题库中有难度的问题。教师有必要建立自己的练习库，把历年能收集到的试题及练习进行归类。这一阶段的研读教材对教师的要求是比较高的，但这一阶段基本上能让教师吃透教材，熟练掌握教材中的内容，是设计好的教学方法的重要依据，也是提高教学质量的基本保证。

（4）第四阶段，是应用备课知识进行课堂教学实践，检验课堂上的现场实际效果和自己课前设想的是不是一样，如果不是（大多数情况下都不一样），教师应该根据上课的具体情况，对设想进行调整。这一阶段是总结与提高的阶段，是下一次备课的起点，很有价值。

通过备教材，对教材内容达到"懂、透、化"的程度。所谓"懂"，就是对教材基本结构、基本思想、基本内容和基本概念都一清二楚；所谓"透"，就是对教材了解得详尽而深入，熟悉而精确，能理清纵横关系，掌握字里字外之意，融会贯通，运用自如；所谓"化"，就是教师的思想情感和教材的思想性、科学性融化在一起。达到"懂、透、化"程度，才能把知识内化于心，外化于行，也只有这样才能跳出教材，创造性地利用教材。

二、创造性地研究教材

在教学实践中，许多思想政治（品德）课教师习惯于"教教材"，把思想政治（品德）教材看作教学的全部，处处以教材为中心，认为教就是把教材规定的内容教给学生，把教学的关注点放在完成了哪些既定的教学内容上。原封不动地按照教材内容和编写顺序组织教学活动，以传授书本知识为中心，被教材束缚，课堂缺乏生机与活力，教学效果普遍不理想。因此，创造性地研究教材在思想政治（品德）教学中十分迫切。创造性地研究教材需要做到以下几点。

1. 以课程标准为依据，因地制宜地使用教材

（1）以课程标准为基础创造性研究教材。

最新的课程改革制定了《普通高中思想政治课程标准（实验）》和《义务教育思想品德课程标准（2011 年版）》两个课程标准，课程标准持有的教学理念是以学生的个体发展为本，教学注重与学生的生活经验相结合。对不同的学生而言，由于他们的生活环境不同，所处的区域环境、文化环境、家庭背景和自身思维方式等方面存在着差异，因此，他们头脑中理解的知识带有明显的个性色彩，他们的学习活动应当是一个生动活泼的、主动的、富有个性的生活化的过程。

在这个意义之下，教科书需要改变原有的内涵和形式——不再是学生学习活动时的模仿对象，或者说，它向学生提供的不再是一种不容改变的、定论式的客观知识结构，而应当具备新的含义。确切地说，教科书应当是学生从事学习的基本素材，它为学生的学习活动提供了基本线索、基本内容和主要的活动安排。对学生而言，教科书是他们从事学习活动的出发

点，而不是终结目标，亦即教科书为学生的学习活动提供了基本线索，是实现课程目标、实施教学的重要资源。

创造性研究教材的依据是课程标准，教材是编者根据课程标准的要求发挥创造性思维的产物，它给教师与学生的教与学搭建了桥梁，但这并不是唯一能让教师与学生联系的渠道。思想政治（品德）课教师仍然有可能根据课程标准，结合自己的教学对象进行课程标准的再次解读，这就是创造性地使用教材。

教材发行面对大众群体，因此编者在编写的过程中只能尽量考虑共性，对于特定区域的特定群体或个体的特定认识和生活经验是没办法完全满足的，而我国地域广阔，地区之间的经济、文化、教育水平的差异是客观存在的，这也是创造性使用教材的客观要求。

（2）利用"一标多本"创造性地理解教材。

新的课堂教学改革一个重要理念是"用教材"，而不是"教教材"。课程标准是教材编写的依据，教材是课程标准最主要的载体。教材的编写思路、框架、内容目标不能违背课程标准规定的课程性质与课程基本理念。

新的教材观将思想政治（品德）教材视为实现课程目标的一种案例或范例，尤其是初中思想品德课教材，全国出现了"一标多本"的情况，不同地区所采用的教材版本并不相同，但它们都是根据同一个课程标准来编写的。这就意味着，实现同一个课程目标，可以采用不同的案例，而教材中的案例只是诸多案例中的一例，它虽然正确，但可能远离某些学生的生活经验，缺乏实效性。这就要求教学过程中必须对教材进行处理，紧密联系当时、当地的社会实践和学生的生活经验，选择具体的教学素材，对教学内容进行必要的调整。

以课程标准为基础，结合具体教学内容和实际学情，研究教材，创造性地使用教材成为一种必要的选择，教师可以根据教学需要选择、重组、超越教材，通过自己的加工与再创作，使教材符合贴近学生、贴近实际、贴近生活的原则。

2. 改变教材内容的呈现方式，挖掘教材资源的内涵

（1）使"静态"的教材"动态"化。

思想政治（品德）教学必须以教材为本，充分发挥教材在教学工作中的引领作用，发挥其在教学评价中的平台功能。现行教材的教学资源十分丰富，每一单元、每一课、每一框、每一目都安排了形式多样的活动；为加深对正文的理解，配有"相关链接"以及名言警句等；表格清晰、简要，图片精美，图文并茂。这也正是思想政治（品德）教材的可阅读性、趣味性的表现，但由于这些资源都已经以文字或图片的方式在教材中呈现给了学生，学生如果已经阅读过这些资源，教师原封不动地加以利用，效果可能并不理想，这就需要教师能够对这些资源加以改造后再利用。有的教师把教学内容改造成小品、情景剧、相声等方式来进行呈现，寓教于乐，寓学于行，把抽象空洞的说教变成具体的活生生的形象指导。教师还可以把文字或图片后面的背景挖掘出来，或把它们改造成视频或音频方式进行呈现。这种只改变表现形式，不改变其内容的方式也是对教材的一种创造性使用。

（2）改变教材的表达呈现顺序。

初中思想品德程标准规定"思想品德课程以初中学生逐步扩展的生活为基础，以学生成长过程中需要处理的关系为线索，有机整合道德、心理健康、法律、国情等方面的内容，进行科学设计"。以学生的生活为基础，以学生在生活中遇到什么问题，如何思考这些问题，怎

么解决问题为设计思路，这为教师调整教材的某些内容奠定了基础。

教学时，思想品德教师应根据学生的特点，在深入理解和全面把握教材编写体系的基础上，合理调整教材内容顺序，形成自己的教学思路，促进学生积极主动地建构知识。尤其是，当现实生活中发生了一些突发性事件，而按教材中的编排，与这些突发性事件相关的知识内容还没有涉及的时候，教师可以抓住契机，对教学内容先后顺序进行一定的调整，以发挥事件的时效性效果。

3. 深入分析和挖掘教材内容的多重价值

随着社会的发展，社会的政治、经济、文化等各方面变化发展比较快，使得教材某些内容跟不上时事的变化，因而需要不断赋予新的内容。思想政治（品德）课体现国家意志，教材作为范本，要与时俱进，引进最新的时政热点事件，要不断挖掘其价值，发挥它的道德导向、理论导向和政治导向功能。

挖掘教材的多重价值要从知识性和人文性两个方面来考虑。知识性包括原理、观点内含的知识和课外延伸的知识；人文性是培养学生人文素养。研究教材应领会新课程的主要思想，注重对人文性的挖掘，尤其是挖掘思想政治（品德）教材中的情感、态度与价值观的内涵。

教材中的知识具有多重价值，思想政治（品德）与其他课程相比是一门德育特性明显的课程，任何一个知识点都能在情感、态度与价值观方面挖掘出有深度思想的教育点，这是教材知识的迁移价值。但这种迁移不能停留在知识方面的迁移，还要上升到世界观、人生观、价值观和情感态度层面。

在应试教育模式下，许多思想政治（品德）教师在教学过程中，往往比较重视知识的迁移价值，而忽视了情感态度与价值观方面的价值。创造性使用教材，就是要发挥思想政治（品德）课的"传道、授业、解惑"的综合价值，而不仅仅是它的知识传授的价值，更要看到教材背后所隐含的思想、观点和方法。

4. 广泛阅读参考资料，创造性地开发教学资源

参考资料包括教学参考书和其他有关资料。广泛涉猎和学习参考资料，有利于开阔教师的眼界，增长见识，启发思维，提高教师的知识水平和能力素养；有利于充实教学的内容，帮助教师吃透教材。

在阅读教学参考资料时，要特别注意教材的"缝隙"，即潜伏在教材深处不易察觉的隐蔽点；要把握知识的闪光点、障碍点，这些内容往往隐藏着开发学生智力的潜能，常常能发挥意外的作用。

（1）要注意教材的"缝隙"是哪些，在哪里。

它们常常是一句话、一幅简图、一种构思或者是一种表现手法。教材反映的内容是有限的，发现"缝隙"，我们就有必要参阅相关的书籍，既补充教师自身的知识储备，也可丰富教学内容。寻找"缝隙"的过程，就是一个知识拓展和深入开发教学资源的过程。

（2）建立一个与教材相关的知识圈。

教材内容并不完全等于教学内容，教材是教学的重要课程资源，但不是唯一的。新的教材观强调要按照学生的情况进行教学，不是完全拘泥于教材，而是要对教材科学地使用或再度开发。备课过程实际上也是一个熟能生巧的过程，我们积累足够多的知识，形成知识自信后，对教材的处理就会更自信，更敢提出问题，更多的教材"缝隙"将会得到挖掘。因此，

教师应该用心搜集、整理和运用资料，勤查工具书，多做资料卡，以丰富自己的知识仓库。

（3）用心研究和分析学生的知识结构、学习志趣和思维方法。

这样能从中揣摩出学生可能提出的意外发问，做到知己知彼，方能临阵不乱。这就要求教师在备课时善于思考学生已有的哪些知识经验可以开发为课程资源，社会中哪些时事政治可以引入课堂，哪些相关的音像材料能够为教学服务，教师自己储备的资料和知识如何利用，搜集的资料在课堂上如何呈现。教师经常思考这些问题，既能提高备课的有效性，也能提高自身的创造力，促进自身的专业性成长。

（4）综合利用一标多本的力量，创造性地开发教学资源。

全国的思想政治（品德）课教材版本不止一个，尤其初中思想品德课的教材有多个版本。这些不同的版本的编者各不相同，对同一个内容标准的解读也出现思路及角度的不同，表达方式更是多种多样。对于采用的版本来说，别的版本就是很好的教学参考资料，是教师可以综合利用的很好的教学资源，对于打开老师备课的视野很有帮助。

教师备课，既要重视参考资料，又不能依赖于参考资料，照抄照搬，生吞活剥，简单堆砌，必须进行深入的加工，内化为自己的知识。

三、确立教学目标

教学过程要能实现教学目标，每一课时的教学内容都有每一课时的教学目标，教学目标是课程目标的进一步具体化，是指导、实施和评价教学的基本依据，是衡量教学质量的标准。

1. 教学目标的含义

教学目标指教学活动实施的方向和预期达成的结果，是教学工作的出发点和最终归宿。为了进一步理解教学目标，我们可以通过剖析其特点来深化认识。

（1）预期性与生成性。

教学目标是师生在教学活动中预期达到的教学结果，是在教学活动之前，即预见到教学活动可能促使受教育者在知识、能力、身心方面发生哪些变化。教学目标以教学对象发展现状为基础，但又超越其发展现状，是经过努力可以达到的要求。它是教者预先设想的，在教学过程中学生在老师指导和帮助下能够达到的学习结果，这个结果是指学生通过学习后自己身心素质发生的变化。

教学目标具有一定的生成性。教学目标虽然是对教学结果的一种预测，但是，这种预测并不是一成不变的、固定僵死的，而是对教学结果有个大概的预测框架，但保留有一定的生成空间。教学过程是具体的、鲜活的，在这个过程中充满着诸多的不确定性，有很多种预想不到的事情会发生，这也正好是教学目标的生成过程。

（2）系统性与层次性。

教学目标是课程目标的进一步具体化，是一个由若干具体目标组成的系统整体，具体教学目标之间构成一个有机联系的网络，必须以系统联系的观点来看待教学目标。

思想政治（品德）课的教学目标系统，体现了这门课程的教育价值，指明了这门课程的教学过程和教学结果以及学生身心发生的变化。思想政治（品德）课程目标是这个学科总的教学目标；这个总目标分解为初中思想品德与高中思想政治两个阶段的教学目标；这两个阶段各又分成三个学段教学目标（或称学年教学目标）；学年教学目标又可分为学期教学目标；

学期教学目标又分为若干个单元教学目标；单元教学目标再分解为每堂课的课堂教学目标，最终形成一个整体的学科教学目标系统。如图 3-2 所示：

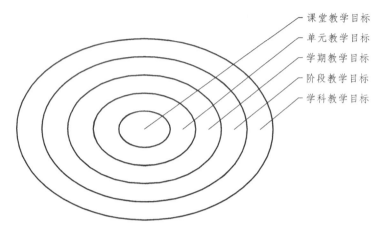

课堂教学目标
单元教学目标
学期教学目标
阶段教学目标
学科教学目标

图 3-2　思想政治（品德）学科教学目标系统

　　组成教学目标系统整体的各个具体教学目标，都不是孤立的，在实现各具体教学目标时，应该放到整个教学目标系统中来确定其地位及价值。

　　教学目标的系统性与层次性是辩证统一的。教学目标系统内部的各具体目标并非都处在一个层面上，而是层级分明、连续递增的。较低层次的教学目标是较高层次教学目标的分解或具体化，较高层次教学目标的实现以较低层次教学目标的实现为基础。各项教学目标的实现，都要从易到难，从简到繁，一级一级地向上发展。当教学达到了某一目标时，便为实现更高一级的目标打下了基础，并向终极目标逼近了一步。越过较低层次教学目标而直接实现较高层次的目标是不现实的，难以取得理想效果。

　　（3）具体性与可行性。

　　一般说来，教学目标清晰、明确、具体、可行，有利于在实践中顺利达成。编制教学目标要简洁、具体，要用可以操作的行为术语从知识、能力、情感态度价值观三个方面描述教学目标。经验表明：人们在确定其实现目标时，除了考虑目标的价值外，还要考虑目标实现的概率。若达成的可能性很大，且易于操作，就会努力促成目标的实现，使目标的潜在作用得到最大限度的发挥；若目标笼统且难度很大，达成的概率微乎其微，人们便会望而生畏、知难而退，目标本身也便失去了应有的价值。因此，一种正确的教学目标必须有具体性和可行性。

　　2. 确立教学目标的依据

　　（1）依据程标准中的目标规定。

　　思想政治（品德）课程标准所规定的课程总目标与分类目标是一个有机的整体，是思想政治（品德）课在基础教育阶段要达到的目标体系。它体现国家对不同阶段的学生在知识、能力、情感态度价值观三方面的基本目标要求。

　　思想政治（品德）课程标准对初中和高中两个阶段的教学活动所要达到的基本目标都有明确的规定。教师在确定课时教学目标、单元教学目标及学期教学目标时，必须参考课程标准所规定的总目标、分类目标的要求，把课程标准规定的目标精神贯彻到备课与教学中，教学目标水平不能低于课程标准所要求的目标水准。

（2）依据教材确定教学目标。

在确立教学目标的时候，除了要体现课程标准的规定性之外，还要参考教材的内容来确定每一节课教学目标，需要教师能创造性地利用教材，挖掘教材的教育价值。

第一，要弄清楚教材的知识结构体系。课程标准是国家制定的指导教学的纲领性文件，它不仅规范了具体的教学内容，而且还对教师如何使用教材提出了建议。在课程标准的指导下熟悉、分析思想政治（品德）教材，整理出每学期教材的知识结构体系以及各单元的知识结构图，使各个单元或课时的教学目标形成一个有机整体。

第二，深入挖掘教材内容的教育价值。为了体现教材中的教育价值的追求，教师应充分开发当地可利用的课程资源，对教材的知识结构进行改造，发挥教材的生命激活的功能，充分挖掘教材所蕴含的更深层次的教学目标追求，更好实现课程目标。

（3）依据学生实际情况确定教学目标。

在思想政治（品德）课教师备课的具体工作中，了解学生是核心环节。"备课先要备学生"的观点彰显了了解学情的效果对于备课质量起至关重要的影响。学生既是课堂教学活动的起点，也是课堂教学目标承载者，教学目标的实现要通过学生在知识、能力、情感态度与价值观方面的发展来实现。

3. 教学目标设计的原则和要求

思想政治（品德）课教学目标是课堂教学的核心和灵魂，教学目标的有效性直接决定着课堂教学的有效性。要保证思想政治（品德）课的教学效果，就要制定好科学的教学目标，具体原则与要求如下。

（1）全面性与主体性。

教学目标是师生通过教学活动所要达到的预期的结果或标准。预期达到的学习结果是全面的三维目标，是学习者通过学习后预期产生的知识、能力、情感态度与价值观的变化，它针对学习者的变化，不是对教育者的要求。

主体性原则是新的课程改革的一个规范性要求，在确定教学目标时，无论是一般的行为表述还是具体的行为表述，在描述时都应指向学生的学习行为而不是教师的教授行为，一般不用来描述教师的教学程序或活动的安排。在体现主体性原则与要求上，容易出现的问题有：

① 行为性目标表述不当。

教学目标表述主体错位，其体例通常是："使学生掌握（了解）……""提高学生……""让学生了解……"等，主体是教师而不是学生。这种教学目标表达方式，是过去的《教学大纲》对教学目标的表述方式。

现行思想政治（品德）课程标准对课程目标的表述一般采用"行为性目标表述方式"，规范的行为表述，应该清楚地表明达成目标的行为主体是学生。严格意义上的教学目标应包括行为主体、行为动词、行为条件和预期表现程度四个要素，具体规范表述为：

第一，行为主体学生化。要把每项目标描述成学生行为而不是教师行为，如："学生……""学生……能理解……""学生……能认识……""学生……能辨析……"等。

第二，行为动词多样化。行为动词尽可能是可理解、可观察、可测量和可评价的。如：评述、说明、描绘、列举、阐释、解析、辨别、比较、解决、设计、对比、感受等。

第三，行为条件情境化。描述行为发生通过的媒体、限定的时间、提供的信息。如："通过听说交流……""根据所提供的材料……""在……的情况下"等。

第四，行为标准表现程度具体化。如："能用符号语言表示推理过程""能根据已知条件写出两种以上的合理答案"等。

② 教学目标缺失或不明确。

全面性，是指教学目标的要反映课程目标的要求，完整的教学目标必须是三维教学目标，即要包括知识、能力、情感态度与价值观三方面内容，真正体现三方面内容的有机结合。容易出现的问题有：

第一，重视知识目标，忽视其他目标。

在应试模式下的思想政治（品德）课堂中，学生在教学活动中实际上是"缺席"的出席者，享有选择权的被动选择者，充满主动性的被动学习者，只能跟随教师的教学活动，跟随高考、中考的指挥棒而活动，所以，是以获得知识为主要目标。

用考试来选拔人才已经成为一种社会共识，中学生所面临的中考与高考都以"统一考试，择优录取"为指导方针。时至今日，虽然期间进行了数次教学改革，但是选拔人才的基本手段、方向都没有改变。升学考试以成绩作为决定性的标准，而成绩更多反映的是知识，这决定了在思想政治（品德）课堂上知识目标的首要地位。教学活动的核心是达成知识目标，容易忽视能力目标、情感态度价值观目标。

第二，能力目标实现不全面。

在考试的压力下，思想政治（品德）课的能力目标容易偏注重知识目标的落实，变成了应考能力、记忆能力、解题能力等。教师往往通过强调反复背诵来训练学生死记硬背的能力，没有把教学内容与实际应用相联系，更谈不上在教学过程中形成学生正确的情感态度价值观。

第三，情感态度价值观目标形式化与标签化。

情感态度价值观目标作为思想政治（品德）课程目标的有机组成部分，由于能更好体现课程的德育性质，本应受到充分的重视，但是这一目标不像知识目标那样具体、清晰、明确，在教学实践中不易测量、考察，容易被忽视。许多教师对于情感态度价值观目标的意识薄弱，认识基本处于感性认识的阶段。备课时对情感态度价值观目标形式化、象征性地写模糊的套话，或者是为应付检查而不假思索地确定，或者是随意抄袭。对于如何在课堂中贯彻落实这些目标并没有明确具体、切实可行的方案和措施，没有真正地设计实现这些教学目标的策略和方法。

③ 教学目标与教学实际相脱离。

思想政治（品德）课教学过程由教师、学生、教学内容和教学手段等构成。学生是教学过程中最为活跃的因素，是教学活动的主体。因此在教学目标设计中，应该以"学"为出发点，以学生为行为主体，学生思维活动为主线进行设计。教学目标的确定，既要坚持课程标准的要求和建议，也要有一定的弹性。

不同地区、不同层次的中学，教学对象的生活环境、知识与能力起点等情况有所不同，比如，我国国土辽阔，乡镇中学生与城市中学生，东部与西部学生之间在知识、能力、生活观等方面区别很大，课堂教学目标的确定与实现途径应该有所区别。教师应该立足于自己的教学对象与课程标准，找准每堂课的教学目标。

课堂教学目标是课程标准所确定的分类目标和总目标的细化，教师在确定课堂教学目标时，应集中在课程标准的目标定位是什么、学生需要什么、能做什么，该往哪引导，是预期达到的学习结果和标准，还是学生学习后所发生的变化。只有准确定位教学目标，课堂教学才有方向感，才能做到有的放矢，因材施教。

（2）层次性与差异性。

① 教学目标的层次性。在教学目标设计中，教师特别需要注意的是课时教学目标表述的层次性，即所有的课时教学目标都应包括知识、能力、情感态度价值观三个维度目标，每个维度目标又都可细分为不同层次的要求。

知识目标，主要包括理解（从教学信息中建构学习意义）和记忆（从长时记忆系统中提取有关信息）两个层次。

能力目标，主要包括理解（从教学信息中生成新的认识），分析（对材料进行分解，分析各部分之间的相互关系），运用（在给定的情境中执行或运用所学观点，在新情境下解决问题）三个层次。

情感态度价值观目标，主要包括体验（参与学习过程产生心理、情绪感受），评价（认同所学观点，依据价值标准做出判断），内化（对所学观点内化，并用所学观点反省、指导自身的态度和行为）三个层次。

思想政治（品德）教师需要根据每节课的具体情况，精心制定各维度的不同层次的目标。

第一，确定哪些知识需要学生记忆。这里说的记忆是指知道大概内容，能够达到再认的程度，有些具体的现象或概念，只要求记忆就可以。

第二，确定哪些知识需要理解。这里说的理解是指学生能够进行分析、概括、归纳、评价、综合、梳理线索等。

第三，确定哪些知识或技能需要学生灵活运用。要求学生熟练掌握的知识，在理解的基础上，能够准确地表达出来。一般来说重要的概念、原理和事实，要求学生在理解的基础上准确地说出来、写出来。有些知识，需要学生灵活运用，更加强调知识之间的联系，强调在知识的加工整合的过程中实现创新。

教师应该按照思想政治（品德）课程标准中的内容标准来确定教学目标，不可抛开"内容标准"降低或拔高教学目标。即教学的目的任务要切合实际，既不能太高太难，也不能太低太易。太高太难了做不到，太低太易了没意义。应根据教学对象的发展程度，确定适度的教学目的。

② 教学目标的差异性。

教学目标要顾及学生个体差异，通过对学生的个体进行解读，可以明白学生的知识、能力、兴趣、爱好、特长等方面的差异，在传统教学中，教师关注的是中等学生，以为这样能够兼顾两头。其实不然，教学目标只适合于中等学生，学困生往往被忽视，学优生也很难得到发展。因此教学目标的设置要有一定的弹性，对不同的学生要区别对待，即规定所有学生达到的最低目标，又对学有余力的学生进行拓展、加深。

（3）具体性与可操作性。

具体性是指教学过程要有明确而可行的教学目标，才能引导师生围绕教学目标实现有效的教学活动。例如"培养学生的创新意识和实践能力"是义务教育阶段教育的重要目标，它是一般性的总体目标，是由一系列具体的行为目标构成的，在一节课内无法实现。因此，像这样的语句作为一节课的目标，不够具体也无可操作性，是不恰当的。

思想政治（品德）课教师表述的课时教学目标要具有操作性，教师应该了解学生的“最近发展区”，在充分调查研究的基础上了解学生的知识水平、心理状态和能力水平，然后根据实际情况设计出学生能达到的课时教学目标。有的知识的价值性很大，可是达到目标的成功概率极小，绝大多数学生都不能掌握，如果还把该知识确定为课堂教学目标是不妥当的。因此，在实现课时教学目标的教学过程中，目标内容应该是可操作的。目标的达成与否，达成到何种程度又是可检测的，这样的课时教学目标才有可操作的意义。

思想政治（品德）课程教学目标的具体性与可操作性，要求用准确的行为动词来表述和判断经过学习过程后学生应该达到的目标水平。目标陈述有四个基本要素：行为主体、行为动词、行为条件和预期表现。如思想政治①（经济生活）中有这样的内容目标叙述：描述（行为动词）几种消费心理（条件）；比较（行为动词）消费行为的差异（条件）；辨析（行为动词）消费观念的变化（条件），树立（行为动词）正确的消费观（预期表现）。以上行为动词的准确使用，把行为目标陈述的四个基本要素连成一个有机的统一体，既具体，操作性又强。

四、明确教学重难点

1. 教学重点

教学重点是指教材中最基本、最主要的内容，它在整个教材中居于重要的地位，即在大量知识的相互关系中它是主要矛盾，处于主导地位，起着主要的支配作用。重点问题解决了，其他问题就比较容易解决，重点问题解决得好，学生再理解其他知识，就比较容易。准确地确定思想政治（品德）课的教学重点，有利于教学向着有序、高效的态势发展。在教学实践中，我们总结了确定思想政治（品德）课教学重点的三个依据。

（1）依据课程目标、教材知识体系确定知识传授的重点。

① 思想政治（品德）课程目标规定了知识、能力、情感态度价值观三类课程目标，并制定了相应的内容标准与之相匹配，这是我们确定教学重点的重要参考。

② 从学科知识系统而言，教材有自己独特的知识逻辑，在这个逻辑体系中，重点是指那些与前面知识联系紧密，对后续学习具有重大影响的知识，即重点是指在学科知识体系中具有重要地位和作用的学科知识。其中包括以下两点：

第一，基本概念。概念是事物及其属性在思维中的反映，它是人的思维细胞。基本概念是在一定范围内具有广泛指导意义的概念。在一个知识单元里，理解基本概念对理解其他有关概念和理论有重要意义。学生只有首先懂得了基本概念，才可以运用概念进行思维活动，才有可能理解原理，学好理论。

第二，基本理论。理论是反映事物之间本质联系，反映事物某些方面具有规律性的东西，基本理论是指能指导一般理论问题的重要理论。掌握了基本理论后，许多知识就比较容易解决。

（2）依据学生的学习需要，确定能力培养的重点。

不同年龄、年级的学生，其个性心理特征不同。根据这个特点，我们在不同年级的教学中，定出不同层次的能力培养目标，其中要求学生必须具备的、常用的能力就是重点。尤其是那些对学生持续学习和获取知识有深远意义的学习方式、探究精神、思维方法等。

（3）依据社会的需要，确定"育人导行"的重点。

思想政治（品德）课有鲜明的时代性与阶级性。因此，教学必须坚持马克思主义基本观点教育与当前时势的重点、热点问题联系起来，以澄清学生心中的模糊认识与观点，引导他们辩证地、全面地看待和分析事物，理解党与国家的路线方针政策。加强思想政治方向的引导与注重学生成长的特点相结合，培养学生正确的世界观、人生观、价值观，使之成为负责任的公民，真正起到指导和规范学生行为的作用。那么，凡是能与当前形势的重点、热点问题联系紧密，属指导行为类型的知识点就是重点。

根据以上内容的分析，思想政治（品德）课的教学重点可分为知识重点、能力重点和"育人导行"重点。而按重点的地位和作用又可把重点分为全书重点、单元重点，还有课时重点。全书重点一般是贯穿于整个学科的重要思想、方法和起核心作用的知识、能力与"育人导行"重点，它是重点的最高层次。单元重点是贯穿于全单元的主干知识、能力与"育人导行"重点，它的地位和作用不如全书重点大，属于中等层次；课时重点是指课堂教学时的重点，课时重点可以是单元重点，也有可能是全书重点。

2. 思想政治（品德）课教学难点

教学难点一般是指学生在学习过程中遇到的主要障碍，主要是那些太抽象，离学生实际生活太远的，学生难以理解和掌握的知识点。

难点的形成主要有以下几个方面的原因：一是该知识远离学生的生活实际，学生缺乏相应的感性知识基础；二是该知识较为抽象，学生难于理解；三是该知识包含多个知识点，知识点过于集中；四是该知识与旧知识联系不大，或因大多数学生对与之联系的旧知识遗忘所致。

在教学中，难点突破策略：①如果属于第一种，教学中则应通过利用学生日常生活经验，充实感性知识加以突破。②若难点属于第二种，教学中则利用直观手段，尽量使知识直观化、形象化，使学生看得见，摸得着。③如果难点属于第三种，则应分散知识点，各个击破。④如果难点属于第四种，则应查漏补缺，加强旧知识的复习。因此，突破难点，关键在于对造成困难的原因进行分析，原因找准了，对症下药就不难了。

3. 教学重难点的联系与区别

教学重点和难点具有不同的性质，产生的原因也不同。

难点具有暂时性和相对性。难点内容一旦经过教学被学生理解和掌握，难点就不复存在了，这就是难点的暂时性。同一知识与方法对一些学生可能是难点，而对另一些学生就可能不是难点，这就是难点的相对性。

重点一般都具有一定的稳定性和长期性，它并不因为学生的理解和掌握就退避三舍，而是在一定的教学阶段会贯穿于教学的始终，这是由于重点内容都在知识系统中和育人功能上具有重要的地位和作用。

教学重点与难点又有一定的联系。有些内容是重点而不是难点，有些是难点而不是重点，而有些则既是重点又是难点。

第三节　研究教学对象

　　教学过程是一个师生共同参与、互相作用的复杂的双边活动的过程，是教师主导作用与学生主体地位的统一，只有当教师组织的教学活动能够引起学生的共鸣时，才能取得所期望的教学效果。因此，教师备课必须尽可能地从学生的已有知识基础、认知水平、生活经验、年龄特点、心理需求等入手。在重视研究课程标准与教材的同时，还要重视对学生的了解、分析和研究，这是教学取得成功必不可少的前提，也是教学准备的重要内容。

一、研究学生的基本内容

　　在思想政治（品德）课的备课活动中，研究学生主要围绕学生的学科认知特点和规律，了解学生的身心发展特点、了解学生的知识基础和能力起点、了解学生的经验基础和生活关注点，了解学生的能力和兴趣等内容展开。

　　1. 了解学生的年龄特征、身心发展规律

　　同龄或年龄相近的学生，身心发展规律虽大体一致，但个性、兴趣爱好、性格气质又有很大不同，因此，课堂的需求和参与程度会有区别，这是教学复杂性的表现。

　　（1）初中生的身心发展特点。

　　进入少年期后，初中学生的生理变化巨大，感知觉迅速发展，思维能力提高；在意识、性格方面，初中生在集体活动中表现出勇敢、活泼、顽强、刻苦、不怕牺牲等特点，但却情绪强烈而不稳定，理想具有模仿性、形象性。学生身心发展特点主要体现在以下三个方面。

　　① 少年期的三大生理变化。

　　第一，身体外形急剧变化。少年期是学生的身体生长发育的第二个高峰时期，学生在这个时期身高、体重、胸围、头围、肩宽、骨盆等都在加速增长，似乎突然地长高、长大了，如：其身高平均每年增加三至七厘米，体重平均每年增加三至五千克。他们站在父母旁边，也不比父母矮多少了，有的学生比父母还高出一点。体态的突变使他们开始意识到自己不再是小孩子了。

　　第二，性机能发育成熟。从生理的角度讲，孩子进入少年期后，性腺机能开始成熟和发挥作用，第一、二性征开始出现。性机能的发育成熟，对少年期学生的心理发展有着重大影响。一方面，它刺激了学生成熟意识的觉醒；另一方面，也给学生带来了很多异性交往和性心理卫生方面的问题。

　　第三，体内机能迅速健全。学生进入少年期后，性腺机能的逐渐完善和性激素的分泌，对人体各器官、各系统的生长发育有着明显的作用。人体内机能迅速健全，特别是大脑和神经系统基本成熟，脑重量已达到或接近成人水平，为少年期学生心理的逐渐成熟提供了物质前提和可能性。

　　② 少年期的三大心理过渡。

　　第一，从依赖性向独立性过渡。由于生理上的巨大变化，少年期的学生就开始逐渐摆脱对父母的依赖，独立性意向的发展日趋明显。小到生活自理，大到对个人前途、家庭大事、社会上发生的重大事件，他们都不像以前那样只听从父母意见了，而要表明自己的见解、看法、意愿。

第二，从"自我朦胧"向"自知之明"过渡。其主要变化有三：一是从外在性向内在性过渡，即少年期学生的自我评价已不再以外部的行为表现为主，而是开始侧重于自己内在的世界，同时其评价内容也从具体向抽象发展；二是从情境性向稳定性过渡，即由于自我评价的内在性和抽象性程度的提高，少年期学生的自我评价不再轻易地因一时一事而变化，具有了一定的稳定性；三是从依从性向独立性过渡，即少年期的学生已不再像童年时那样依从或看重父母和老师对自己的评价了，他们已能较独立地评价自己了。

第三，从幼稚向成熟过渡。变化主要表现在以下五个方面：一是认识从好奇性向探究性发展，即对各种事物的好奇已经不再满足于大人对之的一般性回答，而是逐渐升华为对事物的深入探究；二是行为由模仿性向创造性发展，即不满足重复别人的动作而喜欢新异刺激，好标新立异，不愿墨守成规；三是生活愿望由空想向理想发展，即对自己长大了要做什么事、做什么人的志向不再是无根据的空想，而是开始接近或切合实际了；四是交友由自发性向选择性发展，即交朋友开始注重从爱好、兴趣、理想上加以选择了，而且学习成绩的好坏也成了交友的条件；五是思维由具体形象向抽象逻辑发展，即抽象逻辑思维开始占有相对的优势，能够领会和掌握更多的抽象概念，能够理解一般事物的规律性及因果关系。

③ 少年期的主要心理矛盾。学生进入少年期后，由于学习内容的深化，知识经验的增多，社会影响的扩大，他们在认识、情绪、意志以及个性心理特征上，比童年期都有了新的发展，但也出现了新的矛盾。其主要体现在以下三个方面：

第一，渴望独立与现实依赖的矛盾。少年期是学生自我意识迅猛发展的时期。此时期，学生在心理上产生的最突出的变化，就是出现了"成人感"，意识到"我已经不是小孩子了"。

第二，心理闭锁与求得理解的矛盾。学生进入少年期后，尽管内心世界变得更加丰富多彩了，但是心理活动的外在表露却开始失去了儿童的直爽、天真、单纯。

第三，性发育迅速成熟与性心理相对幼稚的矛盾。随着性器官和性机能的发育成熟，初中生在感到有趣和好奇的同时，也感到害羞，甚至产生恐惧及不知所措的心理。他们对异性产生了兴趣，但却对异性故意疏远或排斥，甚至嘲笑与异性交往的同学。或者陷入盲目早恋和发生冲动性异性交往行为，这些都是他们性心理发展很不成熟的表现。

（2）高中生身心发展的特点。

高中阶段仍然是中学生的青春发育高峰期，生理方面的发展表现出以下特点：

① 身体增长速度减慢，整个身体发育基本成熟，身高与体重经过初中阶段的快速增长，到高中阶段进入缓慢的增长期。高中生除力量素质发展显著外，其他素质大部分处于缓慢增长阶段，18 岁以后趋于稳定，基本达到成人水平。

② 生理机能逐渐趋于成熟，脑重量已和成人相等，神经系统发育基本成熟。身体结构和机能已能达到成人水平，兴奋与抑制过程基本平衡，第二信号系统起着重要调节作用。

高中学生生理上的显著变化带来了心理上的急剧发展，心理发展方面的特点则体现为：观察能力提高；抽象思维能力提高；情感发展趋于深沉和稳定；在意识、性格方面，高中生意志自觉性增强，已能按自己的既定目标来支配自己的行动；在理想方面，高中生将众多的杰出人物的思想、品格、学识、才能综合起来形成自己的理想形象，并开始把理想作为奋斗的既定目标来支配和引导自己的行为。

总之，备课中充分考虑到这些特点差异，能让老师在课堂上更好地组织教学，更有利于内容表达方式和教学方法的选择。教学必须尊重学生的身心发展规律，考虑不同年龄学生的学习需要和学习特征，找准学生的兴奋点，有的放矢地进行教学，让教学更亲切地走近学生。

2. 了解学生的思想情况及学习品质

初中学生与高中学生在思想、品德意志、学习态度、思维方式等方面有一定的区别。初中阶段的学生一般表现出接受能力强，辨别能力弱；易受暗示，模仿性强；求知欲强，目标模糊；兴趣广泛，转移很快；理想具有模仿性、形象性等特点。而高中阶段的学生则表现出思想敏锐，关心国内外大事，具有强烈的批判意识，但辨别能力不强；有一定的理论分析能力，但分析问题缺乏深刻性和全面性；有较强的竞争和参与意识，但目的不明，信心不足；追求民主、自由和法制，但理解欠深刻全面等特点。

了解不同阶段，或同一阶段但不同年级学生的思想及学习品质特点，对教学有很大帮助。了解其思想情况，精神状态，以陶冶情操、启迪觉悟；了解其思维方式、困惑疑点，以实施针对性、启发性教学。如：对习惯于采取记忆方法学习的学生，要侧重于调动他们从不同角度理解知识的积极性，拓展其思维的灵活性；对好动脑筋，理解能力较强的学生则应防止其出现忽视基础知识积累的倾向，引导他们运用基础知识，发展创造思维；对成绩较差的学生，视其实际，指导学法或思路，启迪智慧，让他们产生学习乐趣，奋发向上。

3. 了解学生的知识水平和接受能力

苏联心理学家维果茨基提出过"最近发展区"的观点。"最近发展区"是指儿童能够独立完成的学习任务水平与在有能力的教师或同伴的帮助下方能完成的学习任务水平之间的区域。

了解学生的知识水平起点和接受能力，要把"假如我是学生"作为备课的警醒语。即放下老师自上而下的备课思维模式，而要放低身段，采用平视的思维模式来了解学生。了解学生对所学知识与技能，哪些学生已经掌握，已能运用；哪些学生不甚理解，用不太好；哪些学生虽已领会，但不深刻且容易出错。

了解学生的知识水平与接受能力包括：一是了解学生的认知水平和接受能力，学生已知什么，想知什么，什么是难点，教师要心中有数，备课要备到"点子"上。二是了解学生接受能力，以贯彻因材施教、决定教学的难易度，这样教学过程中才能做到有的放矢。三是了解不同学生的认知水平，掌握不同层次学生的学习现状、智力状况和生活经验积累。

二、对学生进行研究的基本方式

了解学生的方式很多，主要分为两种，一是集中了解，二是分散了解。

1. 集中了解

分析研究学生的试卷、作业，可以了解学生的知识基础与接受能力，可以了解学生对教学内容的掌握程度，错误比较集中的地方往往就是老师教学中不够深入或遗漏的地方，也是往后教学中应该注意避免的。

发专项调查表、开学生座谈会，听取学生的反映、要求。这是老师了解学生整体或学生个体最直接的方式，也是了解学生个性差异、兴趣爱好、性格气质、思想情况、品德意志、学习态度、思维方式最好的方法之一。同时也是沟通师生关系，增进师生感情的最有效的方法之一。

集中了解学生还可以听其他任课教师或班主任的情况介绍，参与每个学期的家长会，参加班会课、班级文体娱乐活动、班集体的户外活动等。

集中了解的侧重点在于了解班集体情况,但能兼顾到学生个体情况。教师对所了解的情况,要做必要的统计,进行分析。各种情况在学生中占有多大的比重,要有数据统计,并进行反复的分析和研究。这样,才能抓住主要矛盾,做到备课时有的放矢,并能根据情况的发展变化及其趋势,总结教学经验,探索改进教学的方法。

2. 分散了解学生

分散了解学生的方法是多种多样的,是经常性的。可以通过课堂教学的提问、复习、讨论、辩论等来进行;可以通过课前预习和课后复习来进行;可以通过课堂教学和课外阅读等方式进行;可以通过日常观察来进行;可以通过调查问卷来进行;可以通过谈话来进行;可以通过家访来进行;可以通过辅导来进行;也可以通过查阅学生作业、间接调查等方式进行。

教师对学生的了解要贯穿于教学始终,只有多种方法途径结合起来运用,才会得到比较可靠的结论,加深对学生的认识和了解。有经验的教师还能从学生的眼神、表情及一些微小的动作等方面洞察其心理,掌握其动态情况。在获得准确的大量信息之后,便可及时、恰当地设计或修订教学方案,确定分类指导的目标与措施,以便因材施教。

第四节 教 案

教案也叫课时教学计划,是教师备课的书面成果,它蕴含教学目标、重点、难点、教学方法、教学步骤等内容,是教师精心设计的教学内容方案,是教师上课的主要依据。

一、编写教案的意义

1. 教案是实现备课向课堂教学过渡的必需环节

按照教学活动空间顺序和时间顺序的发展,备课必然会发展到编写教案这一环节。从教师的教授活动看,编写教案要体现教学活动的整体功能,增长学生的知识,发展学生的能力和形成正确的情感、态度与价值观。从学生的学习活动来看,教案是老师对学生学习活动的预设,既尊重学生主体地位,又发挥老师主导作用的一种教学方案。在这个方案中,学生借助于老师的引导,在老师的帮助下调整好自己的学习状态、激发自己的学习潜能,最终达到把知识内化于心,外化于行,在知识、能力和情感态度价值观三方面有所收获。

2. 教案是教师上好课的根本保证

教案是教师在钻研课程标准、教材、教学参考书和了解学生的基础上,经过充分准备,精心设计出来的成果。教案的质量如何,往往是一节课成败的关键。虽然有了好教案不一定能上好课,但如果没有教案,随意上课,就很难上好课。特别是年轻教师,在上课之前,不可能将教案熟记于心,教案放在讲台之上,偶尔翻阅一下,可以提示教师循序教学,防止遗忘。

3. 教案是提高教师教学和科研能力的主要途径

教师的教学质量如何,一定程度上取决于有无好的教案。好的教案,取决于教师的责任心和教学经验。在教学准备阶段，教师的责任心表现在是否能够认真备课和编写教案上。备课涉及的因素比较多，并不是一件简单的事情，但却是有规律的事情，把握好其中的规律，备课就变得简单。教案可以收集和积累起来，随着教学经验的增加，收集和积累起来的、经过不断修改的教案可以成为科研的支撑材料。

二、编写教案的基本要求

传统教案注重知识层面，热衷于知识数量和知识体系，甚至就是教学大纲的细化或翻版。这种传统教案是以教师的教和书本的知识为本位的，从教师的主观判断或教学经验出发，侧重的是教学过程的程序化、细节化。尽管备课中也提出研究学生的任务，但学生在教师备课过程中，只是作为一个抽象的群体来认识，研究的重点只放在学生能否掌握教材，以及知识怎么传授上，依然是以教材为中心来思考学生。

要改变这种情况，编写教案时，必须从人文意识、实践意识和课程意识出发，从学生成长的层面来思索，着眼于学生学习方法的养成，立足于学生潜能的开发，关注学生情感、态度与价值观的形成过程，进行有生命意识的教学。具体可以从以下几个方面入手。

1. 教案要本土化

《基础教育课程改革纲要（试行）》中指出，要"实行国家、地方、学校三级课程管理，增强课程对地方、学校及学生的适应性"。三级课程管理使国家、地方和学校同时成为课程的开发、实施和管理主体。而且，新的课程管理体系为地方、学校甚至教师留出了较大的课程开发、利用和管理空间。

课程的建设离不开课程资源的支撑，开发课程资源首先应立足于本地现有的课程资源。教案的本土化就是要释放老师的能动性，用足、用好本地的乡土资源，进行有针对性的特色教学。

教师还要善于开发和利用校内的课程资源，捕捉属于本校、本班学生的兴趣、氛围、人际关系、生活经历、社会事件等本土信息，并结合本土信息创造性地分析教材，设计教案，努力做到教案在最大程度上吻合学生的学，使校本教案发挥更大作用。

教案的本土化使教案具有地方特色，由于筛选的资源大多来自学生的日常生活，使学生倍感亲切，容易信服，使用起来，也有利于促使教育教学活动融入学生的生活世界。

2. 教案要学案化

教案学案化的基本表现就是营造学生学习的主体地位，根据学生的学习来确定教师教的方案，促进学生通过自主、合作、探究的学习方式去获取知识，提升能力，培养情感态度价值观。

教案学案化植根于对学生主体地位的尊重，对学生具有的多重智慧优势的信任。所以，在进行教学设计时要注意以下几点。

（1）重情感体验，要让学生在学习中得到相关的体验，从内心感受中体会道理，而不是记忆一些知识点。

（2）重探究，给学生足够的时空去观察、猜想、探索、归纳、类比、质疑，引导学生反复尝试，鼓励学生发表与众不同的见解。

（3）重合作，课堂上的合作体现在师生之间和生生之间的交流、沟通和互补上。

（4）重方法和运用，书上的许多理论知识，它们只是学习的载体，教学目的应落实在学生实实在在的收获上。

3. 教案要弹性化

课堂教学不应当是一个封闭系统，也不应当拘泥于预先固定不变的程序。备课时，教师对教学过程会有一定的预设，但教学过程又是一个不断生成的过程。

（1）教师不可能预设到学生的所有体验，在实施过程中需要开放地纳入直接经验、弹性灵活的成分以及始料未及的体验，要鼓励师生互动中的即兴创造。

（2）教师也不可能预设到教学所产生的所有的成果。教学是有目标的活动，教师根据课程标准、教材等文本以及教师对教学对象的实际情况的判断而设定教学目标。但教学目标也有可能随着教师预想不到的状况的出现而调整，超越预定目标的要求。教学是不断生成的，在师生、生生交互中不断生成新的教学资源、教学内容、教学程序乃至新的教学目标。所以，课堂不是教案的演绎舞台，而是根据学生变化的学习需要，精心预设与即时生成相统一的弹性调控过程。

教案，应以学生的学习和学生的发展为本位，从学生的实际现状出发，以粗线条的"静态教案"为基础，综合考虑教学过程中的各种不确定因素，注重教学策略，特别是多种教学思路的设计，为教学过程的动态生成创造条件，使其成为具有指导性的"动态教案"，即弹性化的教学预设方案。只有这样，在教学过程中，教师才有可能根据学生学习的反馈情况再做出适时的动态调整或调适，从而弥补"静态教案"预设的不足。

4. 教案要集约化

集约化是一个经济领域的术语，它强调应把质量放在重要位置上，以提高效益为最终目标，走高科技经营，集团规模经营的道路。教案是备课活动的书面成果，教案集约化道路是提高教案的质量，进而提高课堂教学效益的有效途径。

备课可分为个人自主备课和集体备课两种类型，教案相应也可以分为个人教案与集体教案。一般来说，集体备课所形成的教案成果要优于个人备课所形成的个人教案成果。教案的集约化要求在备课时发挥集体的力量，在个人备课的基础上进行教师集体二次备课。

（1）个人教案成果（个案）。

个人自主备课是备课的起点，要求教师学习和研究课程标准、教材、教学参考书以及其他的相关材料；深入了解学生整体的知识起点、能力起点和学习成绩情况等智力因素，还要了解学生的学习兴趣、学习态度和学习习惯等非智力因素情况。个人自主备课要求完成教案或教学设计，教案可以是写在备课本上的有形教案（初学者要求写详案），也有融入教师心头的无形教案（腹案），无形教案一般是有多年教学经验，对教学内容很熟悉的资深老师可以采用的教案，不适用于新教师。

（2）集体教案成果（共案）。

集体备课是建立在个人自主备课的基础上的，集体备课有利于发挥集体的智慧，实现成果共享；有利于准确把握教学重难点，提高学校整体教学水平；促进教师成长，特别是促进青年教师成长；有利于资源共享，提高工作效率；有利于营造一种交流、合作、研究的学术气氛，提高教学研究水平。

集体备课是提高课堂教学效率的有效途径，集体备课要定时间、定地点、定内容、定中心发言人（主备人），中心发言人在参与的教师中实行轮流担任。陈述各自的备课方案时，最好采用"说课"的形式进行，以扬长避短，统一思想，达成共识。

集体备课的基本流程：① 确立课题；② 确定中心发言人（主备人）；③ 个人备课（形成个人教案）；④ 集体研讨（形成共案）；⑤ 在共案基础上形成个性化设计（形成个性化教案）；⑥ 教学实践检验（跟踪）；⑦ 课后交流与反思；⑧ 第二次集体备课（形成完善的集体共案）；⑨ 资料保存。

三、教案的内容

教案的形式也是灵活多样的，有写在备课本上的有形教案，也有融入教师心田的无形教案，即所谓的"腹案"，一般来说，思想政治（品德）课教师备课应该写好三种教案。

1. 学年或学期教学进度计划（宏观教案）

教学计划，可以帮助教师有计划实施自己的想法，并能合理完成教学任务，同时也便于总结自己的教学情况，提高自己的教学能力。

（1）制订教学计划的必要性。

① 制订教学计划有利于教师宏观地，系统地把握整个学年或学期的教学。凡事预则立，不预则废。对于教师个人来说，制订教学计划是一项带有战略性和全局性的准备工作，也是完成教学任务的重要保证。

② 制订教学计划是总结教学经验，不断提高教学质量的重要途径。制订教学计划可以让教师根据教学的需要，提前为教学活动做准备。教学活动结束后，可以根据教学计划进行查漏补缺，反思教学行为，不断调整计划和执行之间的差距，提高教学质量。

③ 制订教学计划是评估教学质量的重要指标，也是学校教学管理的要求。制订教学计划是教学过程的重要环节，个人教学计划确定后要提交教研组讨论通过，最后，送学校主管领导审查批准后执行。在执行过程中可适当调整和补充，学期结束时，应全面总结计划实施情况。因此，教学计划也是学校管理教学活动，评估教学质量的重要指标。

（2）制订教学工作计划的准备工作。

教学工作计划，可分为学期教学工作计划和学年教学工作计划，教师一般做的是学期教学工作计划。教师制订教学工作计划，要有以下准备工作。

① 学习国家的教育方针和政策。

制订教学计划，必须有一个正确的指导思想，党的教育方针、政策、路线对思想政治（品德）课老师制订教学工作计划具有特殊的指导意义。某种意义上说，思想政治（品德）课程承担着在教学过程中解释党和国家的路线、方针、政策任务，并以此为己任。尤其是党与国家重大会议所做出的决议，这些新的精神从出台到宣传、解释，不可能出现在既定的教材中，是属于新的课程资源，更需要思想政治（品德）课教师在制订教学工作计划中凸显。

② 熟悉学校的教育工作计划。

思想政治（品德）学科的教学工作是学校教育教学工作的一部分，必须与学校整体工作计划保持协调一致。思想政治（品德）课作为中学德育的主要渠道，更要与学校的德育工作保持整体一致。

（3）思想政治课教学工作计划的主要内容。

① 简介部分。

简介部分一般包括授课的年级和班级；使用的教科书的版本和出版日期；一个学期的教学总课时数。

② 说明部分。

第一，课程标准有关内容介绍。

第二，教材基本分析（如教材内容体系、教学重点、难点分析）。

第三，学期或学年总的教学目的或教学任务要求。

第四，学生基本情况介绍。

第五，提高教学质量的主要措施及理由。

第六，教研或教改要点（如教改的方向、目标、课题、新的教研方法、教研总结或论文、公开课、教研课）。

③ 教学进度计划（通常采用表格形式）。

第一，学期（或学年）、周数、节数及单元测验次数。

第二，教学主要内容（如章节标题）及授课的起止章节。

第三，教学形式（如课型）及公开教研活动次数及其名称。

2. 单元教学计划（中观教案）

单元教学计划主要内容包括：课题名称、教学目的任务、课的类型、教学方法、时间分配等。

3. 课时计划（微观教案）

课时计划亦即上课教学方案，主要是指课时教案，是教师备课成果的集中体现，是教师上课的直接依据。编写课时教案的过程就是把备课成果书面化的过程，课时教案通常由概况说明和正文两部分构成。

（1）教案概况说明部分。

课时教案的概况说明包括：学科名称、课题、授课班级、授课时间、教者、课型、课时数、教学目标、教学重点、教学难点、教具准备、教学方法的选择等。

（2）教案正文部分。

课时教案正文也就是教学内容的讲授进程计划，或者说是教师在教学过程中围绕教学目标，帮助学生感知、理解、掌握、巩固以及运用理论知识的整个计划。

课时教案一般分为详案和简案两种，详写的称为"详案"，简写的称为"简案"。详案不但包括一般教案的所有项目，而且把教学的每一个步骤都详细写出，比如怎样过渡、提什么问题、学生回答的各种情况等都做出详细的预想。简案不但可以省略诸如授课班级、教学时间、教学方法等项目，而且教学内容、教学步骤也可以从简，或者一个计划、或者一个提纲、或者一份知识结构图表。

详案和简案各有优缺点：详案内容丰富，容易操作，但耗时费力；简案省时省力，但不容易把握，课堂教学过程中老师容易想不起要讲的具体内容。教师备课究竟该采用哪种写法，详到什么程度，简到何种地步，应该根据教学内容和自身实际而定。

从教学内容来说，一般新开课和新教材应写详案，重复课和旧教材可写简案。从教师本身来看，一般来说，新教师应该写详案，有经验的教师可以写简案。教师是写详案还是写简案，可以根据自己的具体情况确定。

写教案需要注意的问题比较多，但集中起来主要有以下几个方面：

第一，教案必须是教师个人的成果。教师不能抄现成的他人教案，自己不备课，而把备课变成抄课。

第二，教案应是精品成果，应该根据教学对象、自己的教学艺术风格，对收集到的教学资源进行优化。要避免不认真思考、整理、提炼、概括，把收集到的资料全都搬到教案上，使备课变成了录课。

第三，教案要内熟于心。教师必须把教学内容及教学设计内化于心。写简案不是偷懒，是为了把教师从繁重的抄写中解放出来，有时间学习新知、了解学生、研究问题。写简案对备课的要求更高，教师要把备课的成果内熟于心，没有一定的教学经验与教学自信，很难写好简案。写详案的目的，不是为了上课时照本宣科或背教案，而是对教学可能出现的情况进行充分的准备，也为了防止遗忘等。

第五节　教学设计

一、教学设计的内涵与特征

教学设计是根据教学对象和教学目标，确定合适的教学起点与终点，将教学诸要素有序、优化地安排，形成教学方案的过程。它是一门运用系统方法，科学解决教学问题的学问，以教学效果最优化为目的，以解决教学问题为宗旨。具体而言，教学设计具有以下特征。

第一，教学设计以获取优化的教学效果为目的。教学设计是把教学原理转化为教学理念和教学活动的计划，它要遵循教学过程的基本规律，解决怎么教才能取得好的教学效果的问题。

第二，教学设计是实现教学目标的计划性和决策性活动。教学设计对怎样才能达到教学目标进行创造性的决策，以解决如何教与如何学的最佳结合的问题。

第三，教学设计以系统方法为指导。教学设计把教学各要素组合成一个系统，运用系统方法分析教学问题与教学需求，建立解决教学问题的策略和试行解决方案，评价试行结果和修改方案，追求教学效果最优化。

第四，教学设计是提高学习者获得知识、提高能力，培养情感和兴趣的技术过程。教学设计是教育技术的组成部分，它的功能在于运用系统方法设计教学过程，使之成为一种具有操作性的程序。

二、教学设计与教案的区别

1. 范畴上的不同

教案是教育科学领域的一个基本概念，又叫课时计划，是以课时为单元的具体教学方案，是教学中的重要环节。教案的基本组成部分是教学进程，内含教学纲要和教学活动安排，教学方法的具体应用和各种组成部分的时间分配等。

教学设计也称教学系统设计，是教育技术学科的重要分支，它包括宏观设计和微观设计，主要是运用系统分析方法、解决教学问题，以优化教学效果为目的，以传播理论、学习理论和教学理论为基础，具有很强的理论性、科学性、再现性和操作性。课堂教学设计属于微观教学设计的范畴。

2. 对应层次不同

教学设计是把学习者系统作为它的研究对象，所以教学设计的范围可以大到一个学科、一门课程，也可小到一堂课、一个问题的解决。从整体上教学设计可概括为以下三个层次：以系统为中心的设计、以课堂为中心的设计、以个人为中心的设计。鉴于我国目前的教学组织是以课堂教学为主，所以课堂教学设计是教学设计中运用最多的一个层次。从研究范围上讲教案只是教学设计的一个重要内容，因此教学设计与教案的层次关系是不完全对等的。

3. 指导思想不同

教案是以"课堂、教师、教材"为中心的传统教学思想的体现，它的核心目的就是教师怎样讲好教学内容。教案的编写很重视对学生进行封闭式的知识传授和技能训练，强调教师的主导地位，却常常忽略了学生的主体地位，常导致虽然有助于学生的知识增长，却不利于他们的能力培养的结果。

教学设计不仅重视教师的教，更重视学生的学，怎样使学生学得更好，达到更好的教学效果是教学设计的指导思想，所以对学习者进行特征分析是教学设计不可缺少的步骤，体现了现代教学理论的鲜明性。教学设计也非常重视教学目标和教学评价的设计，因而从传播学的角度上看，制定教学目标和实施评价在教学系统中分别具有前瞻和反馈的作用，是教学信息传播过程的重要组成部分。

4. 元素的含义不同

教案一般包括教学目的、教学方法、重难点分析、教学进程、教具的使用、课的类型、教法的具体运用、时间分配等元素，从而体现了教师对课堂教学的计划和安排。

教学设计从理论上来讲，有学习者需要分析、学习内容分析、学习目标阐明、学习者分析、教学策略的制定、媒体的分析使用及教学评价等七个元素，然而在实际的教学工作中，我们讨论比较多的是学习目标、教学策略和教学评价三个主要元素。

通过以上分析比较，我们应该认识到两者的区别，不能将教案与教学设计的概念混为一谈。不难看出教案作为经验科学的产物仍需进一步理论化，特别是现代教育思想和现代教育媒体的日渐介入，对教案的编写工作有巨大的冲击力；教学设计虽然有了自己的理论框架，但还需要在教育实践中充实和完善。由于二者既有相同点又有明显区别，而且两者都要在教育实践中得以发展，很可能在未来的教育实践中两者会走上相互融合的道路。我们完全有理由相信拥有现代教学设计思想的教案会有着更加令人满意的教学效果。

三、教学设计的一般格式

教学设计既具有设计的一般性质，又必须遵循教学的基本规律。教学设计是运用系统方法分析教学问题和确定教学目标，建立解决教学问题的策略方案，试行解决方案、评价试行结果和对方案进行修改的过程。

教学设计是一个教学问题的解决过程，它运用一个已知的教学规律去创造性地解决教学中的问题，研究的对象是教学过程和教学效果，以系统方法为基本手段，以教与学的理论为依据，以学生的认知特征为出发点，追求教学效果的最优化。教学设计一般涉及以下的内容：教学理念、学情分析、教材分析、教学目标、教学重点、教学难点、教学方法、教学过程（教学过程是教学设计的重点部分，包括新课导入、新课教学、课堂总结与巩固练习、课后作业）、板书、教学效果预测或反思等内容。教学设计有不同的书写方式，一般采用表格式。

表 3-2　教学设计参考：高中思想政治必修①"经济生活"：价格变动的影响

课题	价格变动的影响		执教者	
解读理念	1. 教学过程中贯穿以学生的发展为本，切实落实学生的主体地位的教学理念，同时发挥教师在教学过程中的主导作用，引领学生实现课堂教学目标。 2. 以生活为基础，从社会热点问题入手，辅助以教学情境创设，调动学生的学习兴趣，激活学生思维，在体验中理解和应用知识； 3. 引导学生自主学习，在自主思考基础上进一步合作探究，让学生通过自学、互动、生成等环节变知识的传授过程为问题的探究过程和知识的生成过程，使学生在知识的生成和构建过程中积极思考，提高辩证思维能力，实现教学的科学性与实效性的统一			
解读学生	1. 知识基础：学生已经知道了货币的有关知识和价格变动的原因，了解了价值规律。在此基础上进一步学习价格变动对生活和生活的具体影响，符合学生的认知规律。 2. 生活经验：高一学生对经济生活的内容比较感兴趣，对经济生活中的现象有一定的了解，有利于教学活动的开展，因此在教学过程中可以充分利用他们已有的生活经验，选择贴近学生生活实际的事例入手，能够激发学生的学习兴趣和参与热情。 3. 能力起点：高中学生已经具备一定的抽象思维能力，但还缺少对隐藏在经济现象之中的本质的深入分析，知其然而不知其所以然。因此有必要引导学生从观察经济生活到积极参与经济生活，培养和提高学生理解问题、分析问题和解决问题的能力			
解读教材	内容目标		参考课程标准中的相关内容目标：理解价格变动的意义，评述商品和服务价格的变动对我们生活的影响	
	教材地位		本框是"经济生活"第一单元第二课第二个框题，该框的内容实质上讲的是价值规律的作用，是第一单元"生活与消费"的重点和核心。学生在前面已经学习了货币的有关知识和价格变动的原因，为本框题的学习作了铺垫，本框题正是承接货币的有关知识和价格变动的原因的内容，同时为第三课"多彩的消费"的学习打下基础，因此具有承上启下的作用，在经济生活中具有不容忽视的重要的地位	
	教学目标	知识目标	（1）懂得商品价格变动与消费需求量之间的规律； （2）了解不同商品的需求有弹性； （3）了解相关商品的价格变动对需求的影响，了解互为替代品与互补商品的含义； （4）理解价格变动对生产经营的影响	
		能力目标	（1）提高比较分析能力和解决实际问题的实践能力； （2）培养理论分析能力和综合实践能力	
		情感态度价值目标	学生以科学的态度认识价格的变动，增强参与经济生活的自主性，培养市场意识、竞争意识	
	教学重点		价格变动对生活和生产的影响	
	教学难点		价格变动对互为替代品与互补商品的影响	

续表

课题		价格变动的影响	执教者	
解读方法	教学方法	讲解法、讨论法、谈话法		
	学习方法	自主学习、自主思考、合作探究		
	教学手段	常规教具、多媒体辅助教学		
	教学准备	（1）备课标、教材、备学生；（2）收集文字、图片、视频材料等教学素材；（3）编写教学设计、教案、学案，制作多媒体课件		

教学过程

教学环节一：导入新课（视频导入新课）

教学内容	教师活动	学生活动	目标达成（设计意图）
二、价格变动的影响	1. 播放相关"双十一"网购有关视频报道； 2. 从"双十一"淘宝抢购现象，引导学生从这一消费行为体会到价格变动对需求量的影响	1. 学生观看视频； 2. 思考"双十一"出现狂购现象的原因	从日常的经济生活现象入手，激发学生的学习兴趣

教学环节二：新课学习过程

教学内容	教师活动	学生活动	目标达成（设计意图）
（一）价格变动对生活消费的影响 1. 商品价格变动与消费需求量之间的一般规律 2. 不同商品的需求量对价格变动的反应程度不同 3. 相关商品的价格变动对需求量的影响	组织教学活动【生活我当家】 1. 组织学生开展"生活我当家"采购商品活动。 2. 教师观察"家庭"成员选购的商品情况。 3. 请各"家庭"代表阐述所购商品及理由。 4. 请学生归纳各"家庭"购买相同的商品（共性）和不同的商品，引导学生归纳出价格变动对同一商品、不同商品、相关商品需求量的影响	参与教学活动：活动体验、合作探究 1. 开展"生活我当家"活动，学生分组模拟一个"家庭"，采购一星期的家庭日用品。 2."家庭"代表阐述所购买的商品及理由。 3. 学生从各"家庭"购买相同的商品（共性）和不同的商品中归纳出价格变动对同一商品、不同商品、相关商品需求量的影响	通过体验活动激发学生的学习兴趣； 感受价格变动对需求量的影响； 分析归纳出价格变动对同一商品、不同商品、相关商品需求量的影响。 提高学生分析、归纳能力和解决实际生活问题的实践能力
检查学生对"价格变动对生活消费的影响"是否理解到位	组织教学活动【试一试】 1. 组织学生用图来表示商品价格变化对需求量的影响。 2. 请学生观看并评判所绘的图示是否正确，并请学生纠正	参与教学活动【试一试】 1. 请两位学生到黑板上用图表示商品价格变化对需求量的影响。 2. 其他学生在学案上用图表示商品价格变化对需求量的影响	学生通过图示，进一步理解商品价格变动对同一商品、不同商品、相关商品需求量的影响
（二）价格变动对生产经营的影响 1. 调节产量	组织教学活动：【生产我做主】 1. 展示情景：这几年，各种款	参与教学活动：自主思考、合作探究 1. 学生转换角色，成为	学生通过转换角色，从生产者的角度认识价格变动对

教学内容	教师活动	学生活动	目标达成 （设计意图）
2. 调节生产要素的投入	式手机的价格变化。 　2. 提问：作为手机生产企业的决策者，你应如何根据手机的价格变动调整生产？ 　3. 追问：如果众多手机企业都在扩大同一款式和性能手机的生产规模，将会出现什么状况？ 　4. 追问：面对手机价格下降的情况，除了压缩生产规模，还可以采取什么措施帮助自己的企业在价格竞争中获胜呢？ 　5. 引导学生归纳出价格变动对生产的影响	企业生产决策者，面对市场情况，思考并讨论下一步应如何安排生产？ 　2. 学生针对新的市场情况和问题，思考并提出解决问题的办法。 　3. 学生归纳出价格变动对生产的影响	生产的影响； 　培养学生的市场意识、竞争意识、科技创新意识；提高学生分析和解决实际问题的能力

教学环节三：结束新课（课堂小结、巩固）

教学内容	教师活动	学生活动	目标达成 （设计意图）
价格变动对生活消费和生产经营的影响	归纳总结提升能力 　引导学生梳理本课知识体系，理顺知识之间的内在联系，培养学生的归纳概括能力	学生梳理本课知识，构建知识体系，理解价格变动对生活消费和生产经营的影响。并谈谈学完这一课后获得的启示，提高生活能力	学生自己归纳总结本课知识体系，能够深化对本课知识的理解
在商品价格变动情况下，提高生活质量、生产水平	我思我悟 　提问：在市场上商品价格不断变化的情况下，我们应如何当好生活之"家"，做好生产之"主"	学生从生活与生产两个方面谈如何提高生活能力和生产水平	学生在能力和情感态度价值观上有一定升华
板书设计	二、价格变动的影响 　1. 价格变动对生活消费的影响 　　{ 1. 商品价格变动与消费需求量之间的一般规律 　　2. 不同商品的需求量对价格变动的反应程度不同 　　3. 相关商品的价格变动对需求量的影响 } 　2. 价格变动对生产经营的影响 　　{ 1. 调节产量 　　2. 调节生产要素的投入 }		
教学效果预测	以学生的"学"为主，整个教学活动的设计立足于学生的现实生活体验，注重用生活化的情景来呈现问题，提供学生探究的平台和路径。这样处理教材，符合新课程生活化的理念，以学生的"学"为主，学生在一定生活情境与社会经济背景下，借助教师帮助和学习伙伴的合作，自主构建知识。整个教学设计贴近学生、贴近生活、贴近社会，从现象到本质，从具体到抽象，从感受到认知，符合学生的认识规律，使学生在轻松的学习环境下达到教学目标		

第四章　思想政治（品德）课的教学实施

教学是落实思想政治（品德）课程标准、达成教学目标的主要途径和基本环节。思想政治（品德）课教学的组织与实施，应全面贯彻党的教育方针，遵循中学生身心发展和思想品德形成与发展的规律，采用正确的教学组织形式、灵活的教学方法，以达到提高课堂教学效果的目的。

第一节　思想政治（品德）课的教学组织形式

所谓教学组织形式，就是根据一定的教学思想、教学目的、教学内容以及教学主客观条件组织安排教学活动的方式。思想政治（品德）课程的教学组织形式主要有两种：课堂教学形式和课外活动形式。

一、思想政治（品德）课的课堂教学

1. 课堂教学的含义

课堂教学又叫班级授课制教学，是由一定数量的、年龄和文化程度相近的学生组成教学班，教师根据规定的课程、教学进度、课程安排表，对学生进行有计划的集体教学的一种组织形式。

（1）课堂教学的特点。

① 学生固定。以班级为教学单位，学生在班级中进行学习，班级人数固定且年龄和知识水平大致相同。

② 教师固定。学校按教师的业务专长和工作能力分配教学任务，教师对所教学科全面负责。

③ 内容固定。教师根据课程标准和教材向学生传授统一的内容，统一教学进度，多科共进，交叉上课。

④ 时间固定。有统一的教学日历，有统一的作息时间表，保证了课与课之间的衔接。

⑤ 场所固定。有相对固定的场所，学生的座位也是相对固定的。

（2）课堂教学的局限性。

① 教学活动多由教师做主，学生学习的主动性和独立性受到一定程度的限制，易于忽视学生在学习过程中的主体地位。

② 这一教学形式强调的是教材、进度、要求等方面的统一，而忽视学生个性和能力的差异，不利于对学生进行因材施教，不利于培养学生的探索精神、创造能力和实际操作能力。

2. 课堂教学的主要类型

课堂教学的类型，是指根据课的内容和主要教学任务而划分的课的种类，简称课型。思

想政治（品德）课的类型，由于课堂教学内容与教学任务的不同，一般可以分为综合课和单一课两大类型。

（1）综合课。

综合课类型，指在一堂课内完成两个或两个以上教学任务的课型。由于思想政治（品德）课教学任务的多样性特点，以及教学目标涉及知识、能力、情感态度价值观的复杂性，一般情况下，教师在讲授新课时都采用综合课类型。综合课的教学环节比较多，要完成的任务也比较多，主要涉及以下的环节及相应的任务：复习旧课、导入新课、讲授新课、结束新课、巩固新课、课后拓展。

（2）单一课。

单一课，是与综合课类型相对而言的，它指一节课内主要完成一项教学任务的课。由于课堂教学任务的不同，思想政治（品德）课程的单一课可以分为以下几种。

① 绪论课。绪论课也称导言课，一般是在学期或一门课程开始时采用。其主要任务是使学生了解本学期本门课程的性质、任务、内容以及学习目的和方法等。它要求教师能纵观全局、概述全书的基本内容，向学生呈现全册书的知识结构图，概括课程的教学重难点、教学方法、学习方法、学习要求、学习评价方式等。

② 练习课。练习课是在巩固新授知识或运用新知识分析问题和解决问题时采用的课型。其主要任务是通过书面练习和口头练习，巩固知识，发展能力，提高觉悟。

③ 讨论研究课。讨论课是在某一课或某一单元结束后采用的课型。它的主要任务是通过师生之间或学生之间围绕一定的论题展开对话和讨论，使学生加强对基本概念、基本原理、基本疑难问题的理解和把握，并使学生的思想认识和分析能力从中得到提高。

④ 复习课。复习课通常在期中、期末或单元结束后采用。其主要任务是通过复习总结，使学生对知识的把握进一步条理化、系统化，起到"温故而知新"的作用。

⑤ 考查课。考查课通常是在单元结束、期中检查和学期结束时采用。其主要任务是检查学生掌握知识的情况、程度和质量，了解教学效果，总结经验教训。

⑥ 讲评课。讲评课通常是在书面作业或考试、考查之后采用。其主要任务是通过对作业或试卷的分析和讲评，帮助学生肯定成绩，查找错误和失误的原因，以便学生改进学习方法，提高学习质量。

3. 课堂教学的组织形式

思想政治（品德）课程教学的组织形式比较灵活，最基本的组织形式是课堂教学。

（1）课堂教学是完成思想政治（品德）课程教学任务的基本途径。

① 课堂教学能使教师有计划、快速地向学生传授基本理论知识，从而使学生在较短的时间里取得最大量的知识。

② 课堂教学便于教师有组织、有步骤、有针对性地培养学生运用马克思主义的立场、观点和方法观察问题、分析问题、解决问题的能力。

③ 课堂教学有利于教师集中力量，加大力度，围绕教学目标系统地对学生进行思想品德教育。

④ 课堂教学有利于良好的班级环境和群体学习氛围的形成，有利于学生学习积极性的提高和集体主义观念的形成。

（2）课堂教学是提高思想政治（品德）课程教学质量的基本保证。

思想政治（品德）课的教学过程包括许多环节，诸如备课、上课、批改作业、课外辅导、成绩考核与评定等。在这些环节中，课堂教学是中心环节，其他环节则只是课堂教学这一环节的准备、延续、检验和补充，离开了课堂教学这一中心环节，其他教学环节也就失去了存在的依据。

（3）课堂教学是充分发挥教师主导作用的基本形式。

在课堂教学中，教师是课堂教学的引导者、组织者、协调者，进行课堂教学，不论是讲课、辅导，还是答疑、讨论，都需要充分发挥教师的主导作用。只有充分发挥教师的主导作用，才能顺利地完成教学任务，确保教学质量。教师在课堂上的主导作用表现在，教师可以根据课程标准、教材及学生的实际情况，创设一定的教学情境，选择恰当的教学手段与方法，激发学生的积极性，引导学生投入课堂教学活动之中。

4. 思想政治（品德）课程课堂教学的基本结构

课堂教学结构是指课的组成部分（又称环节）及各部分进行的顺序和时间分配。由于课的类型不同，课的结构也不同。每一种类型的课都有一定的结构。即使同一类型的课，对于不同的教学班、不同的教师，其结构也会有所不同。不能把课的结构凝固化、公式化，否则就导致教学上的形式主义。思想政治学科的课堂教学结构包括：

（1）组织教学。

组织教学是指对课堂教学过程的组织和管理。其目的在于排除教学干扰，整顿教学秩序，集中学生注意力，以保证课堂教学顺利进行。

组织教学贯彻于课堂教学过程的始终，组织教学时，教师要做到尊重学生，态度亲切自然；认真组织教学，严格要求全体学生；处理问题要冷静，引导方法得当；应变能力强，因势利导；让全体学生进入最佳学习状态。

（2）复习检查。

复习检查是指教师在讲授新知识之前，用提问、讲解等方式复习已学过的知识，并检查学生对已学知识的掌握情况。其目的在于了解学生对旧知识的理解和掌握情况，使学生巩固旧知识，并加强新旧知识的联系，为学生学习新知识做好衔接。

（3）导入新课。

导入新课是从已有知识引入新学知识的过渡环节。在一节课开始时，教师在复习检查之后，用简短的、带有启发性的语言，以及运用各种教学方法和手段，把新旧知识相互衔接。导入新课的目的在于承上启下，以旧带新，搭起从旧课到新课的桥梁，激发学生的学习兴趣，引起学生对课堂教学内容的注意。成功的导入新课能把学生的注意力和学习兴趣吸引到新课的学习上，同时明确学习任务，使学生产生学习动机，进入良好学习情境。

（4）讲授新课。

讲授新课是指教师指导学生学习新的教学内容的环节，主要是讲清教材的重点、难点、基本概念、基本原理、基本观点和基本问题等，并指导学生学会运用这些观点分析和解决实际问题。这是课堂教学的中心环节，也是一堂课的核心部分，整个课堂教学就是要使学生掌握新知识，形成一个新的知识框架。

（5）巩固新课。

巩固新课是指教师在讲完新课知识之后，对课堂所讲内容进行复习、归纳、总结的环节。

这一环节是使学生及时消化、理解和巩固所学新知识的重要步骤，也是教师获取学生信息反馈，对课堂教学内容查漏补缺的重要渠道，同时还可以促使学生学会对新知识的运用。

（6）课后拓展。

课后拓展是指在巩固新课之后下课之前，给学生布置课后作业的环节。其作用在于使学生在课后进一步消化、巩固和运用新知识，并培养学生自主学习、独立思考的能力。思想政治（品德）课布置作业的量不必太多，而且要具有一定的典型性、启发性和思想性，要注重上升到应用能力，情感态度价值观的层面，不应仅停留在知识目标的层面。

二、思想政治（品德）课的课外实践活动

思想政治（品德）课程的课外实践活动，也可以称为课外活动，是指在课堂教学这种基本形式之外，由教师按一定的教学目标和要求，围绕一定的教学内容，有目的、有计划、有组织地指导学生参与一定的实践性活动。

课外实践活动是思想政治（品德）课教学体系的有机组成部分，是实现教育教学目的的重要途径。它的任务在于组织和指导学生的课余生活，促进学生的全面发展。

1. 课外实践活动与课堂教学

思想政治（品德）课的课外实践活动是相对于课堂教学而言的，它包括在课堂以外的校内、家庭、社会等场所进行的，与学科教学目标相关联的教学实践活动。

（1）两者组成思想政治（品德）课完整的教学活动系统。

课外实践活动是在课堂教学活动之外，对学生进行多方面教育的有效形式，是课堂教学的必要补充，也是对课堂教学活动局限性的弥补。它与课堂教学相互作用，相辅相成，对完成教育任务、实现教育目的具有同样重要的作用。它对解决受教育者的全面发展与个性发展，一般发展与特殊发展，间接经验与直接经验等矛盾具有重要的意义。

（2）两者相互独立，存在着明显的区别。

课堂教学有统一要求，要求学生尽可能同时达到课程标准的基本要求；课外实践活动侧重发展学生个性，使学生在全面发展的基础上，发展各自的个性特长。

课堂教学把学生编入班级上课，具有一定的强制性；课外实践活动虽然也纳入教学计划，但由于受物质、环境、技术手段的制约，是在老师指导下学生主动参与或自愿参与的一种活动。

课堂教学内容与形式受课程标准、受课程计划的限制，形式主要是班级授课制；课外活动的内容不受或不完全受课程标准与教学计划控制，形式多样，有灵活性。

课堂教学中，教师起主导作用，学生既是教师教的对象，又是学习的主人，从学习方式来讲，学生的学习方式主要以接受式学习、被动学习为主；课外活动则以自主性探索为主，课外活动中，教师起辅导作用，活动由学生自主进行。

2. 课外实践活动的作用

（1）课外实践活动体现了思想政治（品德）课程性质。

思想政治（品德）课程是一门兼顾理论教育、社会认识和公民教育的综合性德育课程。作为一门德育课程，本质上是引导学生养成良好的思想品德。思想品德属于社会意识形态，包括良好的思想品质、政治品质和道德品质三个方面的内涵。单纯依靠课堂教学，效果并不

理想，还要依靠课外实践活动。实践是道德体验的途径及主体性生成的基础，亦是道德体验深化、发展的动力。

思想政治（品德）课程的德育性质通过实践性、开放性、综合性、思想性、人文性等特性表现出来，这些特性只依靠课堂教学是无法实现的，课堂教学解决了学生知与不知的问题，但信与不信，信与行的矛盾问题，在很大程度上需要学生在课外实践过程中予以培养、确立。只有在课外实践活动中，才能最终检验中学生的道德情感及其价值观的形成与发展，教学过程离不开课外实践活动这一载体。

（2）课外实践活动体现了以生活为基础的课程基本理念。

思想政治（品德）课程以中学生逐步扩展的生活为基础，以学科知识为支撑，强调实践性和开放性，提出坚持正确价值观念的引导与学生独立思考、积极实践相统一的基本原则。

知识存在于生活，生活是德育的根基。思想政治（品德）课程理念的实现是强调条件与方法的统一，条件与方法都指向以生活为基础。思想品德的形成与发展，需要学生的独立思考和生活体验。将正确的价值引导蕴含在鲜活的生活主题之中，注重课内课外相结合，引导学生走进生活，融入社会，在现实生活中感悟真善美，识别假恶丑，进而增强体验，熏陶情操。

（3）课外实践活动增强了思想政治（品德）课程的实效性。

思想政治（品德）课的课外实践活动对于学生进一步理解教材内容，提高思想政治（品德）课堂教学实效性具有极其重要的作用。思想政治（品德）课教学需要实现知与行的转化，而知与行能否转化、转化的快慢、转化的深度与广度，在一定程度上取决于社会实践活动的实效性。

课外实践活动是人发展的需要，更是学生自我发展、自我完善不可缺少的过程。中学生人格的健全、价值观的形成，只有在理论与社会实践相统一的课外实践活动中才能实现，其高尚人格的形成和精神的升华也离不开以课外实践活动为主要载体的社会生活。

3. 思想政治（品德）课外实践活动的特点

课外实践活动与课堂教学虽然都是实现教学目标的重要途径，但由于课外活动在活动内容、组织形式、活动方式上又不同于课堂教学，因此，又具备了它自身的特点。

（1）课外实践活动是学科教学的要求。

课外实践活动作为思想政治（品德）课程教学的辅助形式，与课堂教学相辅相成，共同完成教学任务。其一，课外实践活动可以加深学生对课堂所学知识的理解。其二，课外实践活动加速了理论知识向能力的转化，使学生学会用理论知识分析和解释现实问题。其三，课外实践活动也为学生提高思想政治觉悟，实现知识、能力与情感态度价值观的协调统一创造了良好的环境。

（2）课外实践活动是校内活动与校外活动的结合。

思想政治（品德）课程的课外活动是在课堂教学以外进行的活动，组织者根据教育教学的实际需要，可随时随地地经常组织形式多种多样、内容丰富多彩的活动。

思想政治（品德）课程的课外活动又可以分为校内实践活动和校外实践活动，两者的区别在于组织指导的不同。校内实践活动是由思想政治（品德）课老师或学校统一组织指导的活动；校外实践活动是由校外教育机构组织指导的活动。这里应注意的是，校内实践活动并不仅仅局限于学校范围之内，也可以在校外组织活动，它与校外实践活动的区别只是在组织和领导方面的不同。

课外活动牵涉的面比较广，往往需要校内和校外的力量共同参与组织。课外实践活动有时是学校或校外教育机关统一组织的活动，有时是在学校或校外教育机关的指导下，受教育者根据自己的兴趣、爱好、特长以及实际的需要，自愿地组织、选择和参加的活动。这样，不仅能发挥受教育者的积极性和主动性，而且能使受教育者的才能、个性得到发展，有利于受教育者的优良个性品质的培养。

（3）课外实践活动的形式具有很大的灵活性。

思想政治（品德）课外实践活动面向学生的整个生活世界，力求让学生在丰富多彩的课外生活中汲取教育营养。课外实践活动的开展，可以根据学校的实际情况和受教育者的身心发展状况等来确定。活动规模的大小、活动时间的长短、活动内容的选择等都可以灵活掌握，没有固定模式，生动活泼，灵活多样。

4. 思想政治（品德）学科课外活动的主要形式与要求

思想政治（品德）课外活动的类型可分为：竞赛类课外活动，如时政知识竞赛、辩论赛等；社会调查类课外活动，如参观学习、社会考察等；模拟类课外活动，如模拟股市、法庭、各种会议等。其中，主要的形式和要求有：

（1）参观访问。

思想政治（品德）课的参观访问是指针对某一特殊环境或事件组织学生实地考察和了解。组织学生到校外进行参观访问，帮助学生直接接触社会实际，使学生开阔视野，增长知识。参观访问也可以使学生把书本知识与社会实际有机地结合起来，加深对课堂教学内容的理解，培养和锻炼学生观察社会和分析实际问题的能力，能够激发学生对实际问题的关注，加强学生与外界间的联系。

参观的主要对象是先进的企业、事业单位和各种展览会、纪念馆、博物馆、名胜古迹等。访问的主要对象是老一辈革命家、英雄模范人物、改革家、企业家、科学家以及先进的社会团体的代表等。

参观访问要注意以下问题：第一，要精心计划。参观访问通常配合某一教学主题进行，有明确的教学活动目标。参观访问出发前，要制定详细的计划，带着问题或困惑出发。不能把参观访问当成游玩活动。第二，要精心组织。联系好参观的地方及有关人员，参观访问的行程时间表、地图、参观地点简介等书面材料一定要准备好，在出发前对要参观访问的对象有更多的了解。第三，参观访问要注重效果。参观访问是一项有目的的教学活动，而且受时间限制，需要选择有典型意义的地点、人物、团体等对象，才能收到明显的参观访问效果。行程结束后，要求有书面感想文章或参观访问报告，并组织参观总结交流或讨论，以加强学习效果。

（2）社会调查。

社会调查是直接接触社会实际并配合课堂教学的一种有效形式。它的作用在于增加学生的感性知识，补充和丰富课堂教学内容，帮助学生加深对所学基础知识的理解，提高其观察问题、分析问题和社会交往的能力。

① 选择调查课题。中学生社会调查的内容和范围很广，包括某一地区、某一行业、某一单位的思想政治状况、经济发展状况、体制改革状况、社会治安状况、社会风气状况、先进人物与事迹等。

在组织社会调查活动中，老师要指导学生选择合适的调查课题。太大的课题学生难以下手；远离学生生活实际的课题学生没有兴趣。

② 掌握社会调查方法。课题明确后，教师要引导学生掌握社会调查方法，社会调查常用的方法有访谈和问卷调查。教师要指导学生写调查问卷，传授统计问卷数据的方法，让学生对社会调查有清晰的认识，使学生有开展调查的能力。

③ 调控社会调查。

第一，组建学习小组。合理确定小组规模。一般而言，合作小组适宜的人数为4至6人。组内成员过少会减少互动和信息交流，削弱合作氛围；而规模过大会使协调和管理难度增加，对合作技能的要求较高。要求每个小组自选出小组长，列出小组内每个成员的分工清单、联系方式，以书面形式交给教师。

第二，及时指导小组调查活动。教师应主动参与到各小组中，分析小组的合作学习情况，获取各种反馈信息。学生合作过程中，难免会遇到一些问题和困难。有知识上的，也有合作技能方面的，这些都会对学生的合作进程带来影响。教师在和各组分析情况后，提出改进指导意见，能更好地推动调查活动的开展。

④ 调查成果的评价。评价是社会调查活动中很重要的内容，评价工作做得好，再开展社会调查活动的时候，学生乐于参加，否则会挫伤学生再次参加社会调查活动的积极性。

第一，提高社会调查活动成果在学生学期成绩评价中的地位。学生学得好与坏，长期以来是试卷分数定成败。这样单一的评价方式，忽略了对学生操作能力、合作能力、创新能力的评价，不利于学生的全面发展。

第二，丰富社会调查活动成果的展示方式。搭建一个平台给学生展现自己的活动成果；创造一个机会让学生做评委，评价他人的调查报告；营造一个交流学习的良好环境；促进学生相互学习，共同进步。

（3）学习小组活动。

把班级所有学生分成若干个学习小组，或按兴趣组成兴趣学习小组，然后以小组为单位开展课外学习活动。

各种学习小组的活动，有利于培养和激发学生学习思想政治（品德）学科的兴趣，有利于巩固、拓宽和深化课堂教学内容，锻炼和提高学生分析和解决问题的能力，促使学生由知识向能力的转化。

学习小组活动本质是合作学习，提高小组合作学习的效率是开展学习小组活动必须关注的问题。学习小组活动的内容和方式可多样化，可开展学术沙龙、事实论坛、问题讨论、热点评述等活动。

（4）写小论文。

撰写小论文作为思想政治（品德）课的课外实践活动形式，是培养学生理论联系实际、提高思想水平，激发学生创造力，提升学生思想素质的重要方法。中学生撰写小论文需要老师的辅导，一般包括帮助学生正确地选好题目，拟好提纲；指导学生查找整理资料；撰写完成论文等几个环节。

① 老师在指导学生写小论文的过程中应注意引导学生掌握思想政治（品德）课小论文的特征。

第一，政治性，即论文体现马克思主义、社会主义立场。

第二，科学性，即观点正确，资料、数据可靠，这是小论文的生命。

第三，现实性，有直接的现实针对性，往往以新近发生的社会生活现象为论述对象。

第四，理论性，虽然小论文主要回答现实生活中的具体实践问题，但它必须同理论相结合，要有理论色彩。

第五，逻辑性，主要用逻辑思维，靠概念、判断、推理等逻辑形式概括生活，表达思想。

第六，短小精悍，通常一事一议，以小见大，文字精练生动，这是小论文最主要的特点。只有帮助学生掌握这些特点，才能写出有思想政治味的小论文来。

②　要让学生掌握撰写小论文需掌握的要求。

第一，要勇于创新，敢于实事求是地提出新见解；

第二，观点要鲜明，用观点统帅材料。

第三，证据要充分有力，论证要有逻辑性。

第四，层次要分明，语言要通顺。小论文的层次安排一忌偏离中心，二忌混乱，三忌重复堆砌。

第二节　思想政治（品德）课堂教学的过程

思想政治（品德）课程教学过程是教师依据课程标准，通过师生教与学的共同活动，引导学生掌握知识、提高能力、培养正确的情感态度价值观的过程。

一、思想政治（品德）课堂教学过程的本质

1. 教师的认识和实践活动过程

（1）教学过程是教师的认识过程。

教师在教学活动过程中，不仅要认识基本的教育教学理论知识，而且要认识并研究课程标准、教材、教学参考资料及开发相关的课程教学资源。除了认识知识之外，还要认识教学对象，研究自己的学生。教师的这个认识过程是一个循环往复，不断深化的过程。在课堂教学中及课后教学反思中，教师对相关知识及教学对象的认识将进一步加深，并不断调整自己的教学策略、教学方法、教学目标，以取得更好的教学效果。

从宏观上来说，老师一辈子都处在教学认识过程之中，是一个活到老，学到老的过程，或为教学做准备，或直接处在教学过程之中。

（2）教学过程是教师的实践过程。

教师教学的目的是改造客观世界，即改造客体的实践活动。这种客体不是客观物质世界，而是具有主观能动性的学生。在教学活动中，教师教的活动本质上是一种实践活动，通过教学实践活动改变学生的知识结构和思想品质。

2. 学生的认识和实践活动过程

（1）学习活动是一个认识过程。

学生在教学过程中的学习是在教师指导下的认识活动，以认识间接经验为主，学生认识的客体主要是人类的间接经验或某些直接经验，他们学习的直接目的是认识世界，是提高自己的素质，是改造自己的主观世界，而不是直接改造客观世界。在思想政治（品德）

课程的教学过程中，学生的认识过程首先从理论开始，而不是从实践开始；其次，学生学习书本知识，是在教师有目的、有计划的指导下进行的，而不是学生独立探索未知世界的过程。

（2）学生的学习活动也是实践活动。

在学生的整个学习活动中，例如，看书、听课、作业、练习、参观、调查等都是一种实践活动。所以，教学过程是学生的一种实践活动过程，是在教师指导下和围绕教学内容进行的实践活动。当然，学生的实践活动是为认识活动服务的，是服从于和服务于认识活动的，是认识世界的需要和特殊形式，从本质上看，学生的学习活动是一种认识活动。

3. 教师和学生继承和创造的活动过程

（1）教学过程是教师继承和创造的活动过程。

教师教授的知识继承的是前人积累的知识、经验和精神财富，在此基础上，教师进行再创造，对信息、知识、观点、技能等进行再加工，对教学环境进行创造等。

（2）教学过程是学生继承和创造的活动过程。

教学过程中的学生学习行为，首先是继承人类长期积累的知识、经验和精神财富；其次，学生要进行观察、判断、分析、综合、思维与选择，自我消化，把这些变成自我发展的因素，因此学生进行的是创造性学习。

4. 以人为本的和谐发展过程

思想政治（品德）课堂教学过程适应最新一轮课程改革的需要，在教学过程中体现新的学生观、教学观与学习观的要求，实现由学科本位、知识本位向以人为本转变，关注每一个学生发展。把教学过程的实质变为如何体现人的生命价值，同时，把课堂教学过程活动拓展为讨论、合作、探究，体现了个人与集体及社会的不可分割性。

其一，新的教学过程观认为，教学过程是掌握思想政治（品德）课程文化知识和提高能力的过程，也是理解生命存在的价值和意义的过程。不是单纯的认识过程，而是实现生命意义的过程，是展现生命价值的过程 。

其二，思想政治（品德）课教学过程是一个和谐的合作过程。这一过程表现形式是师生沟通互动，合作完成教学任务。教师与学生及时有效的沟通交流、互助合作的目的就是让教师的人格魅力和学生的人格魅力在教学过程中非常好地相遇，以达成教师的"教"与学生的"学"的有机统一。

这种互助合作式的教学过程，在课堂教学中表现为平等的师生对话。平等的对话，不单是教学的活动方式，也是师生关系和谐融洽的表现形式。对学生来说，互助合作就意味着心灵的敞开，个性的张扬；对教师来说，互助合作就意味着上课不仅仅是单纯的传授知识，更是一种精神上对生命的理解和对待，不仅仅是关注事物现象，更是关注现象背后的实质，关注社会，关注人类，关注人类与社会能否和谐共同发展。

二、思想政治（品德）课程的教学规律

1. 知行统一规律

知行统一规律揭示的是，知识教学、思想教育、行为习惯培养三者之间的统一联系，是一种内在的、本质的、必然的联系。在思想政治（品德）课程的教学过程中，"知"与"行"

是对学生进行思想政治（品德）教育的两个重要因素。

"知"，是形成学生思想品德的基础和起点；"行"，是教学过程所要达到的目标和归宿。有起点就要有归宿，坚持起点为归宿服务。若只有起点，没有归宿，则知行不能统一；若没有起点，归宿也就不存在，则知行仍然不能统一。

2. 灌输与疏导统一的规律

所谓灌输是指正面教育，就是用恰当的方式、方法和手段，从正面向学生传授马克思主义基本理论知识，并有组织、有计划、有目的地对学生进行积极的思想政治（品德）教育。一定时期内，正面灌输被曲解为"强制教育"的同义语，从而削弱了思想政治（品德）课教学的德育功能，助长了学生的逆反心理。

学生做人所需要的正确的道德观、思想观、政治观，不可能在头脑中自发形成，只能从外面灌输。这种灌输应该是从学生的年龄和心理特征出发，形象生动、充分说理的，而不是空洞说教，要运用启发式和生动的案例进行正面教育。

所谓疏导是指疏通和引导，就是疏通学生思想上的模糊认识和错误思想，并通过摆事实、讲道理、循循善诱，引导学生的思想认识向正确的方向发展。

3. 间接经验与直接经验相结合的规律

在思想政治（品德）课教学过程中，学生是以学习间接经验为主，这是学校教育的特点，也是学生学习的特点。遵循这一规律，教师教学时必须注意两点：一是不能只注重间接经验或书本知识的教学，让学生生吞活剥、死记硬背地学习，注意联系实际，注意用知识和思想去改造学生。二是不能只注意联系实际，或过多地讲生活事例，而不认真分析讲解理论，不用理论去解释实际或用实际来证明理论。两种倾向都割裂和违背直接经验与间接经验相统一的规律。

4. 时代性规律

思想政治（品德）课堂教学过程具有很强的时代特征，教师要广泛收集信息，使教学和现实生活联系起来，能回答学生在现实生活中遇到的问题或困惑，使学生的思想品德在实践中获得进步与提高。所以思想政治（品德）课堂教学要有时代感，要把教学过程同当前发生的事情，同当今世界，同我国社会主义现代化建设，同我国的国情紧密联系起来，加深学生对现实问题的认识。

三、思想政治（品德）课程的教学方针

思想政治（品德）课程的教学方针是理论联系实际，既要重视基本理论的教学，又要注意引导学生把已学的基本知识应用于实际，用正确的立场、观点和方法，去观察、分析解决实际问题。

1. 贯彻理论联系实际方针的依据

（1）课程的性质决定要坚持理论联系实际的方针。

思想政治（品德）课程是用马列主义、毛泽东思想和邓小平理论等基本知识对学生进行教育，培养学生公民意识，引导学生初步树立正确的世界观、人生观、价值观的课程。这些基本理论知识本身就具有理论与实践相统一的特性，因而，在教学中坚持理论与实践相统一的方针，才能逐步教给学生观察问题和分析问题的立场、观点和方法，也才能使理论取信于

学生。

（2）课程的内容要求坚持理论联系实际的方针。

思想政治（品德）课程的教学要完成传授知识、培养能力、提高觉悟的任务，完成这一任务也需要坚持理论联系实际的方针。只有结合实际对概念和原理进行解释和论证，才能加深学生对知识的理解。同时，学生的能力和觉悟也需要在实践中，通过运用理论知识解决实际问题，或者在对现实中的各种矛盾与问题的辨析中形成。

2. 理论联系实际的内容

（1）联系我国的实际。

在教学过程，教师应该联系的实际问题包括：我国社会主义现代化建设中的政治问题、经济问题、文化问题、道德问题、法律问题、党的方针和政策问题、理论与实际的关系问题、个人学习与社会适应问题，以及理论对社会主义现代化建设的指导作用和具体应用问题等。

（2）联系学生的实际。

学生的知识、能力、思想是社会实际在学生身上综合的反映。联系学生实际最困难的是学生的思想实际，它包括学生的人生观、世界观、价值观、政治觉悟、道德认识、知识水平等方面的真实情况，还包括学生在学习、生活中所出现的一些实际问题。

（3）联系国际的实际。

在思想政治（品德）课程的教学过程中，能联系的国际热点问题很多。包括社会主义国家与资本主义国家矛盾与冲突问题、资本主义国家对社会主义国家的"和平演变"问题、地区冲突问题、国际局势变动问题、国际交往问题、国际政治经济发展与变化问题，还有道德危机、人口危机、环境危机、资源危机等问题。

（4）联系人类优秀文明成果的实际。

人类一切自然科学、社会科学的文明成果，都能丰富思想政治（品德）课程教学内容，让课堂教学效果更好，效率更高。

3. 理论联系实际的基本方法

（1）认真掌握理论。

把握好理论知识主要是把握好教材中的理论知识，只有把教材中的理论知识弄懂、弄透，才有可能做到理论联系实际，否则，理论联系实际就只能是一句空话。引导学生把握好理论知识也要从学生的实际出发，要根据学生的年龄、心理特点、思想状况等，坚持由浅入深、从具体到抽象、从现象到本质的分析方法，启发学生把握和得出正确的结论。

（2）要了解实际。

了解实际主要是了解社会实际和学生的思想实际。

① 了解社会实际。方法之一是要广泛地收集资料和各种信息，要经常关心、了解、学习和把握国际、国内社会发展的基本状况、趋势以及重大时事政治与经济问题；方法之二是亲自深入社会实际生活，亲自了解和把握各种现实情况和问题。

② 了解学生实际，最基本的方法是通过与学生个别谈话、开座谈会、问卷调查、观察，以及通过班主任、团队组织等来了解和把握。

（3）要有计划有选择地联系实际。

要联系实际，就要考虑讲哪些理论时联系实际，联系哪些实际，选择哪些材料，如何去联系实际，联系到什么程度等。依据教材，有计划、有选择地把基本理论知识的分析、传授与重大现实问题结合起来，就能增强理论联系实际的整体功能，从而保证和提高教学质量。

（4）要善于指导学生将理论应用于实际。

教师要善于指导学生用所学理论分析、说明、解释社会现实问题，这既可以使学生消化、理解所学理论知识，也可以使学生的认识能力、思想觉悟和道德水平得到提高。对学生来说，这实际上是做到了学习知识和应用知识的有机结合。

第三节　思想政治（品德）教学方法

科学的教学方法，能开发学生智力，发挥学生潜能，培养学生良好的思维品质和思维习惯，形成良好的情感、态度和正确的价值观，使教学收到事半功倍的效果。可见，教学方法法运用是否得当，直接关系着教学效果的好坏，影响着教学质量的高低。

一、教学方法类型

教学方法是师生为了达到一定的教学目标和完成一定的教学任务，在共同的教学活动中采用的教学策略、手段、方式、途径和操作程序。

社会背景、文化氛围的差异，不同时代的研究者研究问题的角度不同，使得中外不同时期的教学理论研究者对"教学方法"概念的界定不尽相同。但不同的教学方法的界定都包含有以下的共性：其一，教学方法要服务于教学目的和教学任务的要求。其二，教学方法是师生双方共同完成教学活动的手段。

思想政治（品德）课程的教学方法，从具体到抽象可分为三个层次：第一个层次是原理性教学方法，第二个层次是技术性教学方法，第三层次是操作性教学方法。

1. 原理性教学方法

原理性教学方法体现了教学规律、教学指导思想，为技术性教学方法提供理论指导，具有原理性，所以被称为原理性教学方法。它解决教学规律、教学思想、新教学理论观念与学校教学实践直接联系的问题，是教学意识在教学实践中方法化的结果。如：启发式、注入式教学方法等。

（1）启发式教学。

启发式教学，就是根据教学目的、内容、学生的知识水平和认知规律，运用各种教学手段，采用启发诱导办法传授知识、培养能力，使学生积极主动地学习，以促进身心发展。

我国古代大教育家孔子很重视启发式教学。他曾论述："不愤不启，不悱不发。"宋代理学家朱熹解释："愤者，心求通而未得之状也；悱者，口欲言而未能之貌也。启，谓开其意；发，谓达其辞。"

"愤"就是学生对某一问题正在积极思考，急于解决而又尚未搞通时的矛盾心理状态。这时教师应对学生思考问题的方法适时给以指导，以帮助学生开启思路，这就是"启"。"悱"是学生对某一问题已经有一段时间的思考，但尚未考虑成熟，处于想说又难以表达的另一种矛盾心理状态。这时教师应帮助学生明确思路，弄清事物的本质属性，然后用比较准确的语言表达出来，这就是"发"。

启发式教学是一种教育思想，是带有启发性的各种具体教学方法的总称。启发式教学与体现启发式教学思想的各种具体的教学方法之间的关系是共性与个性、一般和特殊的关系。

启发式教学是一种原理性教学方法，它反映的是技术性教学方法的共性，存在于各种技术性教学方法之中，通过各种个性化的技术性教学方法的运用体现出来。同时，它也通过影响教师的思想、观念，在教师的备课和教学活动中得到体现。贯彻启发式教学的基本方法主要通过以下的方式呈现：

① 提问启发。所谓提问启发，就是通过提问，启发学习动机，引导学生积极思考。教师要充分利用学生竞争的心理，创造有趣的设问意境，适当地调解矛盾冲突，适时地投放"诱饵"，以使提问成为学生学习的"诱导力"。

② 设疑启发。所谓设疑启发，就是教师围绕着教学主题，设置疑难问题，制造某种悬念，调动学生思维，引发学生好奇心和求知欲望，以此进行教学。

③ 比喻启发。教师要通过生动形象的比喻增添课堂趣味性，把阐述理论与形象化的叙述融为一体，就可以使理论富有感情色彩，从而激发学生的学习兴趣。

④ 实例启发。根据教学内容精选出相应的典型事例，并提供给学生作为其思维的材料，以引发学生积极投入教学过程，积极对教学问题进行思考，这可使课堂教学更加生动活泼，引人入胜。

⑤ 直观启发。利用直观教具、直观图表、直观版画、教学课件、亲身演示等，直接刺激学生的各种感观，以启迪学生思维。教具、图表、版画、课件、演示等在教学中的运用，能使课堂教学更加生动形象，这将有助于学生思考问题、理解问题，把握问题，从而有利于课堂教学效率的提高。

⑥ 语言启发。思想政治（品德）课教师只要能使自己的教学语言严谨、简洁、精练、准确、优美，就能吸引学生，拨动学生的心弦，并促使学生思维活跃、想象丰富、理解深刻、记忆持久。

（2）注入式教学。

教师在教学中将知识生硬地灌输给学生的一种教学思想。因为它很像用饲料填喂鸭子的办法，所以也叫填鸭式教学。

注入式教学方法是一种原理性教学方法。这种方法不考虑学生学习认识过程的客观规律，以及学生的理解能力和知识基础，教师主观地决定教学进程，强迫学生呆读死记。

注入式教学在中国封建社会和西欧中世纪的学校中曾占统治地位。现代教学论强调尊重学生学习的主体地位，特别注意培养学生创造性思维能力与实践能力，注入式教学已不能适应培养人才的需要。

（3）启发式教学与注入式教学的区别。

注入式教学与启发式教学相对立，它严重阻碍学生智力和独立学习能力的发展，是一种错误的教学指导思想，两者是有本质区别的。

作为一种教学指导思想，启发式符合教育规律，注入式却违背了教育规律。"启发式"和"注入式"教学方法的区别不在于课堂教学中老师讲授多少，是否提问，及课堂占用时间的长短。而在于教学过程中教师是否把学生放在主体地位。

一般来说，启发式与注入式教学方法作为对立的两种教学方法指导思想，它们体现的是共性，都依赖于个性的技术性教学方法才能体现出来。启发式往往体现了素质教育的要求，而注入式则体现了应试教育的要求。受应试教育思想的影响，注入式教学方法在我国中学的思想政治（品德）课教学中仍存在，它制约着学科教学质量与教师教学水平的提高。素质教育所倡导的启发式教学方法，应该取代注入式教学，成为广大思想政治（品德）课教师的自觉选择。

2. 技术性教学方法

教学方法从具体到抽象可分为原理性教学方法、技术性教学方法和操作性教学方法三个层次。技术性教学方法属于第二层次，向上可以接受原理性教学方法的指导，向下可以与不同学科的教学内容相结合构成操作性教学方法，在教学方法体系中发挥着中介性作用，因此被称为技术性教学方法。技术性教学方法主要有讲授法、谈话法、讨论法、参观法、练习法、读书指导法等等。

3. 操作性教学方法

技术性教学方法在原理性教学方法的指导下与思想政治（品德）课学科教学相结合，在实践中构成操作性教学方法。操作性教学方法只有体现出启发式教学指导思想，才具有真正的价值，如果把注入式思想体现在操作性教学方法之中，并且用来开展思想政治（品德）课的教学，则明显违背新课程改革的发展要求，是一种倒行逆施。

二、思想政治（品德）课常用的教学法

中学思想政治（品德）课程有其独特的学科性质和学科内容。在教学过程中，如果教师不注意体现正确的原理性教学方法，则很容易让学生失去学习的热情与主动性。所以如何在技术性具体教学方法中体现出启发式教学思想，最终形成学科特色的操作性教学方法，在新的课改条件下焕发出新的活力，成为思想政治（品德）课老师应该关注的事情。

教学方法包括教师教的方法和学生学的方法两大方面内容，是教授方法与学习方法的统一。教授法必须依据学习法，否则便会因缺乏针对性和可行性而不能有效地达到预期的目的。但由于教师在教学过程中处于主导地位，所以在教法与学法中，教法处于主导地位。在此处，我们重点介绍思想政治（品德）课程常用的几种教法。

1. 讲授法

思想政治（品德）课的讲授法，是教师通过口头语言系统连贯地向学生传授知识，从而提高学生能力、培养学生正确的情感态度价值观的方法。讲授法是世界上最悠久，应用最普遍的方法，它能在较短时间内让学生获得大量的知识。

（1）讲授法的特点。

① 信息量大。教师能够在较短的时间内向学生传递大量信息，学生也可以通过教师的说明、分析、论证、描述、设疑、解疑等教学活动，短时间内获得大量的知识，有利于学生系统接受和继承人类的文化遗产。

② 适用范围广。讲授法灵活性大，不受学科、年级的限制，它能够适用于各层次、各年级、各学科的教学之中，其他各种教学方法也都要在讲授法的基础上进行。无论课内教学及课外教学，还是感性知识或理性知识，讲授法都可适用。讲授法还不受地域的限制，无论是在拥有现代信息技术的城市学校，还是在偏远落后的山区学校，教师的课堂教学都可以采用讲授法。

③ 有利于教师主导作用的发挥。思想政治（品德）教师在教学过程中要完成传授知识、培养能力、进行思想教育三项任务。讲授法也易于反映教师的知识水平、教学能力、人格修养、对学生的态度等，这些对学生的成长和发展起着不可估量的作用。

④ 学生主动性受到一定的限制。讲授法以教师的讲为主，教师是教学的主要活动者，在教学过程中居于主导地位。学生处于比较被动的位置，缺少及时反馈的机会。教学过程缺乏学生直接实践，以获取间接经验为主，有时会影响学生积极性的发挥和忽视个别差异的存在。

（2）讲授法在思想政治（品德）课堂教学中的应用。

讲授法是思想政治（品德）课堂教学应用最广泛的教学方法，且教师运用各种教学方法进行教学时，大多伴随着讲授法。讲授法又可分为讲述法、讲解法、讲读法、讲演法四种。

① 讲述法。讲述法是教师运用生动活泼的口头语言描述事实、事件、过程及原理，使学生对教学内容有形象具体或一定深度的认识。根据描述内容的抽象程度不同，讲述可分为概括讲述和具体讲述。

概括讲述。它是以浓缩、概括的口头语言描述，勾画出事物或知识的轮廓，使人一目了然，获得清晰宏观认识的方法。

具体讲述。它是对事物展开具体、细致的描述，使人如见如闻、如临其境的描述方法。教师具体的描述，能极大地激活学生的思维。

② 讲解法。讲解是教师向学生讲述概念、原理和事实发生发展的过程及规律。讲解法是通过教师讲，学生听的形式来实现。教师的讲解一般建立在感性的事实和现象的基础上，经过逻辑推理上升到概念和理论水平。

讲解要建立在理解教材的基础上，条理清晰，言之有物，防止空洞无物；讲解道理要深入浅出，论之以理，促进学生对教材内容的理解和掌握；讲解的语言要通俗易懂，要用科学语言进行讲解，通过教师的讲解，释疑解惑，将深奥的知识变得浅显易懂；讲解要符合学生的认识规律，从具体到抽象，从感性到理性；讲解应注意突出重点，将最基本的问题讲清楚即可，不要追求面面俱到，天衣无缝，要留有余地，给学生思考、消化、融会贯通的时间；讲解要充分发挥正面教育的作用，结合教学内容的思想性和审美性，对学生进行思想道德教育和审美教育，以提高学生的政治思想道德素质和审美素质。

③ 讲读法。教师或学生以朗读方式表述教材或其他指定的资料的方法。常常在印证、加深、补充所讲内容的时候应用，可弥补教学语言的不足，增强讲授内容的生动性和可信性。教师在平时应注意搜集有关材料，把朗读内容安排在恰当时机，并注意与讲解的结合。

④ 启发式讲演法。课堂教学中以翔实的材料、严密的逻辑、精湛的语言较系统地阐述原理、论证问题、归纳总结的方法。讲演法在进行国情国策、环境意识教育，树立正确情感态度与价值观方面有独到优势，有着较强的适用性。

以上各种形式可针对教学内容结合运用，不可能一堂课只单纯使用某一种方法。

2. 谈话法

（1）谈话活的含义。

谈话法亦叫问答法，主要是以教师和学生之间的相互交谈或对话来进行教学。谈话法特别有助于激发学生的思维，调动学习的积极性，培养他们独立思考和语言表达的能力。

（2）谈话法的类型。

① 温故式谈话。指通过以教师问学生答的方式进行谈话。教师按一定的教学要求向学生提出问题，要求学生回答，通过师生问答形式以帮助学生复习、深化、巩固已学的知识，提高能力以及引导情感态度价值观的方法。

② 诱导式谈话。诱导式谈话是通过向学生提出思考的问题，一步一步引导他们去深入思考和探取新知识，主要适用于新知识的教学。教师在联系旧知识的基础上，根据知识的系统性、继承性和因果性等特点，采用谈话的方式引出新课题，诱导学生积极思考，进而使学生理解和掌握新知识。

（3）谈话法的基本要求。

① 要做好谈话的准备工作。教师要认真钻研教材，拟好谈话提纲，选定好谈话内容。还要做好谈话的组织准备工作，怎样使谈话有序进行，谈话过程出现问题应怎样调控等，事先都要做好预案。

② 要调动学生的主动精神和参与意识。学生的主动性和自主性对谈话来说是非常重要的，若学生不积极参与教学过程，师生谈话就无法进行。

③ 注意总结谈话过程和结果。谈话结束后，教师对谈话的过程和结果要做认真总结和评价，以使学生对教学内容有更系统化、条理化的把握和巩固。

3. 讨论法

（1）讨论法的含义。

课堂讨论法是在教师的指导下，针对教材中的基础理论或主要疑难问题，在学生独立思考之后，共同进行讨论，各抒己见，展开辩论，以求得正确认识的教学组织形式及教学方法。讨论法是一种"开放式"的教学方法，以学生为主体，以教师为主导，以讨论为中心，以发展为主旨。

（2）讨论法的作用。

讨论法在课堂教学中的作用主要有：其一，有助于学生对不同意见形成新的理解；其二，可帮助学生形成民主的思维习惯；其三，可以激发学生的问题意识；其四，可以帮助学生学会合作，学会理解他人。

（3）讨论法的形式。

小组分散讨论。即以小组为单位进行讨论。具体做法：在小组讨论的基础上，由各小组选出代表，代表本小组的共同意见，在课堂上与其他小组进行讨论。

班级集体讨论。即以班级为单位进行集体讨论。具体做法：以班级为单位，每个人都可代表自己在课堂上发言，发表自己的意见和见解。

（4）讨论法的基本要求。

① 讨论准备。要搞好课堂讨论，周到而全面的准备工作起着重要的作用。准备工作包括教师与学生两方面准备工作。

教师方面的准备工作。首先，教师也要认真钻研讨论的问题。课前教师要根据教学内容、教学目标和学生的起点知识、能力及行为，精心设计讨论主题。其次，确定好讨论的主题和具体题目，深度、难度、广度要与学生的知识和能力水平相适应。最后，要指导学生自学好与讨论题目有关的教材内容和相关材料。

学生方面的准备工作。首先，学生在知道主题和具体题目后，在教师的指导下积极查找资料。其次，讨论需要一定的思想准备、表达技能准备。

② 讨论过程。在教学过程中使用讨论法需要教师有较好的组织教学技能，要求教师能充分发挥主导作用，做好组织和调控引导工作。

第一，运用讨论法可以使学生在互动的条件下生成新知识，但这是有条件的：

讨论的问题需要事先布置学生进行准备，让学生独立思考形成自己的见解。

学生之间、师生之间应该平等，教师必须尊重真理、尊重学生，承认自己的局限性。

教师要创设好讨论的场景，善于发现问题，提出富有挑战性的、有价值的问题，吸引更多的学生参与到讨论过程中。

第二，要对讨论过程进行控制和引导。教师要充分地了解各小组讨论的进程，观察各小组中每个学生的学习状态，及时发现处于边缘状态的学生。

第三，思考和讨论的时间必须恰当。要为讨论做好充分的时间预设，讨论时尽量引导学生抓住主要问题，把握好讨论的深度、难度、广度。不要急于告诉学生正确的结论，尽量引导学生自己得出正确结论。

第四，讨论法往往使教师对课堂的组织显得较困难：

容易出现"节外生枝"。讨论偏离教学重点，使教学计划无法顺利完成。这时，教师要作适当的引导，根据讨论中的反馈信息，及时调整讨论的进程和内容。在学生的讨论已解决了主要问题时，应及时转换题目或进行小结。

讨论过程中出现不可预测的生成问题。讨论可能发现一些新问题或出现错误观点，这些意外可能超出教师的预设，老师由于准备不到位，不能马上说服，或者考虑到课堂时间的需要，不适宜马上解决。这时，教师要本着谦虚的态度，对问题延迟处理。

可能发生小组间的激烈争论。教师要让学生学会宽容，"求同存异"，控制自己的情绪和情感。

要防止"冷场"。要想方设法引导其他同学参与质疑和讨论，不要让讨论变成少数几个学生的独角戏，否则多数学生对讨论就会丧失积极性。因此，讨论法需要教师具备更高的理论素养和教学机智。

③ 讨论总结。讨论结束时，教师要做好讨论总结工作。对学生讨论的问题进行概括和总结，既要形成正确的结论和答案，又要对学生的知识、能力、情感态度价值观进行提升，特别是要使学生在讨论中获得体验和感受，要有所收获。

讨论后的归纳总结一般可分两部分进行：一是就学生的讨论发言本身进行概括和总结。总结以表扬为主，同时指出讨论中存在的普遍性问题和今后讨论中应注意的问题。二是对论题本身的分析、总结和评说，重点应放在解决问题的思路上。通过对解决该论题思路的展开，自然而然地得出结论，水到渠成。最后的结论要鲜明、简洁，给学生以画龙点睛之感，要有利于学生的理解和记忆。

4. 读书指导法

读书指导法，也称阅读指导法。是教师为了达到某种教学目的，指导学生通过阅读教科书、参考书和课外读物，以获取知识或巩固知识，培养独立阅读能力的教学方法。包括指导学生预习、复习、阅读参考书、自学教材等。

（1）读书指导法的作用。

① 培养学生养成读书习惯。读书是获取知识的重要方法和途径，人的一生，大部分的知识都要靠自己读书获得。因此，指导学生读书，使他们对读书产生兴趣，养成读书习惯，将让他们终身受益。

② 培养学生的独立思考能力。在我国的基础教学中，由于应试教育的影响，容易形成学生在学习上的依赖性。教师有目的地选择一些教材指导学生阅读，鼓励他们寻找答案，培养他们的独立思考能力是十分必要的。

③ 增强学生的动手能力。教师指导学生读书，要求他们动手选择书籍，收集资料，分析演绎，提炼要点，对知识进行再创造，能提高他们的动手能力和实践能力。

④ 较好地将学生的注意力集中到课堂上来。在课堂上适当安排学生读书，学生注意力容易被集中起来，较好地增强课堂教学效果。

（2）读书指导法的基本要求。

① 指导学生掌握阅读教科书的科学方法。教科书是经过逻辑化、系统化处理的知识系统，是学生获得知识的一个主要来源。教师要充分发挥教科书的作用，指导学生用多种方式阅读教科书，指导学生做好课前预习和课后复习，指导学生阅读教材时提出问题，编写阅读提纲，找出自己不懂或疑惑的知识点，并试图去解决这些问题。

② 指导学生阅读课外书籍。第一，要指导学生有计划地选择课外书籍、制订阅读计划，广泛涉猎，扩大知识领域；第二，要指导学生掌握良好的读书方法，引导学生把读书与观察、思考结合起来；第三，指导学生精读与略读结合，读思结合，掌握阅读方法，养成朗读、默读和速读等阅读习惯。

③ 指导学生做好各种形式的读书笔记。第一，坚持写读书笔记，如做记号、批注、摘录、写提纲和概要等。这样不仅可以保存资料，而且还能使知识在自己头脑中系统化，也有利于书面表达能力的培养。第二，老师要适当组织学生举行读书报告会、座谈会、讨论会，互相交流读书心得体会等活动，把读书的收获进一步巩固，总结阅读经验，提高阅读效率。

④ 要教会学生使用各种工具书。善于使用网络（主要是网络强大的搜索功能），图书馆，知识工具书（如字典、词典）等，培养他们使用工具书的习惯。

在教学实践中，阅读指导法往往要和其他教学方法结合运用，同时根据不同的年级、教材的特点，采取不同的指导方式。

5. 演示法

（1）演示法的含义。

演示法就是教师运用一定的实物、教具、形象性手段或现代化教学手段，来说明概念、观点和原理的方法。

学生通过对实物、影视、音像作品或其他感性材料的认识，加深对理性知识的认识。对提高学生的学习兴趣，发展观察能力和抽象思维能力，减少学习中的困难有重要作用。

（2）演示法的特点。

① 直观性。思想政治（品德）课演示的内容主要有实物、照片、图表、幻灯、声音、影像等，能使学生获得生动的感性材料，为上升到理性理论知识奠定基础。尤其是多媒体教学的出现，使演示法变得更加直观、形象、生动，有些问题通过直观展现就豁然明了。比如在

讲经济常识时，教师出示各种钱币、粮票、布票、邮票、股票、债券和保险单等实物，能很好促进学生对相关知识的认识。

② 趣味性。要使学生产生学习兴趣，必须使学生在学习中得到乐趣。教师演示各种直观手段，有助于集中学生的注意力，提高学生的兴趣。思想政治（品德）课作为一门德育性质的课程，内容较为抽象，单纯的说教会让学生觉得无趣，心理有所抵触。但通过动漫、音像等资料的演示，却能引起他们的学习兴趣，集中学生的注意力，唤起学生学习动机，收到比教师单纯讲授更好的效果。

③ 交互性。演示法常配合讲授法、谈话法一起使用。对于演示的图表、音像、实物资源，教师是有一定的目的的，但不适宜一开始就和盘托出。在演示过程中，教师配合讲授法、谈话法，创造反思的环境，不断地引导学生，形成学生与演示手段、与教师、与同学之间的互动，这种交互性有助于形成良好的学习氛围。

（3）演示法的要求。

① 演示法的形式要灵活。在思想政治（品德）课教学中，常用的演示方式，概括起来主要有实物演示、图文演示、音像演示三种。具体可涉及实物、照片、图表、幻灯、声音、影像等。

② 演示要有启发性。演示要符合教学内容的需要，不是随意的行为。演示前，教师要根据教学内容确定演示目的，选好演示材料，做好演示准备；演示时，教师要使全体学生能清楚地观察到演示活动，使学生运用各种感官去充分感知学习对象，以形成正确的观念；演示后，教师要指导学生把观察到的认识同教材中的知识联系起来并及时得出观察结论。要避免上课随意播放视频，或演示实物不符合内容，或仅仅是为了作秀而演示的现象。

③ 演示贴近学生生活。在教学过程中许多教师虽然预设了演示内容，但是这些内容让学生感到陌生、遥远，远离学生"最近发展区"。因此，演示内容一定要贴近生活，只有生活化的演示才能引起学生的共鸣，从而实现教学目标。

④ 演示要化繁为简。不管是采用实物演示、图文演示、音像演示或其他的演示方式，都要注意构建高效课堂。演示法总要涉及一定的道具、素材、资源等，这关系到演示的效果。但如果课堂呈现时，演示准备的过程繁杂，或需要的条件太复杂，或操作的时间过长，会影响到课堂教学时间。这时候我们应该选择时间短、简单、易操作的演示形式与内容，构建高效的思想政治（品德）课堂。

6. 社会调查法

社会调查法是学生通过深入社会、观察社会、认识社会，而取得知识或验证知识的方法。

社会调查法是专题研究性学习常用的基本研究方法。它通过谈话、问卷、个案研究或测验等方式，对有关社会现象进行有计划的、周密的、系统的了解，并对调查搜集到的大量资料进行分析、综合、比较、归纳，借以发现存在的社会问题，探索有关规律的研究方法。其特点是综合运用历史研究、观察研究等方法，用事实向学生证明理论的正确性，具有生动、形象、认识深刻的特点。

三、教学方法选择的标准和依据

1. 必须依据教学目标

对教学方法的选择直接起着导向作用的应是具体的教学目标，为了选择最佳教学方法，教师必须懂得有关教学目标分类的知识，能够把宏观的、较为抽象的教学目标、教学任务分解为具体的、可操作的教学目标，并根据这些目标来确定用何种教学方法进行教学。

2. 必须依据教材内容

教学方法总是相对于内容而存在的。思想政治（品德）课程从初中到高中，不同年级的教学内容不同，需要采用不同的教学方法进行教学。一般来说，如果一节课的主要内容与任务是让学生获得感性知识，那就可以选择以演示法等直观型的教学方法为主。如果一节课的主要内容与任务是让学生在已有的感性知识的基础上形成理性知识，那就可以选择以讲授、讨论等教学方法为主。

3. 必须依据学生的实际情况

教学方法的选择还要受到学生的身心发展阶段、个性心理特征和已有知识条件的制约。学生的身心发展阶段不同，已有的知识基础不同，应选择不同的教学方法。一般来说，低年级学生形象思维占主导地位，知识经验少，应以直观感知的教学方法为主。高年级学生抽象逻辑思维迅速发展，知识经验相对丰富，可用谈话法、讲授法、讨论法等。

4. 必须依据教师的个性化特点

教学方法的选择还要考虑到教师自身的素养和条件，取决于教师对各种教学方法的掌握程度和运用水平。语言生动、文采飞扬的，可多用讲授法；心灵手巧的，可多用演示法；富于逻辑推理的，可多用讨论法。

总之，教师在选择教学方法时必须综合各方面因素加以考虑。为了更好地完成教学任务，实现教学目的，通常需要运用多种教学方法。实践证明，在教学过程中，学生知识的获得、能力的培养、智力的发展，不可能只依靠一种教学方法，必须把多种教学方法优化组合，综合运用。

四、教学方法的综合利用

把启发式教学思想融入讲授法、谈话法、讨论法、练习法、读书指导法等技术性教学方法之中，并把它们进行重新的分化与重组，就能形成思想政治（品德）课的综合教学方法体系，并且焕发出新的功能。

1. 八字教学法

即读读—讲讲—议议—练练，强调读、讲、议、练的综合运用，体现了启发式教学思想，强调学生的主体地位和教师的主导作用，能充分调动学生学习的主动性。

2. 预—议—导—练教学法

由预学、议学、导学、练学四个步骤组成。预学是教师指导学生独立阅读教材，自我质疑、思疑、记疑；议学是教师将学生在预习中提出不解的问题拟成教学提纲，组织学生讨论或争论；导学是教师讲解学生解决不了的问题，导其所需；练学是通过练习使学生深化知识并转化为应用能力。

3. 自学—议论—引导教学法

自学是指阅读教材和参考书，自我掌握基本知识和基本技能，通过观察、分析、推理，自己去发现问题和解决问题；议论是指师生间或学生间讨论知识结构、学习思路、解题规律和经验教训；引导是指教师用点拨、释疑的方法激发学生学习兴趣。把这三种学习方式与方法综合起来运用，效果比单独方法的运用要好。

4. "读书—议论—讲解—练习—总结"五步教学法

目的是发展学生的思维能力，培养学生的自学习惯。由读书—议论—讲解—练习—总结五个环节组成，其中最具特色的是总结，这是一个学生巩固知识，能力提升，情感升华的过程。

5. 五字教学法

以学、疑、思、讲、解为组成要素的教学方法。学即自学；疑即发现问题；思即思考问题；讲即针对教材中的难点和学生的疑问进行讲解；解即通过解决各种问题的尝试，使学生在学习心理和应用能力提升方面产生飞跃。

第五章　思想政治（品德）课程教学技能

第一节　教学语言技能

思想政治（品德）课教学语言是教师在课堂上为了达到预定的教学目的，完成特定的教学任务而采用的职业性语言。

教学语言是思想政治（品德）课教师进行教学的基本工具，在塑造人的过程中具有无法估量的作用。思想政治（品德）课的理论性与说理性较强，课堂气氛容易沉闷，思想政治（品德）课教师必须努力提高自己的语言修养和品位，创造性地运用语言艺术，改变课堂气氛沉闷的状况，使课堂充满艺术魅力。

一、教学语言的类型及实施

1. 有声语言

有声语言是思想政治（品德）课教学语言中最基本、最重要的表现形式。思想政治（品德）课教师的有声语言要求吐词清晰、准确，同时还要注意语音、语调、语气、语速、情感、停顿的技巧、重音的表达、节奏的把握等用声艺术。

2. 无声语言

无声语言是教师通过身姿、手势、表情、目光等配合有声语言传递信息的一种方式。思想政治（品德）教师的无声语言在教学中具有不可忽视的作用，是有声语言的重要补充，也称体态语。无声语言主要包括书面语言、肢体语言。书面语言主要有教案语、板书语、作业批改语和试卷评价语。肢体行为语言主要包括头部语、眉目语、脸部语、手势语、微笑语、身姿语、服饰语等。

3. 用语言组织教学

（1）用有声语言组织教学。

有声语言是组织教学的重要手段。教师用有声语言组织教学，要讲究艺术性，可以用平常语言直接表达对学生提出的要求和注意事项，引起学生重视，保证教学顺利进行。如"同学们，请大家安静，今天我们继续学习新知识"，也可用激励鼓动性的语言调动学生学习的积极性，创造学生良好的心境。

（2）用无声语言组织教学。

① 用体态语言组织教学。体态语就是教师用手势、姿态、表情、眼神等来表达思想意识、传递教学信息、创设和谐气氛等。它包括眉目语、手势语、微笑语等。

譬如，教师的目光可以起到以静制动、组织教学的作用。上课之初，教师走上讲台，用目光巡视全班，可使学生意识到要上课了，应保持安静、集中注意力听老师讲课。对于听课中分神的学生，教师的目光可以使其意识到问题，集中注意力，认真听讲。

②　文字语言（板书）组织教学。在组织教学的方式中，板书也常常被用作组织教学的一种形式。如教师走上讲台，在黑板上写上课题或问题，马上可以把学生的注意力集中起来，调动学生的好奇心，引发其思考，使课堂稳定下来，进入听课状态。

二、教学语言失范的表现

1. 失范语言

（1）消极语言。

思想政治（品德）课离不开说理，离不开语言，语言的思想性要正确。现在社会上对思想政治（品德）课程有一定的偏见，甚至有的人认为思想政治（品德）课的内容假大空，要纠正这种认识，除了语言再也难以找到高效实用的手段。思想政治（品德）教师应该避免使用消极语言，不能迎合世俗偏见，让含错误思想的语言进入课堂。如果只是空洞的言语说教，或不坚持正确的情感、态度与价值观的教育，会影响到课程的声誉。

（2）随意语言。

思想政治（品德）课程的德育性质规定了教师的教学语言必须规范，现在网络语言比较多，很多语言包含歧义，语言表达过于随意，缺乏严谨性，思想政治（品德）课如果对其不加区别，盲目引进课堂，会影响到课程的严肃性，导致言语表达思想性不强，暗含消极情绪，影响到中学生树立正确世界观、人生观和价值观。

（3）啰唆语言

思想政治（品德）教师的语言要简洁清晰，忌重复啰唆。语言啰唆事实上是语言的浪费，有的教师想到哪说到哪，不着边际；有的言不达意，支支吾吾；有的表达不流畅，卡壳、断档，反应迟钝时有发生；有的语速失调，缺乏重点。这些都不利于课堂效率的提升。

（4）暴力语言。

教师语言暴力是指在教育教学过程中，对学生的精神造成实质性伤害的教师言语行为。学生是教学过程中的主体，新的教育理念提出了"一切为了学生，为了一切学生，为了学生一切"的教育理想，把学生的发展放在首要的位置。教师是成年人，在与未成年的学生关系中处于主动方，一般而言实施语言暴力的是教师，承受语言暴力的是学生。教师作为"传道、授业、解惑"者，主要的职责是教书育人，帮助学生健康快乐成长，要杜绝对学生的语言暴力。

2. 失范的非语言行为

课堂教学中，思想政治（品德）教师的非语言行为的运用普遍存在着个人习惯性和随意性。

（1）严峻冷漠。

严峻冷漠的非语言行为主要是指思想政治（品德）教师在课堂教学过程中，眼神、表情、动作等严肃呆板，让学生缺乏接近或交流的愿望。这也许是出于教师的个性，也许是刻意让学生感到威慑力，也许为了维持正常的教学秩序，但不管出于什么原因，都造成了师生的心理隔阂。俗话说"亲其师，信其道，效其行"，语言的严峻冷漠，疏远、拒绝了学生，也影响思想政治（品德）课的教育教学效果。

（2）行为语言失范。

思想政治（品德）教师行为语言失范对学生的伤害既有身体伤害，也有心灵打击。对违反纪律的学生采用体罚与谩骂，置教师本人的师德与学生的前途于不顾，对学生的身心是一种摧残。

三、教学语言的基本要求

教学语言中的有声语言与无声语言各有自己特殊的规定性，所以，它们各自具有不同的要求。

1. 有声语言的基本要求

（1）教育性。

它要求思想政治（品德）课教师的教学语言对学生具有教育作用。坚持教学语言的教育性，体现着思想政治（品德）课教师的责任和义务。教学语言艺术能否体现出教育性，取决于教师是否具有科学明确的教学目的，是否能充分发挥课程知识在树立学生科学人生观形成中的作用，是否能对学生的行为做出正确评价，激励学生上进。应当指出的是，思想政治（品德）课教师语言的教育性应是寓于知识内容之中，那种贴"政治标签""牵强附会"的追求教育性的做法并不可取。

（2）诱导性。

它要求思想政治（品德）课教师的教学语言对学生具有诱导、启发作用。富有艺术性的教学语言，能诱导学生的学习兴趣，激发他们主动学习；能诱导学生的思维，启发他们积极思考问题、自觉解答；能诱导学生在学习中大胆创新，勇于开拓。

（3）逻辑性。

它要求思想政治（品德）课教师的教学语言逻辑力量，能符合学生的认知发展规律、身心发展规律。有声语言要清晰、有条理，不能说了半天还说不到点子上，一节课下来，学生也不清楚学到了什么。逻辑性要求有声语言与无声语言要相辅相助，只要板书（书面语言）是有条理的，教师一时的讲课离题，也能通过板书进行弥补。所以要保证教学的逻辑性，就要确保板书（书面语言）的条理性，这样才能观点全面，重点突出，难点突破。

（4）幽默性。

它要求思想政治（品德）课教师的教学语言诙谐幽默，以使学生在轻松愉快的情境中接受教育。当然，教学语言的幽默不同于相声演员的逗乐，也不同于喜剧演员的表演，它要紧扣教学目的，紧扣教学内容，具有启发性和教育意义。

2. 无声语言的基本要求

（1）仪表优雅。

仪表常指人的外表，包括容貌、服饰、姿势等，此处主要指服饰仪表。思想政治（品德）课教师服饰仪表优雅的总要求是：整洁得体、朴素大方、庄重协调。教师的服饰要使人于整洁得体中见丰富的涵养，于朴素大方中见高雅的情趣，于庄重协调中见高尚的品格，从而使服饰成为完成教学任务的有用工具之一。

（2）表情自然。

在课堂教学中，教师处在众目睽睽的境地，教师面部表情是否自然具有特别重要的意义。

要以饱满的热情讲述教材，思想政治（品德）课教师在讲授马克思主义的某一基本观点时，口头语言铿锵有力，而面部表情能正确反映相应的内容，与教学内容所需要的情感相匹配。学生在学习过程中往往"听其言，观其行"，思想政治（品德）教师的表情，一定程度上影响到学生对课程的学习热情。

（3）举止从容。

教师的举止是指教师个体在生活和教学空间活动变化的样式。教师举止的基本要求是稳重、从容、落落大方，坐、站、行都要成为学生效仿的榜样。面对模仿性强、可塑性大的中学生，教师必须在举止上严于律己，注重自我规范，要特别注意举动不可轻浮，说笑不可放肆，作风不可散漫，行为不可粗俗。

（4）态度和蔼。

思想政治（品德）课的特殊性要求教师倾注满腔热情，态度和蔼。在教学实践中，人们往往只注意强调教师应有自己的尊严，对学生严格要求，追求严师出高徒的效果，但严而失度，就不会受到学生的欢迎，且有碍于教育目标的实现。

第二节　组织教学的艺术

组织教学，是课堂教学管理的一种手段，是教师为完成教学任务而将学生注意力加以组织调控，使其集中于教学过程的一系列行为方式。组织教学贯穿于整个课堂教学的始终，其效果直接关系到一堂课的成败。

一、组织教学的形式

1. 用语言组织教学

（参考本章第一节）

2. 用情感组织教学

情感是师生间沟通的纽带。教学过程不仅是知识传递的过程，更是师生之间情感交流，心理互动的过程。无数教学实践证明，教师以尊重、热爱、信任的感情去对待学生，把爱和关怀撒播到整个课堂，必然会带来学生的愉悦配合，从而形成良好的师生关系和融洽的课堂气氛。教师入情入景，充满感情的教学会使学生在情感上产生共鸣，从而消除学生的走神，无精打采等不良现象。情感组织教学在低年级经常使用，并且容易感染学生。

在讲授"我们的社会主义祖国"时，教师可以播放歌曲《我爱你，中国》，引起学生共鸣，使其受到情感的感染和熏陶。同时可以营造一种高昂的课堂气氛，集中学生的注意力，提高听课效果。

在讲授"未成年人的自我保护"的内容时，教师可用严肃而动情的语言讲述"两少年状告双亲"的故事：一对学习成绩优异的姐弟，因父母离异而被抛弃不管，结果双双辍学，开始了童工的生涯。为了生存，他们过早地尝到了生活的艰辛。然而他们内心燃着一股不灭之火，那就是"我想读书"。同学们，帮帮他们吧！他们应该怎么办？请学生设身处地为姐弟俩出谋划策。

3. 用引发兴趣组织教学

要想让学生充分听课，愿意听讲，调动其兴趣是一种有效的手段。兴趣是促使学生求知的最直接动力，教学可以用环环相扣的设疑引起学生思考的兴趣，也可以用生动活泼的故事、漫画等吸引学生的注意，调动其听课的兴趣，还可以用形象直观的教具引发其好奇的兴趣等。一旦学生产生兴趣，学生的注意力自然会集中到教师的身上。

4. 用教学机智组织教学

在课堂教学中经常遇到偶发事件，教学中突然发生意想不到的事情，这些事情往往与教学目标、教学内容无关，却打断教师的教学行为和师生们的思路，转移学生的注意力，影响教学的正常进行，让教师难以料及和预防。

当偶发事件一旦发生，教师应当冷静、积极地做出反应，运用恰当的方式去阻止事态的进一步发展；同时，还应该采取科学的、行之有效的方法予以妥善解决。"教育的技巧并不在于能预见到课堂的所有细节，而在于根据当时的具体情况，巧妙地在学生不知不觉之中做出相应的变动"。

课堂上，教师正在讲"认识"的概念，巡视中发现一位学生正在玩游戏机。于是，他平静地讲道："认识是人脑对客观世界的反映。如果现在哪位同学玩游戏机的行为反映到我的大脑里，我就知道此时此刻他没有认真听讲。"分心的学生从教师的话外音中受到启示，对自己的行为应该会有所收敛。

二、组织教学的策略

课堂教学的组织管理是协调课堂中人与事、时间与空间等各种因素及其关系的过程。为保证课堂教学的秩序和效益，思想政治（品德）课教师要注意以下组织教学策略：

1. 明确上课的纪律

"没有规矩，不成方圆"，课堂组织管理也是如此。为了保证教学秩序的有序与规范，教师应该与学生建立班规，坐有坐姿，站有站相，课堂中各项活动与任务都应该有规范，违反课堂教学规范的学生，首犯说理，重犯约定，再犯惩罚。规则一旦建立，教师首先要严格遵守，对学生要一视同仁，要言必行，行必果，这样才能建立起自己的威信。若前后管理不一致，则可能会使课堂纪律恶化，使自己处于非常被动的境地。

2. 以人为本组织课堂教学

中学生毕竟是未成年人，教学过程中总会存在这样那样的问题，处理这些问题时，需要教师讲究艺术。

第一，要尊重学生，表扬为主。对于表现好的学生，教师应该及时树立榜样，对有进步的学生也要及时鼓励。对课堂教学中出现违纪的学生，以提希望的方式代替批评的方式来组织他们回归课堂。

第二，要提高教学水平，吸引学生的注意力。教学中能创设情景，引起悬念，激发学生的学习动机、兴趣，让他们由"要我学"转变到"我要学"的精神状态。这需要教师不断提高自己的业务能力与水平，全面提高自己的各项素质。

总之，没有有效的组织管理，就没有有效的课堂教学。课堂组织管理是课堂教学的纽带，良好的组织管理是课堂教学效率高的重要因素，组织管理得好，效率就高；反之，就低。

第三节　新课导入艺术

常言说，良好的开端是成功的一半。新课导入是课堂教学的首要一环，富有艺术性的新课导入，往往能调动学生的学习兴趣，激发他们的求知欲望与潜能。

一、新课导入的作用

1. 具有协调功能

新课导入在思想政治（品德）课教学过程中起着重要作用，富有艺术性的导入，具有协调功能，可以消除学生的紧张心理，创造一种愉悦、和谐的教学气氛。新课导入的协调功能需要教师注意：

第一，语言协调。导入要言简意赅，辞切意明。导入啰唆、费时太长，容易招学生厌烦。

第二，思维协调。导入的语言优美，思路清晰，追求"诗一样的语言，铁一样的逻辑"的效果。

第三，内容协调。导入的内容精当，要求具体，导语的设计应有一个中心，要使学生明确其中的主要信息及教师提出的具体要求，从而以此为线索展开学习。

2. 具有诱导功能

新课导入出现在一节课的开始，学生缺乏学习心理准备或心理准备不足，注意力不够集中之时。新颖而有激情的新课导入可以唤起学生的注意心理，使学生的注意力迅速集中到教学中，进入学习状态，保证教学的有序进行，这是成功教学的基本条件。新课导入的诱导功能要求教师能满足学生的求新欲望，导入或材料新颖，或角度新奇，或方法新异。

3. 具有衔接功能

新课导入需要解决学生学习上的主要障碍，由于思想政治（品德）学科的知识逻辑性较强，学生原有的认知基础对后面新知识的输入有干扰作用，只有把两者之间的关系过渡好，衔接好新旧知识，学生才能更好地学习新知识。教师需要依据学生的认知心理，承上启下，帮助学生掌握新旧知识的内在联系。

4. 具有定向功能

新课导入必须目的明确，给学生以恰当的信息刺激，迅速引导学生进入预定的教学轨道，启发学生围绕教学主题展开思维活动。新课导入的指向性具体表现为：一是内容指向，导入要指向教学的主题或教学重点；二是思维指向，富有启发思想的导入能激发学生的思维；三是情感定调，在教学开始之际就可以利用情境创设，沟通情感，充满情感的导入能感染学生，为后续学习确定一种情感状态。

二、新课导入的类型

教师能否使学生的兴奋点和注意力从课间活动转移到课堂学习上来，直接关系到课堂效果和教学效果。因此，如何结合教学内容巧妙设计新课导入环节，是教学研究的重要内容之一。

1. 故事导入

用一个充满悬念而又扣人心弦、富于哲理的故事导入新课，会调动学生全身心地投入神奇而曲折的故事情节中去，这样既能有效地吸引学生的注意力，自然导入新课，又能启迪学生的心智，培养学生丰富的想象力和欣赏力。

哲学知识给人以抽象难懂的感觉，但哲学却与我们的日常生活有密切的联系，哲学趣例也异常丰富，而故事又是学生喜闻乐见的。如果能恰当地运用，就能达到一举多得的功效：转移注意力和兴趣；便于哲理的理解和运用；增强学生对哲学知识的学习兴趣。

如在讲矛盾的普遍性和特殊性的辩证关系时，先给学生讲一个故事。"战国有个著名的哲学家公孙龙，有一天他牵着一匹白马过城门，守门的卫士拦住他，指了指墙上的告示。原来告示中指出禁止牵马过城门。可公孙龙却说，我牵的是白马，不是马呀。故事中的公孙龙割裂了矛盾普遍性和特殊性的联系，夸大了二者的区别和对立，否认普遍性寓于特殊性之中。那么矛盾普遍性和特殊性的关系到底是什么呢？今天我们就来学习……"这种故事导入能激发学生一定程度的求知欲望。这种方法在向学生交代学习目的，消除知识障碍，帮助学生迅速思维定向等方面具有独特的作用。

2. 事例导入

事例与故事的区别在于，故事可以虚构，但事例是真实的。由于事例的真实，所以它在情感、态度与价值观教育方面有独到的作用。

世界观、人生观、价值观教育，是中学思想政治（品德）课的重要内容与追求目标。所以，在涉及"三观"的部分内容时，特别侧重于选用学生身边的例子，引发他们的共鸣。

比如，在讲"人生的真正价值在于对社会的贡献"时，教师讲述了一个真实的事例：

几位负责计划生育的工作人员到一个贫困山区去调研，在路上碰到一位本该在学校学习的放羊娃，他们便问："你为什么放羊？""为了挣钱。""挣钱干啥？""盖房，娶媳妇。""娶媳妇为啥？""生娃。""让娃干啥？""放羊。"

这件事被登在报纸上，一位在城市上学成绩优秀的中学生看到了这篇报道后，认为自己也处于一种简单的循环中，好好上学，为了考上一所好大学，考上一所好大学为了找好工作，找好工作为了娶个好媳妇，娶个好媳妇生个好儿子，再好好上学……而他觉得这种循环毫无意义，最后，自杀身亡。（同学们立刻议论纷纷）这两个事例尽管涉及的人物、结局等都不相同，但实际探讨的是同一话题，即人为什么活着，怎样活着的问题。今天我们就来学习……那你为什么活着？你觉得怎样活着才有意义和价值呢？

3. 活动导入

调动学生参与到和教学内容密切相关的活动中，更能激发学生的主体意识和参与意识。在进行综合探究课"提高效率，促进公平"的教学时，教师可把全班同学分为几个小组，每个小组在规定的时间里用彩纸叠鲜花，看哪组叠得多。时间到了以后，各组报统计结果。教师设置几个收购纸鲜花的方案：

方案一：每组平均给 5 元。

方案二：计数付款，每朵纸花给 2 元。

方案三：优质的每朵给 4 元，一般的每朵给 2 元。

方案四：优质的每朵给 10 元，一般的每朵给 2 元。

方案五：各组可以选择自己认为合适的收购方案，如果不同意教师所有的收购方案，欢迎各组提出符合本组利益的收购方案。

　　由于各组的提议方案都会从本组的利益出发，所以往往难以得到别组同学的认可，这个导入让学生意识到效率与公平之间的冲突是难以调和的，引发学生思考探索效率与公平的平衡的社会意义。

　　亚里士多德曾说过："告诉我的我会忘记，给我看的我会记住，让我参与的我会理解。"活动导入能很好地利用学生的直接参与体验，学生的学习方式由单纯被动的接受式转变为主动参与的体验式，必然会推动传统教学方式由"传授"型、"灌输"型向"体验"型、"实践"型转变，避免了纯粹理论讲授的抽象与说理，使学生对教学内容的理解更深刻。

　　4. 时事导入

　　思想政治（品德）课教学本身带有鲜明的时效性，在整个教学的过程中都渗透着时事教育，学生对时事政治充满浓厚的兴趣，如果教师能遵循理论联系实际的教育方针，尤其是联系时事政治导入新课，分析社会现实问题，会收到意想不到的效果。

　　思想政治（品德）课可用的时事导入内容非常丰富，国内的时事报道，如一年一度的两会，中国的外交大事，随时更新的国内时事等。国际时事也很丰富，"巴以冲突""美国与中东""朝鲜问题""南海问题""东海问题"等，这些都是教师可以开发的教学资源。利用时事热点导入，学生容易感兴趣，也容易理解，体会到政治学科的实用美，增强教学的趣味性，激励学生从应用角度主动探求课本的内容。

第四节　讲概念的技能

　　概念是构建思想政治（品德）课的基本材料，一个个概念是知识的细胞，又是准确理解运用课程内容的中介。学生只有弄清了每一个概念的内涵和外延，真正理解了概念的实质，才能利用概念进行判断、推理，形成学科的知识体系，形成各种能力，才能有兴趣去学，有信心去学。常用的概念讲授方法有以下几种。

一、解析定义法

　　一些复杂的概念，其内涵比较丰富，学生理解起来有一定的难度，需要教师对概念的层次先分解，再进行分析。分解定义是按照下定义的方式讲解、分析概念，揭示概念的内涵。

　　通常给概念下定义的方式是：被定义的概念=种差（定语1+定语2+定语3+……）+属概念。如讲"税收"的概念，首先，明确"税收"是财政收入；其次，找到区别于资产收入、债务收入、收费收入、罚没收入、捐赠收入等财政收入形式的特点，即定义中相关解释说明的限制定语：国家（政府）、职能、政治权力、依法、无偿、基本形式等特点即种差；最后，将上述内容综合归纳起来，就形成"收税"的定义：税收是国家为实现其职能，凭借政治权力依法无偿取得的财政收入的基本形式。

　　按照这个方法讲概念，大体分三步进行：一是找出所讲概念的属概念；二是讲授修饰这个属概念的定语，并找出所讲概念与同类属概念之间的区别；三是把定义结构中的各部分综合为整体。

二、已知到未知法

　　思想政治（品德）课中的许多概念之间存在着内在联系，尤其是哲学中的许多概念之间环环相扣，由已知概念讲解新概念是一种很好的方法。

比如讲发展概念，由于发展属于变化的范畴，教师可以从变化概念开始。首先，引导学生回忆变化的概念和变化的不规则性。只要不维持原状都属于变化，因此变化的方向是前进或者倒退，上升或者下降。其次，缩小变化的方向性，提取前进和上升这两个方向，引出发展的概念：发展是新事物的产生和旧事物的灭亡。教师还需要采用对比的方式讲解发展与变化的异同点，达到加深对发展概念的理解。由"变化"引出"发展"的概念，符合由已知到未知这一学习规律，既复习了旧知识，又为掌握新知识扫除了障碍，容易取得较好的教学效果。

三、追根溯源法

任何事物都有一个产生、发展的过程，概念也不例外，任何一个概念都有自己独特的形成发展过程，在解释概念时，教师可以从概念的形成过程来讲解。通过追溯事物的形成发展过程来阐释概念，是进行思想政治（品德）课教学的一个好方法。

比如，在讲述国家概念的时候，如果能把国家的产生过程讲解清楚，学生对这一概念的理解将会更清晰。

第一阶段：生产力发展—社会分工—出现剩余产品—私有制产生。

第二阶段：贫富分化—氏族首领变成奴隶主—战俘和穷人沦为奴隶—阶级出现。

第三阶段：奴隶反抗—奴隶主组建国家机器镇压—国家产生。

至此，教师可以根据"国家"形成和发展的过程，概括出"国家"的定义：国家是指一个阶级对另一个阶级进行阶级统治的工具。

四、对比分析法

思想政治（品德）课中的许多概念都具有较强的可比性，有的概念文字相同而含义不同，如哲学上的物质概念和自然科学中的物质概念；有的概念，文字相近而含义不同，如劳动与劳动力；有的概念，文字不同而含义相同，如第三世界与发展中国家；有的概念，文字不同但概念间却存在着不可分割的联系，如物质和意识。教师要善于运用对比分析的方法，阐明其联系和区别，讲清这些概念。

在讲到量变与质变的关系时，可把这两个概念进行对比分析，达到加深理解的目的。如表 5-1 量变和质变的辩证关系所示。

表 5-1　量变和质变的辩证关系

		量变	质变
区别	含义	事物数量的增减和场所的变更，是一种渐进的、不显著的变化	事物根本性质的变化，由一种质态向另一种质态的飞跃，是一种根本的、显著的变化
	呈现的状态	统一、相持、平衡和静止等	统一物的分解，平衡和静止的破坏
	结果	性质没变，一事物还是该事物	性质改变，一事物变为他事物
联系		①量变是质变的必要准备，质变是量变的必然结果。②质变又为新的量变开辟道路，使事物在新质的基础上开始新的量变	

五、设疑引思法

"学源于思，思始于疑"，学习、探索、研究都是从问题开始的，设疑是激发学生兴趣、启发学生思维的有效手段。教师在讲解一些难度较大的概念时，要注意善于给学生设置一定的疑难问题，使学生边听课，边思考，带着问题学习。

讲解商品的概念时，教师可以由具体到抽象地进行问题设计，通过学生对问题的解答概括出商品的概念。如山间清泉水需要花钱买吗？山间清泉水在什么情况下需要用钱买？劳动产品都是商品吗？用来买卖的东西都是商品吗？

教师通过与学生的互动，把以上的问题解答后，最终得到商品的定义：商品是用来交换的劳动产品。

第五节　课堂提问艺术

课堂提问又称"设疑"，它是教师在课堂教学过程中向学生提出问题以及对学生回答做出反应的教学行为。

一、课堂提问的作用

1. 具有激发作用

提问可以激发学生的智力因素和非智力因素参与到课堂教学中来。激发作用体现在对学生的学习动机和学习兴趣的激发上，也体现在对学生思维的启发与诱导上。

2. 具有反馈作用

通过提问得到的反馈信息，可以了解到学生的听课状况和听课效果，了解到学生对问题的把握情况和学习状况，了解到学生的能力发展和觉悟提高情况。在诊断阻碍学生思考的困难所在后，可以促使教师适时根据反馈信息调控教学进程。

3. 引起注意作用

提问具有吸引作用，把学生分散的注意力和兴趣集中到某一问题上。提问可以引起学生的注意，有时还可以将无意注意诱导到有意注意上来，实现有意注意与无意注意的结合。可以诱导学生积极地展开定向思考，深刻理解教材。

4. 具有强化作用

思想政治（品德）课教学最忌没有重点，平铺直叙。富有艺术性的提问，可以提高学生的学习效率，可以强调重点、突破难点，使教学错落有致；富有艺术性的提问，可以通过学生对问题的反应作出评价，使学生形成深刻的印象，巩固所学知识；富有艺术性的提问，还可以通过师生对所提问题的求解，强化学生分析和解决问题能力的训练。

二、课堂提问的基本要求

在思想政治（品德）课教学过程中，提问具有不可忽视的作用。要使每次提问都成为高效提问，教师必须遵循课堂提问的基本要求。

1. 提问目的明确

教师提问时要围绕教学的主要内容，要有助于实现教学目标。因此，在提问之前首先要科学确定课堂教学的目标，离开了教学目标的提问，有可能使提问流于形式。有经验的教师总是明确规定一节课的教学目标，并根据教学目标全盘考虑提问的内容、数量、时机、方法、角度、深度等问题。

2. 提问难易适度

教师的提问要把握好难易程度，难易度取决于教师对学生的知识、能力起点的判断，是教学经验的体现。

问题过于容易，学生不动脑筋就能轻易答出，也就无法提高学生的思维能力。所以教师所提问题，不应该是学生不假思索就能回答的廉价问题，应是学生在未认真阅读教材和思考之前所不能回答的，还应是大多数学生经过主观努力后能够回答的。

问题过难，学生望而生畏，会挫伤学生思考问题的积极性。如果有的问题较难、预知学生难以回答时，教师应将其分解成几个相关的、较容易回答的问题，化难为易，促使学生积极思考。

提问题的方式要遵循学生的认知发展规律，采用循序渐进的原则，由易到难，由浅入深，逐步提高，不应该是由难到易的方式。

3. 提问因人制宜

教师的提问要面向全体学生，这是教育公平的问题。问题不能只针对特定学生提，让每个学生都有动脑筋的机会，并能从问题的解答中受益。为此，教师的提问可采取以下策略：

（1）按学生的不同水平设计问题，学生的知识水平分为上中下三等，问题的难易程度也应分为上中下三等，提问学生时要问题对口，难易适度，高低适宜。

（2）不同难易程度的问题让不同水平的学生回答。一般是问题提出后，先让水平低的同学回答，再由中等水平的同学补充，如果都答不上，则由学优生来回答。

（3）提出问题后，不要马上指定某学生回答，要让全班学生都处于思维状态之中，等大家把问题思考一番以后，再指定学生回答。或者问题提出后，分小组讨论，由小组指定同学回答，但教师要注意兼顾平时发言少的同学，让他们得到一定程度的参与训练。

4. 提问氛围和谐

教师对学生的回答所做的反应并非无关紧要，而是直接影响教学效果的一个重要因素。教师对学生的回答要从鼓励和启发的目的出发，做出反应，以创造一种民主和谐、教学相长的良好气氛。一般来说，应注意以下几点：

（1）教师的态度要亲切、诚恳，以消除学生的胆怯或紧张心理。

（2）要鼓励学生各抒己见。教师提出问题后，学生可以自由回答，也可以指定回答对象。学生回答问题时教师要注意听，如果"卡壳"了，还可以鼓励、引导或启发学生的思路。

学生答完问题后，教师要及时进行评价。对于学生的正确回答应加以肯定，给予表扬；对于学生做出的部分正确的回答，应首先肯定其正确部分，然后指出其不足之处；对于学生的错误回答，切忌讽刺挖苦、厉声指责，也不能置之不理，而应启发其做出正确回答，或请其他同学协助。

（3）知之为知之，不知为不知。有时学生的回答出于教师预料之外，教师应冷静思考，力争予以解决。如果一时无法解决，就应坦率告诉学生延迟处理。当然，教师一定要在下次上课时给学生以解答。如果不能践约，也要说明原因。教师实事求是的态度，不仅不会降低其威信，而且会赢得学生更多的信赖和尊敬。

第六节　课堂练习艺术

课堂练习是实现思想政治（品德）课教学目标的一种有效教学手段。课堂知识的掌握、技能的形成、智力的开发、能力的培养，必须通过一定量的练习才能实现。

一、练习的教学价值

练习课属于单一课型，是通过练习来复习、巩固已学知识，发现教学遗漏，诊断学生学习障碍，帮助学生完善知识结构，提高分析应用能力的有效教学手段。课堂练习集教学功能、反馈功能、发展功能、教育功能于一体。

1. 教学功能

思想政治（品德）课教学过程是由先后有序、首尾衔接的五个基本环节构成的，它们是：备课与预习、授课与听课、布置练习与完成作业、辅导与复习、评价与提升。其间，练习不仅是一个承上启下的重要环节，而且作为一条主线贯穿于教学过程的始终。练习在教学过程中的这种地位决定了它的作用是多方面的。

2. 反馈功能

练习既可以检测教学效果，又可以反馈教学信息，促使教师和学生调整教与学的行为。

3. 发展功能

练习既可以帮助学生理解、消化、巩固所学的课堂基础知识，又可以帮助学生实现知识的横向扩展和纵向深化，构建起全面、系统的知识体系。

练习既可以促使学生智力发展，培养和提高他们的注意、观察、记忆、想象、思维等能力，并在循环往复的练习中形成技能技巧，又可以促进学生的学习兴趣、动机、意志等非智力因素的发展。

4. 教育功能

练习是学生在教学过程中的一种实践活动，有较好的现实导行意义的练习，有利于教学的理论联系实际，有利于学生的知行统一，养成良好的学习习惯。

二、练习的分类

依据不同的标准，思想政治（品德）课的练习，可以进行不同的分类。较为常见的分类方法有：

1. 根据练习目的不同，可分为课堂练习和课后练习两种

课堂练习属于诊断式练习，也可称为反馈式练习，一般用在一堂课的开始和结束前，其主要目的在于检验学生对旧知识或本堂课的知识的掌握情况。课堂开始阶段的练习，有助于

教师据此灵活地调整教学的进度、知识的难易度。课堂结束前的练习是教师测试学生对新知识的理解情况，也起到查漏补缺，促进教师教学水平的作用。

课后练习属于巩固式练习。课堂练习中发现的问题，教师不一定有足够的时间去当堂解决，只能通过课外作业和课外辅导来解决，课外练习的侧重点是解决课堂中发现的问题，目的是巩固学生已学知识与提高分析应用能力。课后练习的设计需要有一定的针对性，题目不宜过多，不是题海战术的大而全。

2. 根据练习手段的不同，可分为书面练习和口头练习

口头练习是练习的一种形式，是指在练习过程中，教师通过让学生说内容、说思路、说方法的途径，实现"以说反思、以说学思、以说促思"的目的。口头练习在培养学生与人交往的表达能力和克服临考紧张情绪方面也有一定的价值。

书面练习是思想政治（品德）课最常用的练习方式。书面练习中的客观题侧重训练学生运用所学知识进行分析、推理、判断的能力，主观题侧重于训练学生的概括、书面表达、综合运用等能力。

对于个体而言，口头、书面式练习可以促使自身内部语言（内部表达）的生成和完善，从而更好地促进个人能力的提高、知识的获取、思维的提升，并不断地拓展个人的发展空间。

三、练习选编的基本要求

课堂教学是教学活动的一个核心过程，学生的课堂学习效果需要经过练习和考试等评价方式进行评估。其中练习是评估的重要途径，练习的质量直接影响到学生学习评价的准确性，所以精心编拟练习是一项重要的事情，也是富有创造性的劳动，它所要考虑的问题主要是：

1. 目的性

练习不是目的，而是手段。但练习必须有明确而具体的目的，或加强记忆，或深化理解，或以求熟练。例如，就巩固、深化知识而言，它既可以是为强化某一概念的记忆而练，又可以是为加深某一原理的理解而练，还可以是为突出重点或突破难点而练。

2. 实效性

思想政治（品德）课的练习要讲求实效，要求教师根据不同的目的选编具有针对性的习题。现实中，学生课后的时间多用在语文、数学、英语等科目上，留给思想政治（品德）课的课后时间并不多，教师设计练习时要注意实效性。不停留在练习的有与无上，而要上升到质量上。

不能迷信多多益善的题海战术，而要侧重练习的效率。练习要有实效，必须从学生的实际接受能力出发，练在点子上。脱离学生实际，到处搜集偏、难、深的练习抛给学生，只会事倍功半，甚至适得其反。

3. 典型性

典型性是指教师在分析、研究某一类型习题的命题特点及解答方法的基础上，进行同类问题的练习设计，并有目的地组织学生练习。选编的练习在同类习题或某种方法中具有代表性，学生解答之后，能以题及类，以点带面，掌握此类习题的解答规律，有利于学生举一反三。

4. 多样性

多样性是指练习的方法和题型的多种多样。练习的方法应多种多样，提问、笔答、讨论、讲演等均可使用。练习的题型也要多种形式：填空、判断、选择、简答、简述、计算、论述等。每一种练习方法，每一种习题形式，都各有千秋，互有长短。因此，多样化的练习，既可弥补某一练习方法和某一题型的不足，又可避免学生产生单调、枯燥的感觉。

第七节　板书设计艺术

板书是指教师为完成教学任务，教学时在黑板上用文字或其他符号传递教学信息的书写示意活动。板书设计艺术是运用文字、符号、图表等书面语言，在黑板上进行表情达意、教书育人的创造性活动。在教学过程中恰当运用教学板书，能引领学生的学习，利于学生记忆与理解，突出教学重点与难点。

一、板书设计的教学功能

1. 呈现知识结构，指引目标

思想政治（品德）课程有明确的知识，知识是一个内在联系的有机的整体，是一个知识结构。只用语言表达，知识结构很难完整、直观呈现。富有艺术性的板书，是对思想政治（品德）课教材内容的概括、提炼，能有效地显示教材的知识结构，既能反映教材的内容范围，还能反映教材的知识脉络与体系，引领学生有目的地学习教材的知识内容。

2. 突出重点，深化理解

思想政治（品德）课的板书设计，往往围绕教学主题，尤其是教学重点和难点来设计。富有艺术性的板书，总是选出教材中最本质、最基本的东西，画龙点睛，以深化教材的思想内容，帮助学生理解教材。

3. 理清思路，启发思维

富有艺术性的教学板书，将具有内在规律的知识进行相互联系与区别、演绎与归纳、对比与推理等，帮助学生理清思路，能够促使学生对照板书，积极思维，一步一步地理解教学内容。在板书的过程中，教师可以让学生板书，也可以自己讲授后让学生板书。这样，学生通过参与教学过程，可以从形象思维向抽象思维转化，由未知向已知转化，由认识向实践转化，从而有效地提高学习效率。

4. 形象直观，强化记忆

富有艺术性的板书，可以把口头讲述与形象示意结合起来，以突出感知对象，使学生的视觉和听觉同时活动，从不同角度去感知知识以及知识的脉络。富有艺术性的板书，内容高度概括，一目了然，可使复杂的内容简约化，有利于学生理解记忆。

二、板书设计的基本要求

1. 表达准确，目的性强

板书要反映教材。板书是围绕教材内容与思路而进行设计的，要求教师能在认真钻研教材、吃透教材的基础上，准确地表达教材知识，把教材知识的结构完整呈现给学生。既要让学生看得懂、理解准确，又能引发学生思考，学有所获。

板书设计又是为一定教学目标服务的，板书设计要有鲜明的目的性。即使教学内容相同，由于教学目标不同，板书的侧重点和表现的方式方法应有所不同。在讲新课阶段，其目的是让学生理解掌握知识，可采用观点式板书；在复习时，为了帮助学生把握基础知识之间的内在联系，则可采用结构式板书。同时，板书作为一种被观察的对象，要求学生观察板书时能学有所获。对于思想政治（品德）课教师来说，不仅自身板书的目的要明确，而且还要想方设法引起学生的学习兴趣，使其带着强烈的目的和欲望去感知板书。

2. 系统完整，简练精要

思想政治（品德）课的板书要服务于教学，板书要反映教材内容的系统性，即板书内容联系紧密，系统有序、逻辑性强。这对学生把握教材的整体结构，培养系统整体思维能力有帮助。

教学是一种目的性和针对性很强的实践活动。板书必须紧扣教材，抓住教材的主要问题和最关键的问题进行归纳整理，并简明扼要地向学生揭示出教材中最本质、最主要的内容。如果板书不分主次，随意往黑板上满板抄录，就会失去它提纲挈领的功能。

3. 形式多样，创新性强

教学内容不同，板书形式的设计也有所不同。板书作为教学活动的一种手段，不应该囿于一种形式，千篇一律。板书的形式要体现教材、课型、教学结构的特点以及学生的年龄和心理特点，如提纲式、结构式、线索式、图表式等。同时，思想政治（品德）课教师还要注意板书创新，在继承传统板书和他人优秀板书的基础上，形成自己的板书艺术风格，在板书设计的过程中，教师既可设计文字式板书，又可设计表格式板书，也可设计漫画式板书，还可以设计板画式板书，让自己的板书做到因文而异，因人而异，灵活多样。

4. 布局合理，艺术性强

板书要有规划或计划，首先要体现在整体的设计上。板书不是一下子出现在黑板上的，而是随着教学进程逐步形成的。板书要注意主板书与副板书的合理安排，主板书写在黑板的最中间部分，是一节课的脉络结构，不能随便擦掉。副板书则是对主板书内容的辅助，写在黑板两则，可以随讲随擦，不用保留。

板书设计又是艺术性很强的工作。教师上课之前，对于板书内容呈现的次序、文字的详略、整体与局部的布局和编排、符号的运用、字体的大小、板书与讲述的协调、板书与提问和讨论等教学活动的匹配等问题，都要进行精心策划，切忌随心所欲。板书设计一般讲究整齐、对称、均衡、变化、对比、节奏、和谐等因素。教师的板书，尤其是写字的美观度，对学生也要有一定的示范性、观赏性和可模仿性。

从某种意义上说，板书是一门粉笔字书法艺术。书法艺术起于点画用笔，系于单字结构，成于整体章法，美于风韵气神。作为课堂教学的要求，板书艺术最起码的条件是书写规范。一是要求字体规范，板书最好用规范的楷书或行书字，不要写草体字和不规范的简化字；二是要求书写格式规范。需要注意的是，不能抛开板书的实用性，刻意追求艺术性。

三、板书设计的主要形式

在教学实践中，思想政治（品德）课教师创造了丰富多彩的板书形式。板书形式的多样化，也是板书设计艺术所要追求的。下面列举几种主要形式：

1. 提纲式板书

思想政治（品德）课的提纲式板书（也称为观点式板书、要点式板书），是按教学内容的内在逻辑和教师的讲解顺序，以纲目的形式依次展示教学要点的板书形式。提纲式板书侧重于用精练的词语或句子板书出教材中蕴含的基本观点。它多用于新课教学，有利于学生准确理解重点，把握基本观点和原理。

【教例】 思想政治必修①"经济生活"中的"价格变动的影响"的板书可设计为：

一、价格变动的影响

1. 对生活的影响

（1）对生活必需品的影响

（2）对高档耐用品的影响

（3）对互为替代品的影响

（4）对互补商品的影响

2. 对生产经营的影响

（1）调节产量

（2）调节生活要素的投入

2. 线索式板书

线索式板书（又称结构式、图解式、图示式板书），是把教材内容的前后顺序、从属关系用明确的线索串联组成某种文字图形的板书。这种板书侧重于用线条、符号、箭头、图形等组合，揭示出学科知识的内在结构和联系。这种板书是对文字式板书的改革，板书简明扼要、重点突出，有利于学生把握学科知识之间的内在联系和学科知识的整体结构。

（1）用箭头板书。如图 5-1，思想政治必修①"经济生活"：价值规律发生作用的表现形式。

图 5-1 价值规律发生作用的表现形式

（2）运用线条板书。如图 5-2，思想政治必修①"经济生活"教学片段：价值规律发生作用的表现形式。

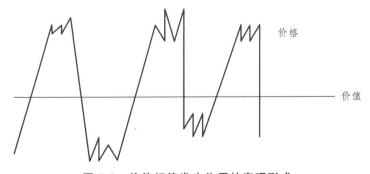

图 5-2 价值规律发生作用的表现形式

3. 表格式板书

教师将教学内容用表格形式分项进行展现的板书形式。表格式板书往往要求教学内容可以明显分项，教师根据教学内容设计表格，提出相应问题，让学生思考后提炼出观点填入表格，或教师边讲边填。

运用表格式板书，应该注意用简洁的语言概括知识点。忌讳把繁冗的知识填进表格，容易让学生产生视觉疲劳，不易激发学生学习的兴趣。表格式板书的具体表现形式多样，较灵活，可以根据内容的具体需要来绘制。如表 5-2，思想政治必修①"经济生活"教学片段：税收种类。

表 5-2　税收种类

	流转税	所得税	资源税	财产税	行为税
含义	以交易额和劳务为对象	以各种所得额为对象	以开发利用资源为对象	以拥有或支配的财产为对象	以特定行为为征税对象
包括主要税种	营业税、增值税、消费税、关税	企业所得税、个人所得税等	矿产税、城镇土地使用税	遗产税	屠宰税、印花税

4. 演绎式板书

演绎式板书是把一个概念、原理或某一知识分解成几个层次的论点、论据或部分，按其知识的内在联系组成知识结构体系的板书形式。

演绎式板书的好处是可以让学生对整个知识框架有一个整体的把握。教师边授课边演绎，使知识的脉络清晰，便于学生对知识点的把握。同时教师可以根据学生的实际情况，把握知识的演绎速度，运用起来灵活性较强。如图 5-3，思想政治①"经济生活"教学片段：社会主义市场经济。

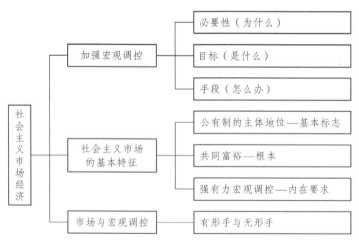

图 5-3　社会主义市场经济

5. 归纳式板书

归纳式板书是根据众多已知概念或分论点归纳总结出一般结论的板书设计方式。这种板书方式可以突出教学内容的逻辑关系，使讲解和板书的思路一致，所讲解的条理更加清晰。如图 5-4，思想政治必修①"经济生活"教学片段：征税和纳税。

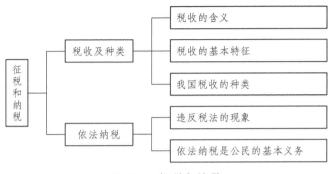

图 5-4　征税和纳税

第八节　教学结尾技能

思想政治（品德）课教学艺术是一个有序的整体，是一个有始有终的过程，追求善始善终的效果。仅就课堂教学艺术而言，它既要有"龙头"：引人入胜的新课导入；又要有"猪肚"：巧妙自然的课堂提问、形象生动的教学语言讲解、简洁美观的板书设计、恰到好处的习题训练等；还要有"豹尾"：收束有力的课堂教学小结。

一、结尾技能的作用

教学结尾艺术是在完成某项教学任务的终了阶段，教师对教过的知识进行归纳总结，使学生对所学的知识形成系统，并转化升华的行为方式。思想政治（品德）课教学结尾广泛运用于某一单元或新课授完，某一新概念、新原理的讲授完毕以及某一堂课的收尾。

1. 浓缩精华，强化主题

中学生对知识的概括总结能力还比较弱，也没形成由具体到抽象，由个别到一般的归纳总结学习方法。往往需要教师帮助他们掌握相应的方法，提高相应的能力。思想政治（品德）课教师在每一堂课的结尾都可以对学生进行训练，训练学生学会总结，提升所学内容，强化课堂教学的主题。

思想政治（品德）课教学是有目的的教学活动，每一节课都有其教学主题。在课终之时，如果教师不重视小结，学生所获得的知识往往只能是零散的、停留在浅表层次之上的感性知识，与此相反，教师富有艺术性的结尾，则可强化主题，升华知识。同时也让学生掌握总结的方法，养成及时总结的学习习惯，提升相应的学习能力。

2. 梳理知识，形成知识系统

大部分思想政治（品德）课教材是分单元、课、框、目编写的，有着密切联系的有机整体。学生在学习过程中能掌握知识点，但对于知识点之间的联系却无法准确定位，经常出现"只见树木不见森林"的现象。帮助学生在微观知识掌握的基础上，宏观把握好知识之间的联系，是教学结尾要落实的事情。

在课终之时，对教学目标中的思想内容、能力要求、知识要点进行简明扼要的梳理概括，既可使整堂课的教学内容系统化，增强学生的整体印象，形成知识网络，又可理清线索，提炼出要点，使之纲举目张。

在单元或主题（课）结束后，也要及时对所学知识进行系统化总结，帮助学生化繁为简，理顺一条结构主线，使学生对整单元的知识更加清晰。经过总结，学生可以及时进行复习，增强记忆，还可以培养和提高学生的抽象概括能力。

3. 总结归纳，承前启后

近些年来，在课堂教学改革的过程中，导入已被越来越多的教师所重视，但结尾却没有得到相应重视。其实，结尾与导入一样，对于教学也是至关重要的。完善、精美的结尾，可以使课堂教学首尾响应、巩固知识、提升能力、升华情感。

思想政治（品德）课教学是一个有序的教学过程。教材知识的内在逻辑顺序和学生认知结构发展的顺序决定了教学过程必须是一个循序渐进、环环相扣的过程。富有艺术性的结尾，若在课中进行，则既要概括前一个问题的主要内容，又要巧妙地引出后一个问题的讲解；若在结课时进行，则既要对全课进行总结，又要为讲授以后的新课题创设教学情境，埋下伏笔。这样，承前启后，既可以使知识有机衔接起来，形成一个有序的整体，又可以促使学生的思维不断深化，诱发继续学习的积极性。

4. 及时反馈，查漏补缺

运用结尾教学技能可以及时反馈教与学的各种信息，起到查漏补缺的作用，是对教学过程的完善。思想政治（品德）教学过程中充满着众多不确定因素，教师的教与学生的学都不可能完全按照事前的预设进行，其中难免出现失误与不足。在结尾阶段，通过练习能及时检查教学过程中的疏漏之处，及时弥补其缺陷与失误，使教学更趋完善。

5. 渲染意境，陶冶情操

新课程确立了知识、能力、情感态度价值观三位一体的立体教学目标，并且把情感态度与价值观作为思想政治（品德）课的主导目标。心理学的研究表明：人的情感与认识过程是紧密相连的，任何认识活动都是在情感的影响下进行的。富有艺术性的结尾，可以使学生领悟所学内容主题的情感基调，做到情与理的统一，让学生的情感有所升华，并使这些认识、体验转化为指导学生思想、行为的准则，从而实现三维目标的统一。

6. 设计悬念，拓展深化

思想政治（品德）课教学强调与学生的生活相结合，按照陶行知先生"教学做合一"的生活化教学思想，思想政治课如果失去与生活联系的这一逻辑思路，课程对中学生生命成长的指导意义就会减弱。

但由于课堂时间较短，教学过程不可能面面俱到，把涉及的问题都讲清楚。思想政治（品德）课堂教学之外还有课外活动这一辅助教学形式，有些问题需要学生课后调查与探究。因此，结尾时可以对学生提出一定的有探究价值的问题，鼓励学生利用课外活动去拓展探究，引导学生向课外延伸，从而开阔视野，活跃思维，发展智能，深化对课堂知识的理解。即使不向课外延伸，在小结之时，教师若能引导学生总结自己的思维过程和解决问题的方法，也有利于促使学生智能的发展。

二、教学结尾的基本要求

思想政治（品德）课堂结尾技能有其独到的作用，在实际的课堂教学中，要巧妙运用结尾技能，充分发挥课堂教学结尾的作用，完成课堂教学任务，必须遵循以下几点基本要求。

1. 目的性

一个成功的教师在结尾处不仅要让学生巩固已经获取的知识信息，进一步完善知识结构，更要让结尾能够增值，实现师生在知识、能力和情感态度价值观方面的多赢。

2. 巩固性

结尾环节能对当堂所学知识进行巩固，提高学生运用知识解决问题的能力，从情感态度价值观上有所收获。这是对课堂结课环节最基本、最起码的要求。

3. 思想性

思想政治（品德）课由于自身的德育学科性质，教学非常重视情感态度价值观的引导。教师应该用好教学结尾，明确提出教学内容的思想性要求，引导学生做到知、情、信、意、行的统一。

4. 发展性

思想政治（品德）课给学生的影响并不只是在课堂上的 40 分钟，它包括对课堂之外的延伸，能为学生的未来发展，终身发展做点滴的积累。发展性是现代教学理论对课堂小结最根本的要求。传统教学理论侧重于课堂小结的巩固性，现代教学理论侧重于课堂小结的发展性，它不是将其仅视为课堂教学的终结，而是将其作为教学的新起点，侧重于学生知识的深化、能力的发展和政治思想道德素质的提高。

5. 启发性

课堂结尾中的小结往往只有几分钟，但要以小见大，寥寥数语，或画龙点睛，振聋发聩；或旨深意远，耐人寻味；或另辟蹊径，别开生面，使整个教学不仅有龙头之势，而且有猪肚之富，更有豹尾之美。

三、教学结尾的技巧

思想政治（品德）课的结尾，要求教师能利用好下课前的几分钟，使教学能善始善终。课堂小结的技巧主要有：

1. 归纳总结法

归纳总结法是思想政治（品德）课最常用的结尾方法。在结课之时，教师本人或教师引导学生对全课的教学内容进行全貌式的归纳总结，以形成较完善的知识结构。

归纳总结既可以是教师示范，又可以由教师引导学生或师生共同讨论来完成。同时，有助于学生理解和记忆当堂的教学内容。

归纳总结可从内容和形式两方面入手，力求多维度、多形式、有深度、有创新，要避免只是对前面教学内容的机械再现、简单重复。

【案例】　思想政治必修①"经济生活"中"价值决定价格"相关内容的结课设计

通过这一框题的学习，我们知道了价值规律是商品经济中无形的指挥棒，其基本内容的核心即为价值决定价格和等价交换。价值规律发生作用的表现形式也体现了这一核心，由于价格与供求关系的相互影响，导致价格围绕价值上下波动，但从长远趋势来看，价格与价值是趋于一致的，即等价交换。

教师的总结不是对教材内容的平铺直叙，而是抓住价值规律的基本内容、表现形式、主要作用进行总结，尤其是将价值规律的内容概括为"价值决定"和"等价交换"，强化了教学重点，突出了教学主题。

2. 首尾呼应法

这种方法是在课终之时，解决新课导入时提出的问题，以达到前后照应、首尾相连、浑然一体的教学境界。运用此种方法小结，既可巩固本堂课所学知识，又可启发学生思前想后，体验学习成效。

【案例】 思想政治必修①"经济生活""揭开货币的神秘面纱"的结尾设计

导入：对于货币大家并不陌生。但是为什么货币能充当交换的媒介呢？这是我们学习这一框必须解决的问题……

结尾：通过上面的分析，我们已经知道，商品是用来交换的劳动产品。货币商品能满足①劳动产品；②用来交换这两个前提条件，因此货币是商品。同时，由于充当货币的商品往往具备体积小、价值大，易于分割、不易磨损、便于携带等特点，逐步从商品中分离出来固定地充当一般等价物，用来表现其他一切商品的价值，成为商品交换的媒介。

3. 图表整理法

图示是一种直观的教学形式，具有直接、简明、形象的特点。图表整理法是以图解、图示、表格对课堂所学内容进行概括总结的结尾方式。这种方法是运用图示或表格概括总结当堂所学知识，或揭示新旧知识之间的区别和联系，变零为整，化繁为简，使知识之间脉络清晰，一目了然。其实，在教学过程中，精心设计的板书即为运用此法进行小结奠定了基础。如表5-3，一般违法与犯罪的区别。通过图表对比，学生对一般违法与犯罪的区别一目了然，对比性和概括性非常强，也易于学生联想和记忆。

表 5-3　一般违法与犯罪的区别

比较内容 \ 名称		一般违法	犯罪
不同点	对社会的危害程度	对社会危害性不大,情节轻微	对社会危害性很大,情节严重
	触犯的法律法规	违反了刑法以外的法律	违反了刑法
	应承担的法律责任	不用受刑罚处罚,但也要承担相应的法律责任	应受刑罚处罚
相同点		都是违法行为，都具有社会危害性，都违反了我国法律	

4. 比较异同法

这种方法是在结课之时，将教学内容中那些形式相似、意义相近或相异的概念和原理进行分析比较，同中求异或异中求同，以深化对所学知识的理解，防止学习的负迁移。如在教学"一般违法与犯罪的区别"内容时，就可通过图表进行一般违法与犯罪的区别对比，如表5-3。

5. 练习检测法

练习检测具有补充知识、澄清认识、提高觉悟、总结课文等功能。练习是整个教学过程中不可缺少的一环，课堂练习尤为必要。新课讲授结束时，教师抓住重点、难点或关键点，精心设计一些口头或书面练习，让学生动脑、动口、动手练习，既可使学生所学的知识得到强化，课堂教学效果及时得到反馈，又可培养和提高学生分析和解决问题的能力。

【案例】　思想政治必修①"政治生活"第一课结尾时的思考与练习：如何理解"金银天然不是货币，但货币天然是金银"。这个练习涉及商品、货币、货币的本质等知识点，需要学生有一定的总结归纳能力。

其一，"金银天然不是货币"是说金银最初出现在市场上时只是普通商品，只有一般等价物固定在金银上，金银才成为货币。

其二，"货币天然是金银"是说金银天生就具备充当货币的属性，它具有体积小、价值大、便于携带、久藏不坏、容易分割等优点。

第六章　思想政治（品德）课教学评价

教学评价方式改革是课程改革的重要内容，对课程的实施起重要的导向和质量监督作用。思想政治（品德）课的教学评价要贯彻教育部印发的《基础教育课程改革纲要（试行）》及《教育部关于积极推进中小学评价与考试制度改革的通知》的基本精神，使评价成为促进学生发展和教师发展的有效手段。

第一节　思想政治（品德）教学评价概述

教学评价是以教学目标为依据，按照科学的标准，运用有效的技术手段，对教学过程及结果进行测量，为教学决策服务，对教学活动现实的或潜在的价值做出判断、评定和测量的过程。教学评价主要包括对教学过程中教师、学生、教学内容、教学方法手段、教学环境、教学管理诸因素的评价，但主要是对学生学习效果的评价和教师教学工作过程的评价。

一、思想政治（品德）教学评价的理念

1. 评价功能由侧重选拔转向侧重发展

思想政治（品德）课是一门德育课程，是为学生的全面发展，尤其是思想品德发展服务的。由于受到应试教育思想的影响，传统的教学评价片面注重课程的智育功能而忽略了德育功能，教学评价为高一级学校的人才选拔服务，目的在于把"优秀者"选拔出来。重视学生知识的掌握，忽视学生情感态度价值观培养，忽视行为的养成。新的课程理念以人为本，以人的发展为中心，强调知识、能力、情感态度价值观全面发展，教学评价成为促进学生、教师、学校发展的手段。

2. 评价依据由重视结果转向结果与过程并重

以往的评价是对过去（即结果）的关注，是一种盖棺定论式的终结性教学评价，这种评价并不重视学生与教师的教学行为过程，是一种急功近利式的教学评价。新的评价理念不仅重视结果，并且强调对发展过程以及未来的关注，评价依据不再只以结果为中心，而主张关注被评价者的整个过程，用发展、动态的观点对学生与教师的教学过程进行诊断性评价、形成性评价，强调在评价反馈后被评价者对评价的认同以及原有状态的改善。

3. 评价主体由一元化向多元化转变

教学评价要做到客观、真实，就必须进行全面的评价，这意味着评价要多角度、多主体化，才能发挥它的激励作用，否则将达不到预期的评价效果。传统的教学评价只是单一主体评价，被评价者处于被动接受的地位，他人成为评价的单一来源，结果并不一定客观。

新的教育评价是以包括被评价者在内的多元、互动评价模式，使评价更能发挥激励，促进作用。

4. 评价内容由一维目标向三维目标转变

传统教学评价可拓展的内容空间比较有限，教师、学生、家长，社会、学校、家庭都把评价的目光聚焦在学生对知识的掌握上，教育为社会培养全面发展人才的目标很难完全实现。新的思想政治（品德）课程教学评价，从人的发展、社会的发展，提出了以人为本的人文理念，不仅关注知识的评价，也关注学生的能力、情感态度与价值观的评价，追求人的全面发展。

5. 评价方法由单一向多样化转变

传统学习评价实现方式比较单一，属于封闭式的评价方式，往往采用闭卷考试，只用纸和笔的测验对学生进行评价。新课程的教学评价强调综合运用多种评价方式，注意将形成性评价与终结性评价，定量评价与定性评价相结合。新的评价方法注重开放与封闭相结合，除了笔和纸测试以外，还包括观察法、描述性评语、项目评价、谈话、成长记录等方法，在这些评价中，"成长记录方式"是以往传统评价中所没有的。评价方式的变化，对及时发现教学过程中的问题及解决问题，调整教学方式、方法有重要意义。

二、思想政治（品德）教学评价的作用

教学评价是思想政治（品德）教学活动不可缺少的一个基本环节，它在教学过程中发挥着多方面作用，从整体上调节、控制着教学活动的进行，保证着教学活动向预定目标前进并最终达到该目标。具体来看，教学评价的作用主要表现在以下几方面：

1. 检验教学效果

测量并判定教学效果，是教学评价最重要的一项功能。教学评价根据评价目标设计评价标准，然后依据评价标准对教学的效果进行评价。教学效果评价包括对教师的评价和对学生的评价这两个核心内容。

2. 诊断教学问题

诊断是教学评价的又一重要功能。通过教学评价，教师可以了解教学目标是否合理，教学方法、手段运用是否得当，教学的重点、难点是否讲清，也可以了解学生学习的状况和存在的问题，评价也为学生了解自己的学习情况提供直接的反馈信息。

3. 引导教学方向

教学评价的导向作用，在实践中是显而易见的。学生学习的方法、学习的重点及学习时间的分配，常常要受评价内容和评价标准的影响。教师教学目标、教学方式、方法的选择也要受到评价的制约。

4. 调控教学进程

对教学活动基本进程的调控，是教学评价多种功能和作用的综合表现，它建立在对教学效果的验证、对教学问题的诊断和多种反馈信息的获得等基础上。客观地判定教学的效果，合理地调节、控制教学过程，使之向着预定的教学目标前进，这也正是教学评价追求的基本目的。

三、思想政治（品德）教学评价的分类

1. 按评价基准的不同划分

（1）相对评价。

相对评价是以评价对象群体的整体水平为标准，把各个被评价对象逐一与标准进行比较的评价方式。相对评价难在评价标准的确立，这一个标准往往以被评价客体所在的集体的平均值作为依据。但平均值是一个变动的标准，由于标准来自群体，同一参评人员，在不同的评价群体中的名次会有所不同。相对评价有利于选拔人才，比如中考与高考就属于此类评价。相对评价主要注重的是结果，标准会随着群体不同而发生变化，因而易使评价标准偏离教学目标，不能充分反映教学上的优缺点，为改进教学提供依据。

（2）绝对评价。

绝对评价就是指先根据评价要求或目标建立一个评价标准，然后把各个被评价对象逐一与标准进行比较的评价方式。教学评价的标准一般是课程标准以及由此确定的评判细则。这类评价关注的是被评价者与标准的关系，只与被评价自身的水平有关，与群体没多大关系。如中学的会考就属于此类评价。它的缺点是，在制定评价标准时，容易受评价者的原有经验和主观意愿的影响，也不易分析出学生之间的学习差异。

（3）自身评价。

自身评价是以个体的自身作为参考标准，对被评价的个体的过去和现在相比较，或者是对他的若干侧面进行比较。这种评价既不是在被评价群体之内确立基准，也不是在群体之外确立基准，而是以自我为标准。自身评价的优点是尊重个性特点，通过对个体的各个方面进行纵横比较，动态地考察个体的发展变化情况，有利于发挥学生的特长。但由于没有与他人的横向比较，难以判定个体学生的实际水平和差距，激励功能不明显。

这三种评价各有利弊，在实践中常需把它们结合起来综合使用，才能使评价结果更客观、更合理。

2. 按评价功能的不同

（1）诊断性评价。

思想政治（品德）学科的诊断性评价，是一种寻找影响学生学习状态或学习结果的原因，为更合理开展教学活动提供依据的评价。诊断性评价也称教学前评价或前置评价，在教学之前了解学生的实际水平和准备状况,判断他们是否具有实现新的教学目标所必需的基本条件，为教学决策提供依据，使教学活动适合学生的需要和背景。教育中的"诊断"是一个范围较大的概念，除了辨认缺陷和问题，还包括对各种优点和特殊才能的识别。如教师对新生进行的教学摸底测验就属于这类教学评价。

（2）形成性评价。

形成性评价是以改善教学为目的的教学评价，是在教学活动的过程中，为了解与分析教学过程存在的问题，以便及时调整和改进教学工作而进行的评价。形成性评价进行得比较频繁，一节课、一个教学主题或一个单元后的课堂练习、作业或单元测试等都属于形成性评价。

（3）终结性评价。

终结性评价又称总结性评价，是在阶段性教学活动结束时，为了给学生评定成绩和评定

教育教学效果而进行的评价。期末或学年末各门学科的考核、考试，目的是验明学生的学业成绩是否达到了各科教学目标的要求。此类性质的考试既可以为学生的学业成绩作出评定，也可以对教师的教学质量进行鉴定，客观上对教学双方都有激励作用。

第二节　学生的学习评价

课程改革要求建立促进学生全面发展的评价体系，评价不仅要关注学生的学习成绩而且要发现和发展学生多方面的潜能，帮助学生认识自我、建立自信。并且发挥评价的思想品德教育功能，即构建发展性、多元化的学生学习评价体系。

一、学生学习评价的形式

1. 学生自我评价

学生学习的自我评价是指学生依据一定的评价标准，把自己的现状与过去的状态进行比较，并对自己的学习进行自我调节的活动。自我评价是新课程改革所倡导的多种评价方式中的一种，自我评价建立在尊重被评价对象的基础上。有利于调动被评价对象的积极性。自我评价具自我诊断、自我反馈、自我激励的功能。它可使学习者学会观察自己，根据已定的目标考察自己的学习活动，养成随时评价自己学习活动的习惯。

2. 学生互相评价

学生互相评价对于被评价学生来说是他评，是对自评的完善。互相评价是让学生之间互相换角色，也是一种互相学习的活动。同时，学生互相评价也为学生之间互相沟通创造一种好的交互情境。从学习角度看，学生互相评价有以下几方面的好处：其一，学生们互相评价时往往是站在同一个高度来看问题，这样更直接，也更容易被学生所接受。其二，学生在互评中，可以对学习目标进行再认识，学生在评价别人的同时，自己也会加深认识，甚至是对问题的理解上升一个层次，从而提高学生的比较和分析能力。其三，这样做更有利于调动学生的学习积极性，使学生成为学习的主人。会增进学生学习的自觉性，也能增进学生之间的情感。

3. 家长评价

家长评价是学习评价的一个重要参考依据，是沟通家长与教师、家庭与学校之间的重要桥梁。家长对学生学习的评价有其独到的优势，由于家长比较了解自己子女的一贯表现，既能从子女的学习过程进行评价，也能从学习结果进行评价，评价的结果相对比较客观与全面，因此应充分调动家长在教学评价中的主观能动性。家长对孩子的评价直接影响着孩子的健康成长，所以家长对孩子的评价要有一定的艺术性。

4. 教师评价

教师评价是学生学习评价最主要的形式。如何发挥教师评价的指导、诊断、激励作用是每一个教师需要认真对待的问题。教师对学生的评价是一门艺术，不同的评价方式会对学生产生不同的影响，直接关系到学生的健康成长和身心发展。教师在对学生进行评价时，要注意综合运用多种评价方式，对学生进行客观、公正的评价，达到教育学生的良好效果。

二、学生学习评价的方法

1. 观察法

观察法是教师以旁观者的身份，在自然状态下，有目的、有计划地观察学生在日常学习和生活中所表现出来的情感、态度、能力和行为，并记录下来，作为对学生进行引导和评价的依据。

观察法是认识学生思想品德现实状况的一种有效方法。只有掌握学生思想品德现实状况，才能增强思想政治（品德）课教学的针对性和实效性，这是开展思想政治（品德）课教学的基础和前提。观察法是一种最基本的思想品德评价方法，其特点是简便易行。观察法的优点是所观察的行为发生在自然状态中，被观察者的行为比较自然，不足之处是观察者处于被动状态，只能消极等待被观察者的某些行为发生。

（1）观察要综合运用不同的观察方法。

观察法按不同的角度分为不同类型。从时间上看，可以分为长期观察与定期观察；从范围上看，可以分为全面观察和重点观察；从规模上看，可以分为群体观察和个体观察。从地点看，可分为课堂观察和课外观察。

根据观察的对象与内容的不同，观察评价可采用不同的观察方法。但为了使观察所得到的结果和结论更接近真实，综合采用多种观察方法是最佳的选择。每一种观察方法都有独到的应用价值，但也都美中不足。比如在课堂观察到某一学生各方面都不错，但到了课外却是个容易惹事的人；认为很全面发展的一个学生，放到群体中观察的时候却很平凡；因偶然发生的事情建立起来对某一学生的良好评价，长期观察下来却有可能评价过高了；对学生违纪现象进行批评，但经过因果关系的观察与调查之后却觉得是可以理解与原谅的等。因为观察的结果是对当事学生鼓励或教育引导的材料依据，为了避免出现反教育的结果，需要综合运用多种观察方法，结果才会更可靠。

（2）做好观察的准备。

① 确定观察目的。观察评价的最终目的还是为了教书育人。对学优生的观察可能是为了鼓励和鞭策，进一步挖掘潜能。对学困生的观察可能是为了帮助找原因和学习方式训练。对违纪学生的观察可能是为了规范其思想与行为等。根据不同的目的，观察的方式与方法可能会有差别，表现出应有的目的针对性。

② 拟定观察计划。观察计划应明确规定观察的目的、任务、内容、重点和方法，以及观察的次数、密度、时间等。在观察过程中需要调整计划的，要考虑得更周到，要确定调整后的计划比原计划更合理。

（3）做好观察记录。

做好观察记录是进行观察活动必须履行的程序，观察记录只要求记录观察到的言行、事件过程等，不需要过多的推测或评价。因为结论不可能由一次观察结果就能简单得出，需要多次记录的对比才能有比较客观的结论。

日常观察可以为老师提供大量的关于学生学习和发展的信息，在思想政治（品德）课的教学中尤其如此。当然，通过观察所获得的印象很容易是不完整的或带有偏见，而运用轶事记录法就可能准确记录观察，而且可以减少选择性记录所带来的一些问题。

轶事记录法是观察法的延伸，它要求观察者在日常生活情境下，对学生自然表露的行为进行原始、真实的记录，以便了解学生的发展需要，为学生提供更适宜的帮助与指导。这种方法有以下几个优点：

① 简单而方便，只需教师在发现值得记录的典型行为和事件时将其记录下来即可。

② 可以将学生评价置于真实的生活与学习情境之中。

③ 能为教师提供有关学生发展的详实信息，有利于对学生的过去、现在和将来做出较为准确的判断。

④ 有助于发现对不同学生的发展起作用的因素，使教育干预趋向合理和科学。

⑤ 可以为教师与学生及家长的交流奠定良好的基础。

2. 描述性评语

教师在与学生进行充分交流的基础上，用描述性的语言将学生在思想品德某一方面的表现，如态度、能力和行为等写成评语，评语应采用激励性的语言，并针对存在的问题提出改进建议。教师在运用描述性评价时应注意：

（1）评价应实事求是，对学生充满感情关注，在描写中应尽可能多地使用一些突出学生个性特征的语言。

（2）评价应体现教师对学生的殷切希望，以鼓励为主。特别对"问题学生"更要多一分宽容，多一分理解。

3. 谈话

教师通过与学生各种形式的对话，获得学生思想品德发展状况的信息，据此对学生进行引导和评价。谈话法如果运用恰当，就能收到良好的效果，是一种最经济、最直接、最常用的评价方法。

【案例】　陶行知的四块糖

陶行知是我国著名的教育家。当年他任育才学校校长时，有一天，他看到一名男生欲用砖头砸同学，便将其制止，并责令其到校长办公室。陶行知回到办公室，见男生已在等他，便拿出一块方糖给男生："这是奖你的，因为你比我按时来了。"接着又拿出一块方糖给男生："这也是给你的，我不让你打人，你立刻住手了，说明你很尊重我。"男生将信将疑地接过糖。陶行知又说："据了解，你打同学是因为他欺负女生，说明你有正义感。"陶先生遂拿出第三块糖给他。这时，男生哭了："校长，我错了。同学再不对，我也不能采取这种方式。"陶先生又拿出第四块糖："你已经认错了，再奖你一块，我的糖分完了，我们的谈话也该结束了。"

陶行知先生用谈话的方法，以肯定的评价使打人的男生认识到错误，说明了恰当的谈话评价能达到较好的教育效果。

谈话法是一种针对性强、可靠性高的评价方法，其不足之处是花费时间较长。教师在评价中运用谈话法时应注意：

（1）创设一种宽松、坦诚、信任的良好气氛。

（2）针对性要强，对于成长中的学生出现的较为典型问题，优先考虑使用此法。

（3）教师事先要有一定的准备，明确谈话的目的，提高谈话的效率。

4. 成长记录

学生成长记录袋也可称为成长档案袋。教师应建立学生的成长记录袋，记录学生在本课程学习中的各种表现，主要是进步和成就，以学生的自我记录、自我小结为主，教师、同学、家长共同参与，学生以评价对象和评价者双重身份参与评价过程。通常，成长记录袋包括以下内容：

（1）反映学生学业基础的档案文件或测验结果。

（2）学生学习行为记录，如与同伴合作态度，回答教师提问的态度及回答问题的水平，向教师提问情况等。

（3）代表性的书面作业。明确要收集的内容和收集的次数、频率。

（4）教师、家长对学生学习情况的观察评语。

（5）代表性的平时测验。要注意收集的内容和收集的次数、频率。

（6）学生对自己的学习态度、方法与效果的反思等。

5. 考试

思想政治（品德）学科的考试方式灵活多样，如辩论、情境测验、开闭卷的笔试等。要加强思想政治（品德）考试命题研究，注重考查学生运用知识解决实际问题的能力，发挥考试对教学的正确导向作用。

由于考试在人才选拔过程中能够发挥激励和选拔的积极功能，所以考试这种评价手段被广泛运用于思想政治（品德）学科的教学活动中。在新课程倡导的多元化、综合性的评价内容和标准中，考试依然是对学生学习情况进行评价的重要方式。问题在于如何改造我们的命题，改造我们的考试，改造我们的考试评定方式。

由于考试评价方式涉及内容较多，将独立在本章的第四节加以介绍。

第三节　思想政治（品德）教师的教学评价

建立以教师自评为主，校长、教师、学生、家长共同参与的评价制度，充分发挥评价的导向、诊断、激励、反思和发展功能，使教师从多种渠道获得信息，对自己的工作做出客观评价和有深度的反思，促进教师的专业水平不断提升和发展，以及教学质量的不断提高。

一、教师的教学评价形式

1. 教师自我评价

教师自我评价是发展性教师评价的核心，是指教师通过自我认识，进行自我分析，从而达到自我提高的过程。教师对自身的教学活动进行评定，是教学评价的主要途径。教师自我评价是评价活动主体性的表现，意味着对教师的尊重和信任。

完善的教师自我评价能让被评教师自觉地用评价指标对照、检查自己的工作情况，能发挥教学评价应有的正面作用，使评价成为教师自我改进、自我教育的过程。

在自我评价中，教师应树立正确的自我评价观，具有一定的自我评价能力，学校应从多方面给予指导和鼓励，并加强自我评价工作的管理，防止自我评价过程中因过高或过低评价而影响教师工作情绪从而导致不良现象发生。

（1）需要教师具有一定的自我认识能力，包括对自己的教学工作、专业水平、人际关系等多方面的素质和能力有所认识，尤其要充分认识到自己的能力缺陷以及工作中存在的问题。

（2）需要有一定的自我分析能力，分析自己的不足和存在问题的原因。

（3）找到实现自我提高的途径。因此，教师的自我评价要尽可能做到全面，可以从纵横两方面进行，一是横向评价参考。自评时要与其他可比教师进行对比，要参考其他教师对自己的评价。二是纵向评价。纵评是要自己与自己比，用自我分析、自我反思的方法来评价自己。

2. 学生对教师的评价

通过考察学生对教师教学的意见，来评定教师的教学质量及教学效果，包括的内容有教学态度、教学技巧、表达能力、教学组织能力以及沟通与协调师生关系的能力等。学生是教学过程中的主体，学生对教师的评价，从某种程度来说最有参考意义。

学生作为教育的对象，是教师教育教学活动的直接参与者，他们对教师的教育教学活动有着最直接的感受和判断；教育的最终目的是为了促进学生的全面发展。学生参与教师评价，能增强对教师教育教学活动的监控，有助于促进教师反思习惯的形成、反思能力的提高。因此，学生参与教师评价是学生应有的权利。

学生参与教师评价的两个担忧。一是学生是否讲真话。由于教师拥有对学生行使奖惩的权利，再加上传统思想中"师道尊严"观念的影响，可能有一些学生因担心教师评价引起的不良后果而不敢讲真话，尤其是在面对教师身上存在的问题时。二是学生的评价是否客观。由于学生受年龄、阅历的限制，一方面对教师的了解不全面，可能会产生"盲人摸象"的评价；另一方面不能透过现象看本质，无法理解教师的良苦用心，把"好"评为"坏"。这些影响学生评价的客观性，使教师对学生参与教师评价的客观性产生怀疑。更有一些教师担忧那些"刺头"学生会借此机会发泄不满，攻击教师，提出不合理的看法。

鉴于以上担忧，学校可以优化学生对老师的评价方法，采取多种途径对老师进行评价。

（1）学生评价教师的形式可采用召开座谈会、问卷调查、个别谈话等方式相结合。

（2）班干部对教师进行评价。

（3）选出有代表性的学生代表对教师进行评价。

（4）通过来信、来访对教师进行评价。

（5）通过发放"学生评价表"对教师进行评价。

3. 同行互评

同行互评，是指由教研室或学校其他的教师同行互相听课、评课。同行评价的优势在于参与评定的教师相互之间比较了解，对本学科的教学目标、意图、内容、方法以及师生的具体情况比较熟悉。因此，做出的评定比较符合实际，同时也有利于教师之间的相互学习、相互交流，提高教师的整体水平。

学校可采用的同行评价的方法是：通过发放"同事评价表"对同事的政治思想、业务水平、工作态度、工作实绩进行评价，如对遵守教学常规情况、课题汇报课质量、小课题研究情况、专题讲座质量、外出学习汇报质量等进行评价。同事评价的目的是发现被评价对象的优点和不足，以便取长补短、互相学习、共同提高，切忌在评价中相互闹矛盾。为了真正做出客观、合理、有价值的评价，避免教师间的摩擦或矛盾，评价结果不宜直接与教师的各种利益和名誉挂钩。

4. 行政评价

教育行政部门的领导、学校的校长及其他行政领导对教师教学的评价是一种自上而下的评价，由于行政领导评价对教师个人的影响比较大，具有较大的权威性。它的实施方式需要灵活多样，可以通过听课、检查教案、检查作业、考试成绩考察、召开师生座谈会等形式，目的是了解教师的教学质量并做出评定。学校行政的评价，一是学校行政通过平时的各项检查、听推门课、听课题研究汇报课、查实举报等工作，收集教师的信息，根据评价体系，对学校的每一位教师做出恰当的评价，作为期末评价量化的依据；二是从中不断发现人才，为优秀教师搭建发展的平台，促进其向更高水平发展；同时对存在一定问题的教师进行帮扶，促进其在原有的基础上有所发展。

5. 家长评价

家长作为学生的父母和教育的投资者之一，自然十分关心学生在校的发展和受到了什么样的教育，同时，促进家校协同也是学校教育的重要职责。因此，家长评价教师，一方面是家长应有的权利；另一方面也是促使家长了解教师，形成家校教育合力的有效途径。

（1）家长代表评价。家长代表评价是指在学生家长中选出有代表性的家长组成家长委员会，由家长委员会收集各位家长对教师的评价意见，进行去伪存真、去粗存精的筛选后，代表家长集体对教师进行评价。

（2）家长评课。学校邀请家长到学校听课，或开设"家长开放日"，请家长对教师的教育教学工作进行评价，主要内容是请家长代表到校听教师的课后，直接对每位教师的课堂教学做出自己的评价。

（3）家长会沟通评价。家长会是家校合作的一种方式，在家长会上诚恳地请家长对教师的教育教学工作进行评价。家长会的方式要灵活多样，不能是单边的教师讲，家长听，听完就散会。家长会应有家长与老师的沟通的环节，学校应该利用好家长会这一机会，通过发放"家长评价表"，及时收集家长对老师的评价与建议。

（4）设立家长信箱、家长沙龙、家长学校等，通过来信、来访、电话、网络、座谈等途径对教师进行评价。

在家长参与教师评价时，事前要做好说明工作，事后要做好查实工作，防止用不实评价影响教师的工作积极性的现象出现。

6. 专家评价

专家评价一般比较侧重对一个学校的教育教学理念的评价，同时也针对教师的教育教学素质进行评价，是学校教师评价中的一种补充方式。通过聘请一些知名的教育专家到学校听课，在此基础上，对教师的教学进行诊断性评价，帮助教师发现问题，提高教学质量。专家评价一般比较客观和专业，往往能开阔教师视野，更准确地对教师的教学做出判断，实践证明，专家评价有助于校内教师形成新的教学风格。

二、思想政治（品德）学科的听课评价

听课、评课是教学研究的有效手段。在传统的教学理念中，教学被认为是传授知识的过程，教学过程往往成为教师传授，学生接受的过程，所关注的是教师的教，从而把教师活动作为听课与评课评价的重点。而且由于听课者既不参与课堂教学、也不直接参与教学内容的学习，通常被认为是与教学不发生直接关系的人员。因而在听课前无充分准备，听课过程中也就无视学生的课堂活动、不重视收集学生课堂反馈信息。这样的听评课，显然有悖课程改革精神，无法起到应有的教学研究的效果。

1. 课前的准备工作

凡事预则立，不预则废。盲目性是效率的大敌，听课也是如此，教师盲目进行听课与有所准备去听课，效果大不一样。教师要想通过听课真正学习点东西，就必须做一个听课的有心人，听课要做好准备工作，听课要做的准备包括心理准备、理论和教学信息准备。

（1）心理准备。

① 态度上的准备。听课者在课堂中要把自己视为不能参与教学活动的"学生"听课。应以学习者的身份来听课，不管听课者在学校里是什么职务，在教室里听课，都应该以与授课教师平等的身份听课，这样才不会给授课教师造成心理压力，也是对授课教师的尊重。

② 情绪上的准备。听课要求听课者不仅要听得懂，听得进，还要做记录，应尽可能排除一切干扰，集中精力听好课。在听课时的五大禁忌行为：高声评论并当场指责；径直上台发表自己的看法；台下相互议论影响课堂秩序；不礼貌的行为（比如迟到、早退、离开教室、接电话等）；听课期间翻阅其他无关书籍或者批改作业等。

（2）理论和教学信息的准备。

① 现代教学理论准备。听课者要掌握一定的教学理论，尽量了解本学科教研现状和常规知识，并熟悉新的教育理念和理论。能用现代教学理论、教育教学规律正确地分析评价讲课教师的教学。思想政治（品德）课堂教学，蕴含着众多的教学规律：教与学、讲与练、主导与主体、学知识与学做人、三维教学目标（知识、能力、情感态度价值观）全面要求与因材施教等。这些教学理论、规律、方法、理念都有可能在课堂教学中引出，在课堂教学中展开，又在课堂教学中实现。

由于大多数教师平时埋头教学工作，对特定的教学理论、学术研究知之不多，因此，需要在参加教研活动之前，想办法去了解和钻研与之相关的学术理论，或向人请教，或者重温自己所积累的资料，这样去听公开课收获更大一些。尤其是教研观摩课，课堂教学中教师看似不经意的一个活动安排、一个话题、一个讨论，都有可能蕴涵着其独到的设计，这需要听课的老师有相关的理论基础，否则可能达不到欣赏、学习的境界。

② 教学信息准备。计划听谁的课，应该事先弄清楚该节课要教什么内容。第一，要了解课程标准对教学内容的要求，包括教学目标、教学重点、难点、教学建议等。第二，要了解与教学内容相关的教学参考书，多掌握与教学内容相关的教学资源。第三，把课本找来预习一下，看看教材是怎样写的，有没有难点、疑点。同时自己设想一下，假如让自己教，准备怎样教，以便听课时有对比。如果听课不做准备，匆忙走进教室，不理解教者的教学意图，不熟悉教材，收获就不会大。第四，还要了解听课班级学生的整体情况，这样使听课和课后的评课更有针对性。

2. 听课的要求

古语云，处处留心皆学问。听课是复杂的脑力劳动，需要听课者多种器官和大脑思维的积极参与。所以听课并非简单的坐在教室，观看授课者教学的过程。它包括聆听、观察、记录、思考等内容与活动。

（1）在听课阶段，听课老师应该集中精力，做到高效率的听课，听课时既要看教，又要看学，还要记录，三者兼顾。

① 耳到。认真聆听师生对话，记录学生的应和语，回答语等。教师语言是否熟练、简练、

清晰、生动、易懂，节奏是否适中，有无启发性，学生是否可以接受等。

② 眼到。观察教师是否准备充分。教态是否自然，仪表是否大方，穿着是否得体，能否较好地运用形态语言。板书设计是否美观、大方、工整、合理、科学。组织教学是否有方，能否正确处理超出备课预设的教学生成问题。

③ 手到。记录教学程序、教学步骤、主要教学内容、板书设计、重难点的指引与突破，以及师生交流的可取细节及交流情况，教师的重点提问，学生的典型发言，教师独特的言行举止，教学方法、手段、教学优点和教学失误等。

④ 心到。边听边思考，及时对讲课教师代表性的语言、独特的教学方法和手段，或是某一方面的不足等进行分析，并在记录中给予评点。对认为是失误的地方，标注自己的看法，并做出比较。

（2）听课的记录。

听课对于听课者来说，是眼、耳、手、心都有严格要求的教学活动过程，除了听之外，做听课笔记也是很关键的环节，它直接影响到听课者的听课质量和后期的评课收获。所以要求听课者掌握一定的听课记录要领。

① 记课的形式主要有以下几种：

第一，简录。简要记录教学步骤、方法、板书等，侧重于评价教学过程。

第二，详录。比较详细记录教学过程，尽量记录下教与学双方的活动，对教学双方活动及效果做适量的教学点评。

第三，课堂活动实录。把教师开始上课，师生活动的全过程，直到下课都记录下来。这种方式最好能借助于摄像工具，否则很难完整再现。

② 记录的内容：

第一，记听课的日期、学校、班级、执教者、学科、课题、课型、节次、听课目的等，这些项目内容是听课的常规记录。

第二，记教学的主要过程。教学环节、教学内容、教学方式与方法、板书过程等。

第三，记录及感悟教者的教学思想、教学理念、教学设计、教学组织艺术、教材处理、改革创新等要点。

第四，记学生在课堂上的活动情况、学习方式、讨论时间、练习时间、读书时间、读书方式、学习态度、情感体验、学习效果等。

第五，记录听课过程中自己的感想，或对具体教学内容、教学环节的简要分析。

③ 记录的要求：

第一，保证记录的准确性。听课要能准确记录，避免记错。使用自己熟悉的速记方法提高记录的效率，而不至于影响听课。

第二，记课本要预留空间。在听课本上留下足够的空间，以便课后整理。把听课本每张纸对折，记录时只使用左半页，右半页则用来记录感悟或进行随评。

第三，记上课的思路和精彩的教学片段。有的老师听课时只顾埋头记录，课听完了，留下密密麻麻的记录，没有及时对教者的教学思路进行整理，精彩教学片断也缺乏点评，课后头脑一片空白。其实，听课要真正用心听，还要仔细揣摩教学意图。所以记课，要边看，边听，边思，边有选择地记录，取其精华，记下有价值的互动过程，吸取好的教法。

第四，记下随堂感想。精彩的听课灵感，往往随着听课过程的深入在某个环节或时刻出现，并非经常有这种感悟。由于这种灵感是在某一情景下出现，当情景不在，自然就难找到这种感觉，所以应该及时记录下来，不要过于依靠头脑记忆。尤其是听到一节好课，往往触发灵感，激活思维，使听者产生联想与想象，所以记课时也要记下当时的感想、感悟与收获。这不仅利于评课、交流，更为自主反思提供鲜活的素材，同时也为日后教学备课积累资料。

第五，及时评价。记课过程中要能及时进行综合评价，写听课反思录。听课笔记中除设有"教学摘录"等常规栏目外，还辟有"随感""简评""评课纪要"等特色栏目。听课不思考等于没有听，如果光看课堂上的表面现象而弄不清教者的设计意图，就进行机械的模仿，可能会带来负面效应。因此，听课时要及时进行综合评价，写听课反思。

3. 课后要思考和整理

"学而不思则罔，思而不学则殆"。教师听完课后不能一听了之，应该及时进行听课思考与整理。应在课堂听课记录的帮助下，对课堂实况进行反复的琢磨、思考。

课后的思考与整理的办法有很多，或翻翻听课记录，或与执教者交谈，或将几节"同课异构"的课作比较。每个教师在教学活动中都有自己独特的教学风格，不同的教师会有不同的教法。听课的老师就要善于进行比较、研究，准确地评价各种教学方法的长处和短处，并结合自己教学实际，吸收他人有益经验，改进自己的教学。

写听课心得体会，心得体会往往能由人及己，要求能认真对待别人上课的成功之处，在分析总结他人的上课时要注意比较、研究，取长补短，并能侧重与自己的不足进行比较，或将他人执教的内容拿到自己班上试教等。

注重学习他人的教学综合素养，在分析别人的教学时，除了教学内容、教学方法、教学效果等项目的分析之外，听课者还要注意分析执教者的教学基本功、教学思想和反映在教学过程中的师德等情况，这种思考对自己也会有很大帮助。

三、思想政治（品德）学科的评课

1. 评课的原则

（1）实事求是原则：评课要实事求是，做到公开、公正、公平。只有公正的评价才能得到教师认同，只有公正的评价才能调动全体教师的工作积极性。

（2）导向性原则：评课以诊断性评价为主，避免终结性评价。评课要体现当前教育发展趋势，体现课程标准所倡导的现代课堂教学理念。以教师发展为本，注重过程、注重发展，既要看教学结果，更要看教学过程，通过过程评价引导教师的改善方向。

（3）自主性原则：教师发展的主体是教师，教师教学具有个体性的特点，只有在尊重教育教学规律基础上，按照自己的兴趣爱好、特长、特点、思维方式去发展才能获得有效发展。评课要尊重差异、尊重特色、尊重创新，充分尊重教师的主体地位。充分发挥教师自我发展、自我评价的自主性和创造性，不断提高教师自我反思、自我完善、自我发展的能力。

（4）鼓励性原则：要注重评课的促进、激励功能，改变以往只注重横向比较的评价方式，要注重教师自身发展的纵向比较，鼓励教师在不同阶段，不同基础的情况下都能不断获取成功的体验，以形成自我发展的动力。

（5）层次性原则：评课要体现层次性，体现提升性。对新教师、合格教师、成熟教师、骨干教师、学科带头人提出不同层次的要求，以使得不同层次教师的专业能力都获得不断发展和提升。

2. 评课的标准

（1）教学目标评价。

教学目标是教学的出发点和归宿，它的正确制定与达成，是衡量一节课的主要尺度。思想政治（品德）课程标准规范了学科教学目标体系，它由知识、能力、情感态度价值观三个维度组成。评课首先从教学目标是否合理出发，然后再从教学目标的达成过程来考量，关键是看教学过程是否紧密地围绕目标，教学手段是否为实现目标服务。

教学目标的评测角度主要有，目标确定是否合理，是否全面，是否明确，是否适度，是否实现。

（2）处理教材评价。

评析老师一节课的好与坏不仅要看教学目标的制定和落实，还要看教者对教材的组织和处理。处理好教学内容，是教好一堂课最重要的工作。教学质量如何，关键是老师能不能有效地传授教学内容。

其一，教材处理要有科学性和教育性。我们在评价教师一节课的教学时，要看教师知识讲授的科学性。科学性是指能正确地讲授原理观点、概念和事实材料知识，对概念、原理表达要准确，观点论证要充分，举例要真实可靠。教育性是要能充分挖掘和运用教材内容的情感、态度与价值观方面的教育因素，既教书又育人。

其二，要注意分析教师教材处理方法和教法选择上是否突出了重点，突破了难点，抓住了关键。

（3）教学过程评价。

教学目标要在教学过程中完成，教学过程评价包括以下几个主要内容：

① 评价教学思路设计。教学思路是教师上课的脉络和主线，它要求对教学内容的处理要有条理，符合学生的思维发展规律。评课，必须注重对教学思路的评析，评价教师的教学思路要注意以下的细节：

第一，看教学思路设计符不符合教学内容实际，符不符合学生实际。

第二，看教学思路的设计是不是有一定的独创性，避免采用学生厌烦的思路。

第三，看教学思路的层次，脉络是不是清晰。

第四，看教师在课堂上教学思路实际应用的效果。

第五，看如何把新知识纳入已有的知识体系中，提高学生理解和综合应用知识的能力。

② 评价课堂结构安排。课堂结构也称为教学环节或步骤，它是指一节课的教学过程各部分的确立，以及它们之间的联系、顺序和时间分配。通常一节好课是结构严谨、环环相扣，过渡自然，时间分配合理，密度适中，高效率的。具体体现在以下几个方面：

第一，计算教学环节的时间分配，看教学环节时间分配和衔接是否恰当。

第二，计算教师活动与学生活动时间分配。

第三，计算学生的个人活动时间与学生集体活动时间的分配。

第四，计算优中差不同类别学生的活动时间。

第五，计算老师与学生教学过程中的无效教学时间。

（4）从教学方法和手段上分析。

评析教师教学方法、教学手段的选择和运用是评课的又一重要内容。教学过程不是教师孤立的单一活动过程，还包括学生在教师指导下学的过程，是教的方法与学的方法的统一。评析教学方法与手段包括以下几个主要内容。

① 因材施教，优选活用。

教学有法，教无定法，贵在得法。教学是一项复杂多因的系统工程，不可能有一种固定不变的万能方法。一种好的教学方法总是相对而言的，它因内容、学生以及教师自身特点而不同。

② 看教学方法的多样化。评课既看教师是否能够根据实际恰当地选择教学方法，同时还要看教师能否在教学方法多样性上下一番功夫，教学活动的复杂性决定了教学方法的多样性。能灵活运用多种教学方法的老师，往往能使课堂教学超凡脱俗，常教常新，富有艺术性。

③ 看教学方法与手段的改革与创新。评析教师的教学方法既要评常规，还要看改革与创新。尤其是评析一些素质好的骨干教师的课，既要看课堂上的思维训练的设计，更要看创新能力的培养；既要看新的课堂教学模式的构建，又要看教学艺术风格的价值等。

评价教学方法与手段，还要看现代教学手段的运用能力。信息技术为教师提供了更先进的知识传播媒介，为教师传授知识、学生学好、用好知识提供了坚实的技术保障，现代信息技术已成为教师教学的工具，学生学习的工具。

（5）教学基本功评价。教学基本功是教师上好课的一个重要方面，所以评课还要看教师的教学基本功。通常，教师的教学基本功包括以下几个方面的内容。

① 板书要美观。首先，板书设计要科学合理，充分利用黑板。其次，条理性强，字迹工整美观，板画娴熟。

② 教态要自然。教师课堂上的教态应该是精神饱满、庄重而富有感染力；仪表应该是端庄，不花哨；举止从容，举手投足与教学内容、教学情景相匹配；态度热情，师生情感交融在一起。

③ 语言要流畅。教学也是一种语言的艺术，教师的语言关系到一节课的效果。首先，语言要准确清楚，精确简练，有启发性；其次，教学语言的语调要高低适宜，抑扬顿挫，富于变化；再次，语速快慢适度，音量适中。

④ 操作要熟练：看教师运用教具（如多媒体、投影仪）的熟练程度。

（6）教学效果评价。

课堂教学效果是评价课堂教学的重要依据。课堂效果评价包括以下几个方面：

① 教学效率是否高，学生听、看、想、讲、做等学习要素是否结合得好，能做到动静结合。

② 学生受益面是否大，是否有效实行了因材施教，不同程度的学生在原有基础上是否都有收获。

③ 是否有效利用教学时间，当堂问题是否当堂解决，减轻学生的学习负担。课堂效果的评析可以借助于测试手段。即上完课，评课者出题对学生的知识掌握情况当场测试，而后通过统计分析来对课堂效果做出评价。

总之，课堂评价直接影响新课程改革的进程，只有全面、客观、公正的评价，才能保持教师的课改积极性，正确引导课改走向深入。

第四节　考　试

考试是检查教学质量的一种手段，是教育测量的工具之一，是教学评价的一种主要方式，也是教学系统的重要组成部分。由于与考试相关的内容包括复习、命题、考试、考后分析等，为了便于掌握与考试有关的教学内容，特把考试作为单独章节。

一、思想政治（品德）课的复习

1. 复习的意义

（1）复习可以巩固和深化知识。

复习的功能之一就是把遗忘或将要遗忘的知识记起来，加深印象和理解，以使其在脑海中存留的时间更长一些，并在此基础上有所拓展。所以，复习可以巩固知识，克服遗忘，拓展应用。

课堂上教师讲的知识，对于学生来说不是学完之后就能理解和记住的。复习则是一个克服遗忘、强化理解的过程。复习得越及时，越系统，学习的知识就越容易巩固。

复习也是重新学习，让学生能够准确熟练地掌握书本的基础知识，把学过的知识系统化，使这些知识在学生头脑中竖成串，横成链，形成知识网络。教师在课堂上传授的知识，由于受到时间和课节的限制，显得较为零散，散落在各节课的内容之中，显得有点杂乱。学生复习时，可以把平时学到的零散的知识系统化、完整化，所以复习既是一个巩固知识的过程，也是一个认识深化的过程。

（2）复习能够做到查漏补缺。

通过对知识的整理，能发现教师平时没有讲明白的地方或在哪个地方出现疏漏，弥补教师在教学中的遗漏或不足，使教学的薄弱环节得到加强。

（3）复习也能提高对知识的运用能力。

通过复习，使学生在系统深入掌握知识的同时，进一步提高思维能力，并能灵活运用知识，提高分析和解决问题的能力。

（4）复习能培养良好的学习习惯。

通过复习，进一步培养学生的自学能力，培养独立思考的学习习惯。通过复习把知识完整化、系统化，本身就是一个学习能力提升的过程，也是一个养成自我检查的良好学习习惯的过程。

2. 复习的形式

（1）随堂复习。

思想政治（品德）课程所讲述的主要内容由一些基本概念、基本原理、基本问题所构成，这一特点决定了学生在学习这些内容时就必须进行大量的记忆，需要学生同遗忘做斗争。同遗忘做斗争的最好方法是加强平时随堂复习，包括学习新课前对旧知识的复习和每堂课的当堂练习。

（2）经常性复习。

所谓经常性的复习，也就是要进行多次反复的复习，或者说进行重复性复习。学生及时利用自习课、练习课进行课后复习。与在教师的引导下被动复习相比，课后的经常性复习则是学生的自主行为，效果更好。经常性复习主要包括：经常阅读所学过的教材内容，经常查看听课笔记，经常做课后练习题，经常用原理解决实际问题，经常思考和质疑一些问题等。

（3）单元复习。

单元复习，也称阶段性复习。单元复习主要是以单元知识为基础，在一个单元的新课学完以后，教师要组织和指导学生进行单元集中复习。单元复习是局部复习，思想政治（品德）课每一单元是一个知识主题，单元复习的目的是把分散在几节课的，同一主题的内容串起来，便于学生系统掌握。如果这种复习是在课堂上进行，教师则可通过讲解式、谈话式、图解式的方式带领学生进行复习。

（4）总复习。

总复习是在学期或课程学习结束时进行的系统而完整的复习。它具有复习的时间长、任务重、要求高的特点，因此要有较周密的计划。在复习中，教师要指导学生制定好复习计划，要按计划和课程标准的要求进行复习。复习要针对学生在平时学习中所存在的问题，尤其是在上课时和阶段性复习中所没有解决的问题。从复习的内容来说，既要注意基础知识的复习，又要注意对知识运用能力的提高。

3. 选拔性考试前的总复习

中学思想政治（品德）课的选拔性考试，主要是升学考试。包括初中升高中、高中升大学两种，也简称中考、高考。在考试之前都面临着一个总复习，即对这一阶段中几年的学习内容进行总的复习，以迎接考试。

总复习的效果会影响到升学，所以往往是学校、家长、学生各方都很重视的复习形式。为了保证复习的有序推进，总复习要有科学的计划；对复习范围和难度必须准确估计；正确掌握学生对各部分内容的复习进度，合理安排复习时间。

总复习一般分三个阶段进行，三阶段复习法把总复习时间大致分为三段，每段时间里的复习目的各有侧重，时间长短也各不相同。第一阶段复习主要目的是基础能力过关；第二阶段复习主要目的是综合能力突破；第三阶段复习主要目的是应用能力提高。

（1）第一阶段复习。

基础知识的复习是第一阶段复习的目标，升学考试大部分试题内容反映的是基础知识，考查学生对基础知识的掌握程度，所以应当重视基础知识的复习，全面复习所有的教学内容。

全面复习要求全面阅读教材，查漏补缺，彻底扫除知识结构中的障碍。无论平时多么熟悉课本，都不能省略全面阅读教材这一环节，全面阅读教材能达到以下目的。

① 实现知识系统化。以前的知识往往是零碎的不成系统的，全盘的通读有助于整体掌握知识，全盘的通读也可以找出一些以前被忽视的环节或死角。在全盘通读基础之上，对学科知识进行梳理和归纳，使知识系统化。

② 加深知识的理解。懂得的东西未必理解得深刻，带着疑问去通读，有助于深刻领会课本内容。同时通过练习训练，查出所有理解上的障碍，为全面而准确地记忆打下可靠的基础。一般而言，考生的复习障碍主要有概念不清、原理模糊等等，这些都是理解的障碍，同时也是记忆的障碍，考试时，往往使储存在大脑中的知识难以提取出来。通过全盘的通读，才能对信息进行记忆编码，分类梳理出知识点，才能明白各单元、各学段知识的内在联系，形成系统知识网络结构。复习完一个章节，在不看课本只看笔记的情况下，把课本中的知识点一个个回忆一遍。遇到记不起来的地方或理解得不是很透彻的地方，再翻开课本查阅，这样就

会加深印象和巩固记忆。

（2）第二阶段复习。

第二阶段复习要抓住"两线两点"开展，提升学生的能力。两线是指纵向知识线索和横向知识线索；两点是指重点与难点。

① 纵横两线交叉复习。纵向复习分两步，先复习知识结构，后复习知识要点。掌握知识结构，能使知识系统化，也能提高对知识的理解与运用的能力。复习知识要点，是按课节顺序把各节课的知识要点都复习到，避免遗漏，这既是第一阶段也是第二阶段复习的目的要求。

第二阶段复习侧重横向复习，这一复习思路的要求比第一阶段的纵向复习要难，要求不按课节顺序复习，而是从横向角度，把一些有联系的概念、原理、观点和事实材料进行跨课、跨单元、跨年级的联系、比较。

② 加强重点、难点的复习。考试重点是指使用次数频繁、应用价值高又属于基础知识的那部分内容，它们往往是课程标准中要求熟练掌握的知识，也是知识网络横向与纵向的交叉点，是每考必现的知识。

考试难点，一般分两种类型。一是普遍性难点。知识本身难理解，是知识自身的，是一般性的、大家共有的。普遍性难点往往是指概念比较抽象，易与其他概念相混，运用时易发生错误，能力的要求比较高、比较综合的知识。另一类是个性难点。相对于考生个人的，是个体性的、因人而异的。个体性的难点是由个体思维方法的差异、理解能力的不同以及个体知识中的缺陷与漏洞导致的，这些难点老师一般不会仔细讲，但它们又往往是考生在复习过程中的拦路虎，给考生造成很大障碍。因此，每个考生一定要把自己学习上的难点找出来，予以特别重视。

第二阶段复习的目标是在彻底掌握基本知识之上的重点、难点知识的理解与应用。对每一个主题的知识结构及知识点都要清楚，把握知识结构内部之间的联系，尤其要做到重点落实，难点突破。本阶段考生还应注意提高自己的解题能力，解题时，先从显性知识点切入，挖掘出隐含知识点，构成已知条件，并由此为向导，从大脑中搜索出未知知识点，从而得出正确答案。经过解题复习，提高记忆率，同时通过解题训练，也提升实战能力。

（3）第三阶段复习。

① 注意与考试联系起来。第三阶段也是平常所说的冲刺阶段，这段时间的复习效果的好坏很大程度上决定着升学考试的成败。此阶段复习是三阶段复习法中最关键的一个阶段。考生的脑子里不但有了知识的框架脉络，而且对于考试试卷的结构、题型也应该有了较深层次的把握。

② 注意专题复习。第三阶段复习还要注意专题复习，有意识地针对自己掌握不好的专题进行训练，检验复习效果，不断巩固落实掌握得不好的内容。考生用尝试回忆记忆法把前两阶段复习过的内容按专题回忆出来，强化记忆。回忆一旦进行不下去，就要立即看书或笔记，接续回忆线索。在回忆的基础上，自选模拟试题，严格按考场要求进行自考，巩固记忆效果，及时进入考试状态。

③ 注意理论联系实际。第三阶段侧重理论联系实际复习，首先掌握国内外时事政治的最新情况，其次进行理论回顾，最后进行理论联系实际问题的答题训练。每个阶段的复习都要精选练习题，既注重夯实基础又注重理论联系实际能力的培养。

三个阶段复习各有侧重点，但并不意味着这三个阶段复习是互相独立的。在考生复习的过程中，巩固基础、落实重点、突破难点和综合应用是相互渗透、相互掺杂的，但又各有偏重。第一阶段侧重基础知识复习。纵横交叉复习基础知识，加强对重点难点问题的复习。第二阶段侧重能力复习，锻炼学生认识分析问题、解答问题的能力和应变能力。第三阶段侧重模拟考试，理论联系实际复习。

二、思想政治（品德）学科的考试

1. 思想政治（品德）学科考试评价的理念

考试改革与评价改革相辅相成，由于新课程评价倡导发展性评价，考试改革无论从其功能和价值上，还是考试内容与考试方式，以及对考试结果的处理方面，也都体现着相同的评价理念。

（1）在考试内容方面。

考试的内容体现了新的人才观和教育观。新的课程标准凸显学科内容按照生活逻辑建构，强调思想政治（品德）学科教学要贴近学生、贴近生活、贴近实际，重视学生分析问题、解决问题的能力和情感态度价值观的培养。因此，思想政治（品德）课的考试命题要依据课程标准，考试必然转向关注学生生活，注重对学生素质的全面考查；关注学生实践动手能力和创新思维的发展，淡化记忆性内容为主的考试；不仅关注知识，而且关注学生的情感、态度、价值观；既要重视学生解决问题的结论，也重视得出结论的过程，以考查学生的思维能力和思维方式；要避免只用终结性的、知识性的考试来对学生的学习及思想状况做出评价。

（2）在考试方式方面。

综合应用多种方法，打破唯纸笔测验的传统做法。考试的实施方式灵活多样，有开卷考试，也有闭卷考试；有纸笔考试，也有口头考试。成绩评定的依据也多样化，如辩论、课题研究、情景测验等，纸笔测验只是考试的一种方式。

① 口试。思想政治（品德）课的考试，除了笔试，还可以采用口试。口试要求当场对问题做出口头回答，并根据其回答问题的情况做出相应评定。口试能考查学生分析和解决问题的能力，且简便易行，适用范围广，因此在思想政治（品德）考试评价中得到一定程度的运用。但口试容量小，耗时较多，且易受各种主观因素和环境的影响，有时不能有效反映学生实际水平。

② 开卷考试。考试形式除了闭卷考试，也可采用开卷考试。思想政治（品德）课开卷考试命题符合本学科的特点，能很好地解决理论联系实际问题。它具有以下的特点：

第一，在考试方式上突破了封闭的应试教育考试模式，有利于转变学生的被动式学习为主动性学习。改变学生学习方法，提高学生学习兴趣，提高了思想政治（品德）课教学的实效性。

第二，开卷考试的命题注重考查学生对所学内容的理解、接受程度和运用水平，考试可查阅教材，有利于促进课堂教学改革，使教学更注重理论联系实际，给思想政治（品德）课教学以良好的导向，为培养学生创新精神提供了优越的环境，有利于发挥思想政治（品德）课德育主渠道的作用。

第三，有利于减轻学生学习负担，学生在平时学习中不必死记硬背一些概念和原理，自觉地把精力放在理解和运用能力的培养上，有利于知识、能力、情感态度价值观三维教学目标的全面落实与考核。

（3）在考试结果处理方面。

① 发挥考试诊断性功能。注重考试结果的运用，进行积极的评价反馈。考试和其他评价方法一样，是为了促进学生的发展，因此，对考试的结果应加强分析指导，重在为学生提供

建设性的改进意见，而不应成为给学生"施压"的手段。如对学生考试结果进行具体的分析指导，进行纵向与横向比较，看到进步和不足；分析考试中出现的问题以利下一步改进；考试反馈以激励为主，考试成绩的反馈方式灵活多样。

②　突出考试的发展性功能。思想政治（品德）学科的考试要将最终考试结果与过程性评价相结合，促使学生在思想政治（品德）课的学习中实现情感态度与价值观的发展，学会学习，学会做人、做事，为全面发展奠定基础。

2．思想政治（品德）课考试的类型

思想政治课考试按考试目的，可划分为达标性考试、诊断性考试和选拔性考试。

（1）达标性考试。

达标考试以一定标准判定考生是否合格，考试的目的是检查考生是否达到规定标准。思想政治（品德）学科的达标考试侧重基础性，重视的是基础知识与基本能力、基本情感、态度与价值观的考查，参考依据是课程标准。达标性考试的试题杜绝出现偏题、怪题的现象，突出的是基础。考试通过的比例高，如初中和高中阶段的毕业考试或结业考试。

（2）诊断性考试。

诊断性考试主要是用来检查学生在学习中存在的问题及发现原因。偏重于发现学生在学习上的困难所在，它可以诊断学生在学习上存在什么问题，比如学习方法、学习态度、基础知识、基本技能等，如果考生过度纠缠在考试的分数上就显得很不理智，应将重点放在寻找成绩背后的原因上，如单元测验、模拟考试等。

（3）选拔性考试。

选拔性考试是以选拔合格或优秀人才为目的的考试。通常以闭卷考试方式进行，把考生的成绩排名，按照选拔标准选择特定排名区间或分数段的考生。这类考试由于只取优胜者，所以考试不仅考查现有基础知识，还包括能够预测考生是否具备未来在某方面成功的可能性的知识。为了从众多人中选出适合人才，试题有一定的区分度，一般越优秀的人得分越高。如中考、高考及招聘考试等。

三、思想政治（品德）学科的考试命题概述

考试是思想政治（品德）学科教学评价的常用手段，它对教育教学具有很强的导向作用和促进作用。一场科学、合理、鼓励创新的考试，有利于提高思想政治（品德）课教育教学质量，促进学生创新能力的培养；而不科学、不合理、束缚学生思想的考试，则会抑制学生兴趣爱好和个性特长的发展，甚至使学生的身心健康受到损害。因此，如何科学进行思想政治（品德）学科考试，关键在命题。一份优秀的思想政治（品德）学科试卷有两个显著特点：一是通过试卷能较客观公正地评价出学生对书本知识的掌握情况；二是通过试卷能较准确地检测出学生对问题的思考能力及认识水平。

1．命题的指导思想

思想政治（品德）学科考试命题，应充分体现新课程的理念，反映思想政治（品德）学科新课程标准的要求，做到联系社会实际，贴近学生生活，富有时代气息。

命题应坚持知识考查、能力考查与情感态度价值观考查的有机统一，注重考查考生对思想政治（品德）学科基础知识和基本技能的掌握，考查考生初步运用马克思主义的立场、观

点和方法分析解决实际问题的能力，考查考生对现阶段党和国家的基本路线和重大方针政策的掌握与理解，引导考生关注现实生活和社会发展。

中学各个阶段不同考试的命题，应体现不同的考试性质，根据需要控制区分度和难度；结合教育教学实际情况进行命题，反映学科德育功能。

2．命题的依据

命题的依据是课程标准与教材。《义务教育思想品德课程标准（2011 年版）》《普通高中思想政治课程标准（实验）》对教学评价提出了具体要求。命题要体现新课程改革所倡导的贴近生活、贴近学生、贴近实际的"三贴近"原则，并落实思想政治课的三维目标：知识目标、能力目标、情感态度与价值观目标。

3．命题原则

试题虽然种类繁多，特点各异，编制的具体要求和技巧也不尽相同，但是，在编制试题的过程中，都应遵循下列基本原则。

（1）科学性原则。试题必须保证内容的正确性，避免出现政治性、知识性、技术性等方面的纰漏，试题以学生熟悉的教材内容和生活背景为载体，不能与所学的概念、原理、观点相悖，否则将有碍于考生正确概念的形成，不利于对有关原理和规律的掌握和理解。

（2）导向性原则。正确发挥考试的导向功能，大力推进新课程的实施，体现新课程标准的基本理念，为教学工作与新课程的顺利实施做引导，有利于指导、规范日常教学工作，促进教师积极进行课堂教学的改革。

（3）全面性原则。试题应对中学生所具备的基本文化素质和能力进行较全面的考查，试题的形式和内容必须符合测试目的，全面落实新课程的三维目标，力求从三个维度对考生进行考查。

（4）合理性原则。在编制试题的同时，题目语意清楚，文句简明扼要，避免使用复杂字词，而且要求答案明确合理，不致引起争议。在分数的分配、评分的标准方面务求科学合理，对主观性试题要分步定分，对客观性试题中的多项选择题，可以根据选对的多少酌情给分，而不是为了改卷方便，一个选项错误就扣完分数。

4．命题工作的基本要求

（1）正确把握命题范围。严格按照课程标准、考试说明规定中的考试内容和考核要求设计命题细目表（参考表 6-1：反映题型与难度、测验内容之间关系的双向细目表），编制命题。细目表中要体现各命题单元在一份试卷中所占的分值和比例，重点内容部分在整个试卷中所占分值的比重可以大些。考试内容覆盖面，试卷长度，试题分量适当。

（2）确定合理的题型比例。对照命题细目表规定的题型、难度、认识层次以及考核内容的权重比例组拼试卷。如选择题和非选择题的检测功能不同，各有优缺点，且互为补充，组拼试卷时应充分发挥各类题型的优点，弥补各自的缺陷，实现考试内容和形式的有机统一。

（3）试题应结合课程要求，考查基本理论、基本知识和基本能力，反映时代气息，联系社会热点，注重对考生理论联系实际，分析问题和解决问题等应用能力的考核。

（4）试题难度适当，确定恰当的难易比例，并且分布合理，充分发挥考试的检查、促进或选拔功能。编排试题时，容易的题目排在前面，越难的题目越往后排。同一种题型中的试题编排应体现由易到难的原则，这样对引导考生努力答完全部试题有积极意义。

（5）试题不应出现政治性、科学性和技术性的错误，试卷中不应该出现偏题、怪题以及尚未有定论的内容。

（6）题意应完整、明确、精练、易于理解、不生歧义。试题是一种书面表达形式，具有指令性，因此它的每个名词的使用都要精确，文字和标点要规范，这样才不至于产生歧义。

（7）题型的选用应适合思想政治（品德）课程的特点，各种题型的命制应符合该类题型的编制要求。利用不同题型测试考生的多种能力（如识记、理解、分析、评价、综合、观察、创新、迁移和解决实际问题等）和学习潜能。

（8）同一份试卷中的试题之间应相互独立，不应相互牵连、启发或前后提示，避免给学生提供答案线索。

（9）试题、试卷、参考答案与评分标准等的格式应符合规范。参考答案科学无误，评分标准合理，便于操作，避免过繁或过简。

5．考试命题的一般步骤

为了保证考试命题的质量，科学地拼配一份试题，一般须经过以下步骤：

（1）确定考试目的。试卷的编制要有明确的目的，要明确考试的性质，是达标性考试、诊断性考试还是选拔性考试。不同性质的考试，命题的内容范围、难易度、区分度的要求是不一样的。

（2）根据考试性质编制考试纲要。考试纲要对考试的有关内容和事项作出一些原则性的规定，它是一个命题与考试的总体方案，主要包括考试的内容、范围、题型、题量、试卷结构、时限等。

（3）选定考试内容。根据考试涉及的各部分内容和教学目标的相对重要性，确定各部分在考试内容上所占的比例。一般情况下，教材内容中的重点部分占的比例稍微要高；教学内容中占教学时数比较多的部分占的比例也稍微要高；对往后学习影响大的，并且具有较大保留和迁移价值的内容占的比例也会大些。

（4）编制命题双向细目表。双向细目表旨在使试题的编制更有章可循，有据可查。它是编制试题的具体依据。一般而言，双向细目表包含三个要素：考查内容，如课程标准中规定某个单元知识；考查目标，如课程标准规定的某个知识点的认知要求；考查内容和考查目标的比例权重。具体参见表 6-1：反映题型与难度、测验内容之间关系的双向细目表。

表 6-1　反映题型与难度、测验内容之间关系的双向细目表

题型		题量	分数分布		难易度			覆盖面				合计
客观题	主观题		每小题分数	每大题总分	易	中	难	第一单元	第二单元	第三单元	……	
选择题												
	填空题											
	简答题											
	论述题											
	……											
	计算题											
合计			100 分									

（5）编拟题目、拼配试卷。命题教师根据不同题型的要求编制题目。题目编制好后，应加以适当编排，组合成一套试卷。拼配试卷，要具有宏观意识，把握好试卷的整体结构，注重题目由易到难的编排顺序，尤其要注意避免前后题目的暗示。

四、各类试题的编制要求

1. 客观题的编制

客观性试题就是答案事先确定的，一般不会产生异议，评分不受主观影响的试题。客观性试题答案明确、回答简便，在限定的测验时间内可以包含足够的试题数量，保证知识覆盖面。客观性试题评卷简单，可利用计算机评阅试卷，节省人力物力。

客观性试题受到受测者阅读能力影响，而且难以排除对试题的猜测。如果测验只用或绝大多数时候只采用这种试题形式，就有可能影响平时的教学，压抑师生的创造性思维，鼓励学生单纯记忆等。客观性试题适合测量记忆、领会、应用、分析几个层次的目标。试题的种类主要有填空题、判断题、选择题等。

（1）填空题的编制。

填空题属于再现型客观试题，适用于考查学生对知识的再现能力，偏重记忆与推理。填空题的特点是编制简单，但只能测量一些零碎的知识点，其编制要求是：填空题的"空格"部分需要填写的应是有考查意义的关键性内容或字眼；试题叙述应该简洁、清楚，填上正确答案后句意才完整；填空题中每道小题的空格数应该统一，且一般不超过2个；空格不宜太零散，以免由于句子或段落结构上的支离破碎而引起歧义，使考生难于做答；正确答案应明确、唯一且无争议，字数不能太多；填空题的空格部分统一用下划线表示，长度应能满足答题需要。

（2）判断题的编制。

判断题是一种以选择对或错来回答问题的题型，题目是一个容易引起歧义的句子，要求应试者判断对或错，并在句子后面的括号内打上"√"或"×"。判断题只有两种答案，对或者错，似乎很容易，但很多判断题看上去似是而非，常使一些考生感到捉摸不定。

判断题的命题通常是一些比较重要的或有意义的概念、事实、原理或结论。其编制要求是：每题只能包括一个重要概念，并做到措词准确，答案唯一；对与错的题数要有适当比例，而且应采用随机不规则的方法排列。

（3）选择题的编制。

选择题是各类客观性试题中最灵活、最有效、使用最广泛的一种题型，是客观题的主要形式。选择题无论在题量还是在分量上，都占相当大的比重，可适用于各种不同层次学习目标的测量

选择题的结构一般由指令性语言、题干和题肢（即选项）构成。指令性语言写在总题号的后面，它对选择题的选择要求、评分标准进行表述。每一道选择题都由题干和题肢两部分构成。题干是对应试者提出问题，选择题的题干可以是疑问句或不完全陈述句，应试者做答时，则需依据题干提出的问题，从备选答案中选出自己认为符合题干要求的正确答案。选项即题肢，一般都有4~5个选项，其中有一个或一个以上的答案是正确的，其余的是起干扰作用的选项。

① 选择题的形式大体上可以分为三类，即单项选择题、多项选择题、不定项选择题。单项选择题的答案不但有正误之分，而且有优劣之别；多项选择题和不定项选择题的答案只有正误之分，没有优劣之别。但无论单项选择题还是多项选择题，都有可能产生猜答现象。

② 选择题的编制要注意以下要求：题干要明确、表述要清楚，并以一个确定的问题予以呈现，尽量不使用否定式的题干。正确题肢要有隐蔽性，错误题肢要有迷惑性，而且每个选项都能独立回答问题；题肢（选项）的数量要适中，一般不少于 4 个，而且正确选项的位置要随机排列；每个问题的内容应源于教材，但文字又不能照抄教材，以避免学生死记硬背；尽量把各选项中共同的字句放在题干中，使选择项尽可能短；题干应该在准确表达问题的前提下，尽可能简洁，减少阅读的干扰，提高题目的效能。

2．主观题的编制

主观题能更好地考查学生对教学内容掌握的具体情况或个性化的理解，是答案表述不唯一，评分易受主观影响的试题。

（1）主观题的特点。

① 可以测试学生对理论知识掌握的深度与广度。通过这类试题的考试，可以全面了解学生对思想政治（品德）课的某一主题内容的理解和掌握的程度，可以测试学生精确地回忆所学内容，灵活地组织材料，清楚地表达问题，深刻地了解问题实质的能力。这类考题常被称为发挥性题目，使考生有机会表现自己准备的程度和对某项知识理解的深度和广度。

② 主观性试题适合于测量较高层次的认知目标，尤其适合测量综合、评价两个层次的认知目标。它能够考查学生的理解和表达能力，如组织知识、整理论据、构思、评价和表达观念等能力。此类试题编制容易，省时、省力，还可鼓励学生对所学知识加以独立思考，表达自己观点，有利于培养和评价学生创造性思维，还可间接了解学生的情感态度价值观等情意性倾向。

③ 主观性试题没有固定明确的答案，评分易受评卷人的主观因素影响；试题的回答耗时较多；在限定时间内，题量少，因而知识的覆盖面小，内容样本缺乏代表性；主观题也容易造成学生以模棱两可的叙述掩盖其知识缺陷，让评阅教师陷入误判，导致成绩失真。

④ 考试成绩可能受学生书写和写作能力的影响。思维能力和语言表达能力强的考生容易得高分，相反，则容易被压分。

（2）主观题的形式。

主观题可采用的形式很多，但常用的是两类，即简答题和论述题。

① 简答题。简答题是主观性试题中的小题，主要用于测量学生对知识的记忆和理解程度，答案也比较简单的主观性试题。它有以下特点：简答题命题容易，适合于考查基本概念和基本原理；简答题由于需要考生自己提供答案，考生若不具备完整的知识，是无法答对简答题的；答案一般比较具体、简短； 简答题答案多样化，评分的主观性比较强，不能用计算机阅卷评分，耗费的人力和时间较多，而且无法测量复杂的学习结果。

② 论述题。论述题是主观性试题中的主要形式，主要用于测量学生对所学知识的综合运用能力。论述题适用于考查高层次目标的认知水平，如选择材料、组织材料，分析、综合与评价等综合运用知识解决问题的能力。由于是建构反应，自由地作答，论述题还有利于学生

发挥其主动性和创造性。在论述题编制过程中，需要注意的事项主要有：让考生清楚、准确地了解题目的要求，避免答错题；题目要具有启发性，尽量利用最新、最典型的材料；清楚地向学生描述要完成的任务，即向学生说明答案的展开程度，让学生清楚知道命题者的意图；命题者要事先通过打腹稿或实际写作的方式来评判题目的质量，尽可能对学生的答案有所预设，进而优化题目的叙述或陈述。

五、思想政治（品德）学科的试卷分析

试卷分析是根据考试的卷面结果所反馈的大量信息，通过数据收集与处理，进行知识掌握、能力培养等一系列教学效果分析，得出定量或定性结果的教学反馈环节。

1. 试卷分析的特点

（1）试卷分析是一种教学反思行为。

试卷分析是教师应该掌握的一项教学技能，是教学反馈的重要环节，是教师进行教学反思的重要技术手段，是为教师进行教学调控提供建议的重要参考依据，简单地说，教学分析就是给教师自己看的教学反思过程。

（2）试卷分析以数据分析为依据。

试卷分析的重要功能是发现及改进问题。通过分析能了解学生对哪些知识点的掌握还不到位，学习效果与教师的预期之间的差距等情况。根据发现的问题，分析产生的原因，寻找解决的办法，由此调整教学策略，改进教学方法，提高教学质量。因此，试卷分析的一大特点就是用数据说话，而不是凭感觉下结论。需要用科学的手段进行试卷分析：收集数据、激活数据，反思教学过程，找到问题的答案。

（3）试卷分析不能等同于教学评讲。

试卷分析涉及的内容有：考试的目的、考试的知识范围、知识点的分布、重难点、考试的题型、考试的分值、考试的难易度、学生得分失分情况的大体分析。有的教师把试卷分析等同于教学讲评，这种理解是不正确的，试卷讲评是根据试卷分析的结果，面向学生进行的、着重于反馈与更正的一种教学行为，即针对学生的过程。而试卷分析的直接目的是帮助老师反思教学，发现问题，有针对性地改善教学。

2. 试卷分析的内容

（1）考试内容的覆盖面，各部分分值权重合理性分析。

分析考试内容的覆盖面是否适当，各部分内容权重是否合理，既要做到能覆盖全部教学内容，又突出对重点内容的考查。

① 检查试卷是否全面地考查了学习内容，如果试题覆盖不全面，则难以判断学生的真实学习水平与复习真实情况。

② 全面检查不同成绩段的学生掌握学习方法与应试方法（和各种类型题目的解题思路与方法）的情况。这是考试分析比较复杂的一项内容，不同成绩段的学生考试失分的原因是不同的，有智力因素与非智力因素。分析到位，对提高学生学习效果有很大的帮助。

（2）分析试题是否符合课程标准要求。

课程目标和教学目标包括知识、能力和情感态度价值观三方面，在试题中是否考查了学生在这几个方面的形成发展情况，并且这几方面内容在试题中的比例是否适当。

（3）分析试题有无违背命题原则的问题。

主要是分析试题的思想性、科学性、政治性、规范性，试题有无科学性错误；题意表述有无不严密的地方；试题内容的现实性、针对性、教育性如何；试题内容有无超出学生学业水平的情况等。

（4）分析学生答卷情况。

① 统计考试平均分、及格率、优秀率。在各项数据统计中，应当重视分析平均分情况，因为教学主要是面向全体学生，全体学生的整体水平往往用平均分来衡量，平均分是衡量一个班级、一个学校教学情况的主要指标。不及格率情况也应该引起足够重视，不及格的学生，往往需要教师去了解原因，是补差或个别辅导的重点对象。

② 统计各类题型和各小题分别得分率情况。通过分析以上两项试题得分率，可以了解学生在识记、理解、运用知识方面的情况。这能反映出教学过程中存在的缺陷。哪个类型题目失分多，说明学生在答题方法以及相应的内容储备方面存在问题。

（5）分析考试技术和心理问题。考试技术和心理问题分析，能帮助学生找到非智力方面的考试障碍。通过对考生成绩的分析，找出考生因本身心理素质差和考试经验不足而引起的误差。如，有的考生平时成绩很好，由于不仔细，答题马虎而失分；有的学生，由于考试经验不足，遇到变形题不知如何答；有的考生揪住难题不放，影响了整体答题时间的安排；有的考生由于情绪紧张而没有考出真实成绩等。

（6）试题难度与难度系数分析。

难度指应试者解答试题的难易程度，通常来说这个题目难度大，就是指该题比较难。难度一般用难度系数来表述，难度系数反映试题的难易程度，即考生在一份试卷中的失分程度。难度系数的计算公式为：

L=1 – X/W。（L 为难度系数，X 为样本平均失分，W 为试卷总分）。如满分 150 分的试题，考生平均得分 108 分，平均失分 42 分，则难度系数为：1 – 42/150 = 0.72。

难度系数是 0～1 之间的量值，难度系数越大，说明题目难度越小。难度系数一般分整卷难度系数和单题难度系数。不同性质的考试，难度系数会有不同的要求。

（7）试卷的区分度分析。

区分度是指试题对不同知识和能力水平考生的鉴别程度。试卷区分度反映试题区分不同水平考试者的程度，即考出学生的不同水平，把优秀、良好、中等、差四个层次的学生真正区分开。如果某一分数区间学生相对集中，高分太多或不及格太多的考试，区分度则低。整个试题的区分度计算公式为：

D = 2（XH – XL）/W。其中 D 为试卷区分度，XH 一般定为 27%高分组平均分，XL 一般定为 27%低分组平均分，W 为试卷总分。一般也将全体考生总分从高到低排列，将总分最高的 27%的考生定为高分组，总分最低的 27%考生定为低分组，再分别计算各组的平均分。

区分度一般在 – 1～+1 之间，值越大区分度越好。试题的区分度在 0.4 以上表明此题的区分度很好，0.3～0.39 表明此题的区分度较好，0.2～0.29 表明此题的区分度不太好，需要调整，0.19 以下表明此题的区分度差，需要淘汰。

第七章　思想政治（品德）课的课程资源

课程资源是新课程改革中的一个重要概念，在国家颁布的各学科课程标准中都有课程资源的开发与利用的相关内容。课程资源对思想政治（品德）课程建设和课程教学有重大影响，强化课程资源意识，提高对课程资源的认识水平，因地制宜地开发和利用各种课程资源，更好地实现课程改革的目标，是每一位中学思想政治（品德）课教师必须面对的一个十分重要的课题。

第一节　思想政治（品德）课的课程资源概述

国家课程、地方课程和校本课程的开发，都离不开课程资源的支撑。如果没有课程资源的开发和利用，新课程改革也只能停留在观念的层面上，不能转化为现实的教育效果。

一、课程资源的含义

课程资源是"资源"一词的拓展和延伸，是"资源"的一种。从词源上看，"资"，即"财物，本钱，供给，资助"；"源"，指"水流起头的地方，引申为事物的来源"。把资源引入课程领域，形成了课程资源一词。按照《普通高中思想政治课程标准》的说明，课程资源是课程设计、编制、实施和评价等整个课程发展过程中可以利用的一切人力、物力以及自然资源的总和。

思想政治（品德）学科的课程资源非常丰富，既包括人们所熟悉的教材，又包括大量非教材的课程有机组成要素和实施条件的软硬件资源。课程以一定的课程资源作为前提，没有课程资源就没有思想政治（品德）课程。由于课程资源的外延范围远远大于课程本身的外延范围，课程资源只有在经过相应的加工并付诸实施时才能真正进入课程。课程实施的范围和水平，一方面取决于课程资源的丰富程度，另一方面更取决于课程资源的开发和利用水平，也就是课程资源的适切程度。

二、课程资源的主要特点

掌握思想政治（品德）课程资源的特点，有助于我们有效地利用和开发本学科课程资源。思想政治（品德）课是德育课，课程资源要体现德育课程的性质。

1. 教育性

思想政治（品德）学科的课程资源除了具有知识性外，还要具有教育性。教育性是思想政治（品德）学科的首要属性，学科课程资源本身要有很好的教育意义，能引导学生在是非问题上做出正确的抉择，引导学生树立正确的世界观、人生观和价值观。

2. 政治性

思想政治（品德）课要对学生进行政治教育，引导学生树立正确的政治观点，坚持社会主义政治方向。尤其是高中阶段的学生，通过学习马克思主义的基本政治观点，认识中国特色社会主义政治制度的特点和优点，感受社会主义民主政治的意义和价值，并逐步形成正确的政治观点，树立社会主义的政治方向。

3. 时代性

思想政治（品德）课教学过程的目的、内容和方式方法，都受时代的制约，不可能脱离时代、形势的要求。学科课程资源要能与国内外形势相连，紧密联系我国社会主义现代化建设的实际，用与时俱进的课程资源充实教学内容，体现当今世界和我国发展的时代特征。

4. 具体性

课程资源具有多样性，课程资源因地域、文化传统、学校以及师生的差异而不同，因而课程资源又具有具体性的特点。这种具体性表现在不同的地域可以开发和利用的课程资源不同，构成形式和表现形式不同。不同文化传统背景下，人们的价值观、道德意识、风俗习惯、宗教信仰等具有独特性。离开这种具体性的思想政治（品德）课程资源往往也就违背了"三贴近"的教学要求，难以取得好的教学效果。

三、课程资源的分类

思想政治（品德）学科的课程资源非常丰富，按照不同的标准进行归类，可以划分为不同的类型。

1. 按功能特点来划分

按功能特点来划分，可以分为素材性课程资源与条件性课程资源。

教学过程中所涉及的一些教学因素，如知识、技能、经验、活动方式与方法、情感、态度与价值观目标等，属于素材性课程资源。它们的特点是作用于课程，并且能够成为课程的要素。

直接决定课程实施范围和水平的人力、物力、财力、时间、场地、媒介、设备、设施和环境，以及对于课程的认识状况等因素，属于条件性课程资源。它们的特点是作用于课程却并不是形成课程本身的直接来源，但它在很大程度上决定着课程的实施范围和水平。

把课程资源划分为素材性资源和条件性资源更多的是为了说明问题的方便，两者并没有绝对的界限。现实中的许多课程资源往往既是素材性资源，也是条件性资源。例如图书馆、博物馆、实验室、互联网、人力和环境等资源就是如此。

2. 按空间分布和支配权限来划分

按空间分布和支配权限来划分，可以分为校内课程资源与校外课程资源。校内思想政治（品德）课程资源包括学校内的图书馆、实验室、运动场等各种场所与设施；校园文化、师生关系、班级组织、学生社团、校风学风等人文资源；学校内开展的课堂教学、讲座、讨论、座谈、体育比赛等多种活动。从开发的角度看，校内课程资源以建设为主，而开发则主要集中在对传统的知识性课程、课堂教学过程、管理制度、校园硬件等资源的进一步深度挖掘之上。

校外课程资源是指存在于校园以外，可以用来为思想政治（品德）学科服务的资源和信息。思想政治（品德）课是学校德育的主渠道，课堂教学的内容要解决学生由知到信，由信到行的转变，这不是简单的事情，所以需要延伸到校外的实践领域，因此校外的课程资源显得非常重要。校外的课程资源十分广泛，主要可以分为家庭、社会、政府、自然几个范畴的课程资源。首要的是家庭资源，比如：学生家庭环境、家庭教养、家长的文化素养等家庭资源；其次是社会和政府资源，比如：社区的生活环境、公共文化体育设施、图书馆、科技馆、博物馆、网络资源、时事政策、先进人物、传统文化等；再次是自然资源，比如：乡土资源、自然风光和其他各种自然环境资源。

校内课程资源是最基本、最便捷的资源形式，校外课程资源更多的是起到辅助、补充的作用。把校外的家庭课程资源、政府和社会课程资源、自然课程资源与校内课程资源结合起来，发挥学校德育、家庭德育与社会德育的合力，就能够产生好的德育效果。

以往，学校在课程资源的开发、整合利用方面，视野局限于校内，校外课程资源没有得到充分的发掘和利用。因此，基于当前基础教育课程改革的大背景，应该兼顾校内外课程资源的开发利用，同时重视强化二者的相互联系，促进双方的交流与共享，为学生的全面发展提供有力的支持和保证。

3. 根据物理特性和呈现方式来划分

根据物理特性和呈现方式，可以分为文字与音像资源、实物资源、实践活动资源、人力资源和信息化资源。

文字与音像资源。文字的产生、纸张和印刷术的发明促进了人类文化的传播，以教科书为主的印刷品记录着人类的思想，蕴涵着人类的智慧，保存着人类的文化，延续着人类的文明，直到今天依然是最重要的课程资源。文字与音像资源最主要的是教科书、书籍、报刊、图片、录音、录像、影视作品等，这些都是思想政治（品德）课程的重要资源。

实物资源表现为多种形式：一类是自然物质，如自然景观、风景名胜等；一类是人类生产生活过程中创造出来的物质，如建筑、机械、服饰、笔墨纸砚、模型、标本、挂图、仪器等。实物形式的课程资源具有直观、形象、具体的特点，是常用的课程资源。

实践活动资源。实践活动资源内容广泛，包括课堂讨论、辩论、演示等，也包括课堂外的参观、调查、访谈等。这些课程实践资源可采用的实现方式也多种多样，如教师的教育教学活动、班集体和学生社团的活动、各种集会和文艺演出、社会调查和实践活动以及师生和学生之间的交往等等。

人力资源。思想政治（品德）课教师是重要的人力课程资源，教师的素质状况决定了课程资源开发与利用的范围和程度。学生是学习的主体，同时也是重要的课程资源。人力资源还包括家长及其他社会各界人士。

信息化资源。以计算机网络为代表的信息化资源具有信息容量大、智能化、虚拟化、网络化等多媒体的特点，对于延伸感官、扩大教育教学规模和提高教育教学效果有着重要的作用，是其他课程资源所无法替代的。随着教育现代化进程的不断推进，信息化课程资源将是最富有开发与利用前景的资源类型。比如，利用信息技术和网络技术，收集各种网络资源，包括文字资料、多媒体资料、教学课件等。

4. 根据存在方式来划分

根据存在方式，可以分为显性课程资源和隐性课程资源。

显性课程资源是指看得见摸得着，可以直接运用于教育教学活动的课程资源。如教材、计算机网络、自然和社会资源中的实物、活动等，作为实实在在的物质存在。显性课程资源可以直接成为教育教学的便捷手段或内容，易于开发与利用。

隐性课程资源是指以潜在的方式对教育教学活动施加影响的课程资源，如学校的校风、社会风气、家庭气氛、师生关系等。与显性课程资源不同，隐性课程资源的作用方式具有间接性和隐蔽性的特点，它们不能直接构成教育教学的内容，但是它们对教育教学活动的质量起着持久的潜移默化的影响。所以，隐性课程资源的开发与利用更需要教师和学校的高度重视。

5. 根据课程资源的性质划分

根据性质，可以分为自然课程资源和社会课程资源

我国幅员辽阔，山川秀美，物产多样，有着极为丰富的自然课程资源。同样，社会课程资源也是丰富多样的，例如图书馆、博物馆、展览馆等；人类交往活动中的政治活动、经济活动、科技活动等；影响我们生产生活的宗教伦理、风俗习惯等。这些都与思想政治（品德）教学活动有着直接的关系，因而也是不可缺少的课程资源。

第二节　思想政治（品德）课程资源开发与利用

思想政治（品德）课可用的课程资源是有利于课程教学目标实现的社会资源以及自然资源的总和。新课程改革使学科课程教学资源得以空前拓展，也提出了开发和利用课程教学资源的重任。

一、思想政治（品德）课程资源开发与利用应遵循的原则

1. 目的性原则

目的决定开发和利用课程资源的方向与价值，也决定课程资源开发的深度与广度。思想政治（品德）课程标准中规定课程教学目标可以分为两个层次：总目标与分类目标。其中分类目标又可分为知识、能力、情感态度价值观三个层面。总目标与分类目标都融通于教材内容之中，因此，每一节课又形成有针对性的课时教学目标。课程资源开发与利用时，只有在充分考虑到各个层面目标的实现前提之下，才能力保课程资源的目的性与价值性的统一。

2. 实效性原则

实效性包括实用与效能两方面的要求，中学思想政治（品德）课程资源的开发与利用，应从实际出发，发挥地域优势，强化学校特色，尽可能用最少的开支和精力，达到最理想的实用效果。根据资源的不同特点，配合教学内容，充分发挥课程资源的效能，避免盲目性和形式主义。

3. 综合性原则

尽量组合不同类型的课程资源，加深学生对课程内容的理解。课程资源分类标准的多样性虽然给课程资源开发带来一定的复杂性，但同时也开拓了课程资源的开发视野，使我们能从不同层面和角度来审视课程资源，让课程资源的整体综合性得到充分体现。

4. 实践性原则

思想政治（品德）课程强调直接经验与间接经验相结合的规律，强调理论联系实际的教学方针，是道德品质和思想情感习得和养成的课程。离开了对公共生活和社会生活的参与，就不可能有学生真实的内心感悟和亲身体验，其习得与养成就成为一句空话。课程资源的开发和利用注重与学生生活经验和社会实践相联系，有利于学生的探究性学习和实践能力的培养。

5. 开放性原则

课程资源的开发与利用，要以开放的心态对待人类创造的一切文明成果，尽可能开发与利用有益于教育、教学活动的一切课程资源。课程资源开发与利用的开放性包括：类型的开放性、空间的开放性和途径的开放性。

二、思想政治（品德）课程资源开发与利用存在的问题分析

随着我国基础教育课程改革力度的不断加大，课程资源的开发和利用已得到教师的重视。许多思想政治（品德）教师课程资源意识在增强，积累了丰富的经验，开发的领域在一步步拓宽，开发的层次在一步步加深，突破了囿于教科书、困于课堂的封闭式教学，把教学与生活紧密联系，课内与课外相互衔接，这无疑是一大进步。但是，在思想政治（品德）课程资源的开发和利用的实践中也有一些问题值得我们关注和思考，具体表现如下。

1. 课程资源开发的主体问题

（1）主体单一。

思想政治（品德）课程资源开发主要依靠的是少数专家，特别是专职研究人员。教师和学生作为学科教学资源直接的实施者却处于开发的边缘地位，教学第一线的广大师生没有被调动起来。

专家开发的课程在内在的学术性品质上是很好的，但就课程反映不同地区、不同学校和不同学生的差异性与多样性来说，就存在一定的瑕疵，具体实用性、针对性不够强。

（2）意识淡薄。

学校与教师是课堂教学资源开发的主体，但缺乏课堂教学资源开发的强烈意识。由于应试教育的影响和实行单一课程管理体制的原因，长期以来，学校和教师完全执行指令性的课程计划，教师的职前培养和在职培训也很少接触到课程资源的概念，因而缺乏对课程资源的开发意识。

部分思想政治（品德）学科教师仍然停留在对传统教育资源的运用上，无法与学生的现实生活感受相联系，导致师生关系紧张，根源在于对资源开发的重要性认识不够，因此缺乏发掘、使用新资源的意识和动力。

部分思想政治（品德）学科教师常常把课堂教学资源仅仅理解为教科书、教学参考书、习题册等。甚至把教科书当作唯一的课程资源，把课程改革仅仅视为教科书的改编，把自己当作思想政治（品德）课程资源的使用者，忽视了自身也是课程资源的开发者。

由于课程资源开发的意识淡薄，教学一线可开发的课程资源要素又特别丰富，就形成了一个矛盾的局面：一方面，课程资源特别是作为课程实施条件的课程资源严重不足；另一方面，大量作为课程要素来源的课程资源被埋没，造成许多有价值的课程资源的闲置和浪费。

2. 课程资源开发的结构局限

长期以来，我国实行的是高度集中的统一的教学计划、教学大纲和教科书，思想政治（品德）课主要有国家课程，而地方课程和校本课程严重缺失，思想政治（品德）课无法反映经济社会和科学技术发展的及时信息，难以满足地方社会和学生个性的发展要求。新课改后，课程资源开发与利用结构单一的局面有所改变，但仍然存在结构不平衡问题，偏重某类或某些课程资源的开发与利用，而忽视其他课程资源的全面开发，课程资源单一化、缺乏特色的现象还存在。

（1）从课程素材与内容上看。

偏重知识资源特别是学科知识资源的开发与利用，忽略学科知识的新进展和各学科知识之间的相互渗透与融合，脱离学生的生活经验，缺乏地方和专业特色。

（2）从课程资源的载体形式来看。

① 偏重纸质课程资源。课程资源的开发偏重于纸质印刷制品，甚至将教材视作唯一的课程资源，而对于开发音像资源、实践活动资源、信息化资源等多样化的课程资源载体形式重视不够。

② 忽略生命资源。在思想政治（品德）课程资源的开发和利用中，教科书、参考资料等非生命资源受到特别的青睐，但其他的如学生、家长和社会人士等生命性的资源、具有独特性的乡土风情等地域资源、生态资源等多样化的课程资源则被忽视。导致文本与鲜活的生命、多姿多彩的生活之间缺乏紧密的联系，课堂教学还未能真正植根于现实，满足学生的需要。

（3）从课程资源的空间分布上看。

① 重校内课程资源的开发与利用。学校或教师一般都重视校内课程资源的开发与利用，但从校内课程资源开发的空间来看，教学资源开发注重对教室、课堂等资源的开发；对图书馆、校园文体活动、电脑室、实验室等场合的资源重视不够。

② 忽略校外课程资源的开发与利用。校外课程资源的拓展和利用不够，包括公共图书馆、博物馆、展览馆、科技馆等丰富的社会性课程资源和乡土地理、民间习俗、传统文化、生产和生活经验等广泛的乡土资源。

（4）动态生成的课程资源利用不够。在课堂上，学生在学习过程中所表现出来的心理问题和思想上出现的困惑，尤其是学生在回答问题时标新立异的提法，辩论时脱口而出的话语、师生合作探究时咄咄逼人的问话等，都是课堂上出现的稍纵即逝的亮点，都能够为教师所用而成为重要的课程资源。如果教师拘泥于既定的教学设计，不注意或不知道如何利用这些资源，就会导致可能是很有价值的生成资源白白流失。

（5）三级课程发展不协调。新一轮基础教育课程改革，设置了包括国家课程、地方课程和校本课程的国家基础教育课程三级课程框架。地方与学校有一定的课程开发自主权，但地方与学校对这一权利的利用却十分有限，国家课程的垄断地位和地方、校本课程的弱势发展形成了鲜明对比，并不协调。

国家课程资源的开发是有保障的，地方课程、校本课程资源与国家课程资源相比，更能因地制宜，适应地区差异、不同学校的特点，以及学生的个别差异，但地方与校本课程资源的开发状况却不尽理想。

思想政治（品德）课教学重视回归生活，利用好学生的生活体验，理论联系实际地开展教学，这要求有丰富的地方与校本课程资源来支撑。所以，教师要创造性地利用教材，根据师生的实际，把教材与地方、校本课程资源相结合，展现出个性化的风格和特点，而不是生搬硬套地教教材。

综上所述，如果课程资源结构单一的局面不发生根本性的改变，就很难充分实现人力、物力、财力等因素的整体资源优势。学生的学习仍然局限于书本、课堂、学校，这不利于学生的成长，也不利于课程改革的发展。

3. 课程资源开发缺乏持续性

把课程资源应用于课堂教学中，必然要求教师改变习惯的一整套教学行为。把思想政治（品德）课程资源开发与教学方式、学习方式的转变结合起来，会加重教师负担，这是教师不愿开发和利用课程资源的另一个主要原因。

有的教师对思想政治（品德）课程资源的开发和利用表现出一定的热情，但只是短期性、偶然性的，缺乏持续性。往往在公开课教学中，课程资源的开发和利用作为课改新理念体现得鲜明而突出，课堂也显得开放而有力，但在日常教学中依然固守着教科书。

思想政治（品德）学科的课程资源的开发与利用应该持续进行，因为时事不断变化，社会不断发展，很多课程资源生成的要素在不断展现，墨守成规不利于学科的发展。特别应该看到，持续的课程资源开发和利用对于转变课程功能和学习方式具有重要意义：

（1）可以超越狭隘的教育内容，让师生的生活和经验进入教学过程，更好实现教、学、做的统一。

（2）可以改变学生在教学中的地位，从被动的知识接受者转变成知识的共同建构者，从而激发学生的学习积极性和主动性。

（3）持续的课程资源开发还可以开阔教师的教育视野，转变教师的教育观念，从而更好地激发教师的创造性智慧。

4. 课程资源的整合和筛选的问题

思想政治（品德）课程资源得不到开发与利用不利于课程教学的发展，但也不是教学资源在教学中用得越多越好，教师要善于整合和筛选教学资源，用活教学资源。

（1）教学资源的整合和筛选条件。

从当前我国课程改革的趋势来看，凡是有助于学生主动学习与和谐发展的资源，都应该加以开发和利用。但究竟哪些资源是具有开发和利用价值的课程资源，还必须通过筛选机制过滤才能确定。从课程理论的角度讲，至少要经过三层筛选，才能确定课程资源的开发价值。

① 第一层筛子是教育哲学，即课程资源要有利于实现教育的理想和办学的宗旨，反映社会的发展需要和进步方向。

② 第二层筛子是学习理论，即课程资源要与学生学习的内部条件相一致，符合学生身心发展的特点，满足学生的兴趣爱好和发展需求。

③ 第三层筛子是教学理论，即课程资源要与教师教育、教学修养的现实水平相适应。

所以，开发课程资源，特别是开发素材性课程资源，必须反映教育的理想和目的、社会发展需要、学生发展需求、学习内容的整合逻辑和师生的心理逻辑。

（2）课程资源要符合学生的需要。

有的教师认为，思想政治（品德）课程资源的开发和利用，就是在教学设计中增加教科书以外的背景资料、典型案例，认为课程资源越多越好。但实际上并不是这么回事，对教学资源的利用与开发要注意整合与筛选的问题，要注意与学生的理解水平相符合，当选用的教学资源不能为学生所接受和理解时，这个资源是不符合学生身心发展特点的资源，对于学生来说是无效的资源。

（3）课程资源要能实现教学目的。

课程资源的选用不能偏离教学目标，课程教学资源是手段，是工具，当资源不能为目的服务时，这一资源仍然是无效资源。在备课时，教师首先需要对教学资源进行筛选，资源的选用要精简实用，要能为目的服务，并不是多多益善，过多的资源反而会给人以堆积材料、滥竽充数的感觉。

（4）课程资源的选用要符合教师个人风格。

有的教师把从各种途径获取的课件、教案资源直接用于教学，缺少对各种资源价值性的判断、资源优劣的比较和筛选，没有根据学情和班情进行二次备课。对于不同渠道获取的教学资源，需要教师认真结合自己的教学实际进行筛选、改造后，才能为我所用，照抄照搬往往难取得好效果。

5. 因地制宜开发课程资源的问题

我国课程资源城乡分布不均匀，不同地区、学校与教师可依赖的课程资源也不一样，开发与利用课程资源时必须因地制宜。

（1）乡村学校的课程资源开发。

① 以学校为主体的课程资源开发意识弱。乡村学校可利用的课程资源丰富，乡村人情味很浓，村民社会的人文资源还没有被乡村学校很好开发，乡村的自然风光资源也利用不充分。学校不是缺乏开发的意识，就是开发资源的能力有限。教师在教学过程中会用到当地的课程资源，但只是个人行为、零星行为，学校层面有意识的整体开发还没有被重视。

② 学校课程资源开发能力欠缺。有的学校意识到课程资源开发的重要性，但开发能力却有限，表现在缺乏资金、缺乏人力等。一是资金缺乏，这是一个普遍的问题。把当地的资源有效转化为课程教学资源需要一定的资金投入，但乡村中学拿不出资金。二是乡村教师课程意识淡薄，能力也存在不足。乡村中小学教师数量不够，水平不高，教师培训进修的机会又少，对课程资源的概念认识并不深刻，多停留在教材就是唯一的教学资源的认识上。意识到课程资源开发时，在开发与利用过程中又缺乏自信，没有足够的能力完成开发。

（2）城区的课程资源开发。

城市学校的课程资源有别于乡村学校课程资源，其中城市学校的课程资源主要围绕社区来开发与利用。当前我国基础教育课程改革中，社区课程教学资源开发存在以下的问题。

① 社区课程资源开发面临的理念和意识问题。社区课程资源的开发需要开发主体有先进的教学理念，要有主动开发课程资源的意识，教师是课程的忠实实施者，也是课程的研究者和开发者。在学校与社区的互动关系上，学校是主动地发掘和吸纳，还是被动地等待和渗透；在课程开发的运作模式上，是采取政府行政模式，还是采取社会行为模式；课程改革是继续迷恋于科学世界，还是回归生活世界等问题仍存在。

② 社区课程资源开发的途径。建立社区课程资源与学校课程的有效融合机制，创新并重构学校和教师的教育理念，必须确立学生的主体地位，教师必须树立正确的价值观、知识观、

学生观、发展观、教学观、课程观、资源观等。强化教师教育工作，提高教师的开发意识与开发能力，利用社区课程资源开发校本课程。

（3）合理、有效地利用一切可供利用的课程资源。

新课程实行三级管理制度，鼓励地方、学校、教师自主开发具有地方特色和学校特色的地方课程资源与校本课程资源。

可开发与利用的课程资源在我国各地的分布是不均衡的，有的地方思想政治（品德）课程资源非常丰富，而有的地方课程资源却结构性紧缺。例如，现代企业方面的课程资源，经济发达的地区比经济欠发达的地区丰富，城市地区比农村地区丰富；在现代设施资源方面，科技馆、博物馆、图书馆往往只有城市才具备，农村地区缺乏；在自然风光资源方面，乡村比城市更容易找到；在"红色资源"方面，革命老区比其他地区丰富。在课程资源普遍紧缺的情况下，应该合理、有效地优先选择那些便于开发和利用的课程资源。

三、思想政治（品德）课程资源开发与利用的途径

课程改革赋予了思想政治（品德）课程资源前所未有的丰富内涵，开发和利用内容丰富、形式多样的课程资源，成为广大思想政治（品德）教师必须面对的问题。

1. 文字类资源的开发和利用

思想政治（品德）学科的文字与音像资源中最主要的是教科书，其他还包括政治、经济、文化、道德、心理健康、法律、国情等各类社会科学，以及时事政治等方面的报刊、书籍、图片、录音、录像、影视作品等。因此关于文字与音像类课程资源的开发和利用可从如下方面考虑。

（1）重视教科书这一特殊的课程资源。

教科书是最基本的课程资源，思想政治（品德）教科书与其他教科书相比，它一方面具有德育性，能启发和熏陶学生；另一方面又有知识性，能增长知识和培养能力，在学生的学习中具有其他书籍难以替代的地位。

① 注重引导学习方式的变革。以高中思想政治教科书（人民教育出版社版）为例：从结构上来说，它划分单元、课题、框题、目题这四个层次。从内容设计上来说，注重改革学生呆板的学习方式，由"问题探究"的方式引导学生进行观察、实践、收集资料、合作交流以及体验、感悟和反思，从而实现学习方式的多样化，拓展学习的时间和空间。改变了旧教材在编写上先说知识点，后再例证的方式，同时也转变了学生的学习方式。

② 强调与现实生活的联系。教材的编写围绕中学生的生活展开：一方面，教材知识生活化。初中教材很好地体现了从生活出发的编写思路，以初中学生在生活中遇到的、思考的、想知道的生活现象作为出发点，关注并充分利用学生的生活经验，实现知识生活化；另一方面，生活知识化，即把生活经验融入教材知识体系之中。高中教材四个模块的名称（经济生活、政治生活、文化生活、生活与哲学）体现出把生活融入教材知识体系的特点，把生活经验按学科知识的逻辑思路组织起来，增强书本知识与现实生活的联系，克服学科中心主义的倾向。

③ 体现学生身心发展特点。我国中小学思想政治（品德）教材的编写体例和呈现方式尽量考虑学生的年龄特征、兴趣特长和认知水平，有利于激发学生的求知欲。比如：从小学（1

—2 年级的品德与生活；小学 3—6 年级的品德与社会）到中学（初中 7—9 年级的思想品德；高中三年的思想政治）遵循了从具体到抽象、由简单到繁杂的思路设计。教材内容选用学生喜闻乐见的编写体例与呈现方式，体现出较好的以学生为本的教学理念。

④ 思想政治（品德）教材为创造性教学留有余地。思想政治（品德）教材为教师进行教学提供资源，一方面课程实行国家、地方、校本三级管理模式，另一方面，"一标多本"下的不同版本的教材体现了教材的创造性，也为教学提供了不同的文本资源，为教师创造性教学提供支持。教师在运用教材时也需要创造性地使用，绝不能简单地将其当作教条。

鉴于思想政治（品德）课教材以上的特点，我们在教学中，首先要重视教科书这一基本课程资源。

（2）要体现思想政治（品德）课教科书的价值。

如何运用教材开展教学，把教材的价值体现出来，在教学过程中真正实现课程标准的目标要求，是每一个思想政治（品德）教师面临的问题。

① 要有科学的态度。对待思想政治（品德）课教材的科学态度有两层含义，一是尊重教材，利用好教材进行教学。教科书虽然不是唯一的课程资源，但它为教师和学生提供大量的范例，可以引导学生主动探索知识，也可以帮助教师快捷地实现教学目标。正是基于这个重要性，对于完全忽略教科书的做法应该坚决制止。二是不能把教科书的地位神圣化，把教学过程窄化为"教教材、学教材、考教材"，甚至滑入"考什么，教什么；教什么，学什么"的过程。新课程倡导活学、活用教科书，要从"教教材"向"用教材"扩展，建立正确的教材观。

② 要创造性地使用教材。教师的教学活动是一种创造性活动，创造性主要表现在活用教材，就是教师根据本社区、本校的实际情况和学生的发展需要，对教科书的内容进行的必要调整。包括对原有的内容引申、扩展等，也包括创造性地制作教学用具、收集相关资料等。

第一，要熟悉教科书。既要了解教科书的结构，又要了解教科书的内容。在结构方面，要弄清它的整个知识体系，知识之间是如何联系起来的。在内容方面，哪些比较难教，哪些可以让学生自学，书中的图解和练习等应该如何加以利用，这些知识是否适合本地区教学，如果不适合的话，是否可以用有本地特色的课程资源去教学生。

第二，要掌握学生的实际情况，包括了解学生的兴趣，学生现有的知识结构，掌握学生的知识与能力起点。

第三，要精选教学辅助材料，设计相应活动，有创造性地将其他思想政治（品德）课程资源和教科书结合起来使用，以扩展和补充教科书的内容，深化学生对教科书内容的学习和理解。

2. 音像类课程资源的开发与利用

思想政治（品德）课属于人文与社会领域，主要包含政治常识、经济常识、哲学常识、文化常识、道德、法律、心理健康、国情等内容。因此涉及以上内容的各类社会科学，以及时事政治等方面的网站、电视、电台、图片、录音、录像、影视作品等都是教师实现教学目标和课程标准的重要课程资源。

（1）时事政治课程资源。

思想政治（品德）课具有鲜明的时代性特点，国际国内的重大热点、焦点问题是极其重要的素材性课程资源。时事资源的开发可以说既是教学的基本内容，又是激发学生学习兴趣，活跃课堂气氛，导入课堂的催化剂。教师对时事政治类课程资源应保持敏感性，赋予平常生活以思想政治的课程意义。

（2）经典音像课程资源。

经典音像、影视也是我们要重点关注的课程资源，包括故事片、教科片、动画片、戏剧、舞剧、电视剧、专题片等类型。开发与利用音像资源时要注意一定的流程：

① 根据教学目标选取音像资源。教师需要结合教材内容，确立教学目标，音像作品的选用要注意以教学目标为导向，选择符合教学内容，能实现教学目标的音像资料。

② 精心选片。思想政治（品德）学科教学内容具有德育显性的特点，对学生进行纯粹的说教，效果并不显著，把德育寓于经典音像作品之中，能激发兴趣，获取间接的直观体验。一节课的教学时间有限，教师需要对音像资源进行精心剪辑，截取能达到教学目标的片段。

③ 注意问题导向。利用音像课程资源时，教师注意音像资源所蕴含的教育价值，用问题引导学生思考，鼓励师生互动与生生互动，如果学生能提出教师所预设不到的临时生成的问题，教师更应该及时加以利用，深入挖掘音像资源深处的隐性德育价值。

④ 提示主题。音像资源的利用是围绕一定的目标主题的，学生在经历间接体验，问题思考，教学互动后，教师可以揭示主题，展示成果，升华学生的认识。

3. 教师人力资源的开发与利用

课程标准将人力资源列为思想政治（品德）课的重要课程资源，并指出教师与学生都是重要的课程资源，学生家长和其他社会各界人士也可以作为思想政治（品德）课开发和利用的课程资源。其中，教师人力资源的开发和利用应从如下方面入手。

（1）思想政治（品德）教师是重要的课程资源。

教师是课程与学生的中介，是课程最直接的建设者。我们习惯于将教师作为课程资源的利用者，却没有将其作为一种宝贵的课程资源看待。事实上，教师决定了课程资源的鉴别、开发、积累和利用，是课程资源的重要载体，属于课程资源中的人力资源范畴。

① 开发教师自身资源。教师是课程资源实施的基本条件资源。思想政治课教师自身的思维方式、心理素质、价值观念、教育思想、知识修养、教学技能、教学机智、教学风格、教学方式、教育教学技术等，都是课程资源的构成要素。这些课程资源要素对学生的影响涉及教育的各个层面和过程：从知识到能力，从情感态度价值观到学习的机智，生活的策略、人生的态度、合作的智慧，对自然的崇尚，对历史的回味，对科学的探索，对真情的体悟，这个过程是一个心灵碰撞的过程，是一个显性影响与隐性影响相统一的过程。开发思想政治（品德）教师人力资源时，尤其要重视教师自身的隐性知识的影响，因为隐性知识存在于个体的经验当中，无意识地渗透于教师的实践活动里，如果能充分显性化，其影响将是无可限量的。

② 开发学生资源。教师掌握和了解学生学习信息、了解学生的生活方式、学生的兴趣爱好、学生的身心发展特点等，这些都可以成为课程资源。教师可以在与学生谈话中了解捕捉有用的信息资源，可以在课堂的教学活动或学生学习活动中捕捉课程资源，可以在学生的试卷、作业中开发课程资源，可以在与学生一起的户外活动中收集课程资源等，这些都是教师开发学生这一课程资源时的职业优势。

③ 研究开发教材资源。教材是联系教师与学生的中介，教材对于学生是陌生的，但对于教师则不同。教师经过专业学科知识的学习，对教材并不陌生，教师能从教材内容和学生实

际出发研究开发教材的显性价值与隐性价值。教材研究过程，也是课程开发过程。处理教材，让教材不再是固定不变的课程资源，要冲破教材的束缚，在教材内容上要面向学生的生活。用好用活教材，使教材的文本资源价值得以增值。

（2）教师是思想政治（品德）课程资源开发的重要力量。

在新课程中，传统意义上教师的教与学生被动的学的状况，将不断让位于师生的互教互学模式，那就形成一个真正的学习共同体。教学过程成为师生共同开发、整合课程资源的过程，教师与学生共同进行课程资源的开发与利用。但是这是一种理论上的理想状态，实际操作中存在许多问题，学生的思维、能力等发展的不健全，使其无法在课程资源的利用和开发上同教师产生同等的作用。

教师仍然是思想政治（品德）课程资源开发的最重要力量。教师与课程关系密切，是课程的直接实施者，对课程的了解程度、体验程度是教育专家、课程专家不能及的。新课程改革理念要真正落到实处，很大程度依赖于一线教师。实际教学中，教师作为把课程资源与学生联系起来的中介，他们往往能够看到课程设置、内容等方面的问题和不足，他们知道教学中哪些资源可以开发和利用。在新课改积极实施的今天乃至将来，教师依旧是课程资源开发和利用的最重要力量。

（3）学校要重视培养教师的资源意识。

学校要帮助教师树立开发和利用课程资源的意识，提高教师专业水平。第一，加强对教师的多级多元培训，提高教师的课程资源意识和课程资源开发与利用的技能，促进教师角色转变，提高参与开发的积极性。其二，合理建构和优化课程资源的结构，掌握一些常用的课程资源的优化方法，充分认识到不同的课程资源对学生的发展具有不同的价值。

（4）教师要深入研究教学过程中动态生成的课程资源。

① 在学生的需求中生成课程资源。学生在课堂上的需求，主要表现在学生的质疑问难方面，教师在教学中密切关注学生的需求，以学定教、顺学而导，让学生的需求得到充分的反映，课堂资源就会源源不断生成。反之，如果在课堂教学中，教师一切按预设的进行，置学生的质疑问难于不顾，质疑归质疑，教学归教学，各行其道，那么课堂教学就会与课程资源的生成失之交臂。

② 在师生对话中生成课程资源。新课程理念认为，课堂教学是师生之间的对话，当然这种对话不是我们过去教学中常用的谈话法，谈话法的实质是教师心中已有现成的答案，只是用谈话的方式把学生引导到既定的答案上来。而对话则是对话者之间信息的沟通、情感的交融、思想的碰撞，在这样的对话中，教师和学生都产生新的思想和言语，在新的思想和言语中产生闪光点，不断生成新的课程资源。

③ 在意外事件中生成课程资源。在课堂教学中，经常会出现一些不确定的因素闯入课堂。过去我们教师一般用化解、转移、压制等方法消除突发事件对课堂教学的干扰，但在新的课堂教学观中，不管哪类突发事件闯入课堂，如果教师发挥教学机智，能因势利导，同样能生成为新的教学资源，使课堂教学达到意想不到的效果。

4. 学生人力资源的开发与利用

（1）学生课程资源开发的必要性。

"一切为了学生，为了一切学生，为了学生一切"是新课程改革的核心理念，强调学生是学习的主体，是我们研究、实践教育改革的出发点和归宿，也是课程改革的最终受益者。

学生资源在传统教学中是被忽视的，没有引起足够的重视，导致学生课程资源的埋没与浪费。随着人们教育观念的变化，学生成为有待开发的宝贵的课程教学资源。学生的主体地位要得以充分发挥，就必须重视学生的课程资源地位，离开学生这一宝贵课程资源，主体地位无从谈起，课程改革也不可能取得成功。

（2）学生课程资源的主要内容及开发途径。

① 学生经验资源的开发和利用。学生的经验资源包括学生拥有的间接经验资源和直接经验资源，学生经验资源构成学生课程活动的重要基础，任何课程活动都离不开学生的经验资源。

学生经验资源开发和利用的主要途径有：在教学设计阶段，重视讨论课和合作学习的设计，使学生充分发言，经验得到交流。在教学过程中，重视学生的生成性资源。在教学反思中，把学生的困惑、创意进行整理归纳和思考，使之成为教师新的课程资源。

② 学生情感性资源的开发和利用。情感是人体对客观事物和对象所持的态度体验，它的产生是以客观事物和对象是否满足人的需要为中介的。与学习相关的情感态度主要有学习兴趣、学习动机、好奇感、成功和失败的经验等。新课程要求把学生作为一个全面发展的人，改变课程过于注重知识结构的倾向，强调形成积极主动的学习态度，使获得基础知识与基本技能的过程成为学会学习和形成正确价值观的过程。德育性是思想政治（品德）课的本体功能，学生的情感态度既是达成知识技能的重要课程资源，更是达成德育目标的重要资源。

利用情感资源的途径主要是：注意学生的情感体验，关注学生的兴趣和爱好，予以恰当引导，将学生的好奇心、兴趣转变为学习动机；唤起学生的学习热情；改变评价方式，使评价具有情感性；促进学生与学生之间的情感交流，使学生在团体学习中能分享成功的乐趣，减轻学习压力，减轻紧张和焦虑。

③ 学生信息资源的开发和利用。在以传授为主的教学过程中，教师往往是唯一的知识源和信息源，而在新课程改革倡导的探究性学习和合作学习中，一个学生就是一个信息源。在现今的信息网络时代学生拥有的信息是丰富而多样的，一个学生团体拥有的信息总量往往会超过教师拥有的信息量，教师利用这些学生的信息组织教学活动，学生利用同伴们的信息进行学习将会成为现代教学的重要特征。

④ 学生的不同思维方式也是课程资源。学生由于生活在各自不同的家庭，又受到不同社会环境的影响，所以在生活经验、兴趣、爱好上呈现多样性，思维方式也就呈现出多样性，存在较大差异。从逻辑上讲，差异可能导致两种情况：共享与冲突。师生、生生共享差异，在差异中丰富和发展自己，将差异看成教学资源则更有利于学生的全面发展。因此，在思想政治（品德）课堂教学中，要尊重学生的个性，对学生的不同思维方式加以发挥和引导。在一定意义上说，课堂教学就是引导学生不同思维方式的碰撞，鼓励学生从不同角度用多种思维方式研讨问题，充分注意学生的个体差异，因材施教。让不同层次的学生有不同的言行，使风格各异的学生有完整的生命发展空间。

5. 家长和社会各界人力资源的开发与利用

人力资源的开发和利用还应该包括学生家长和社区工作者等一系列社会人员。教育是一项复杂的社会性工作，我们可以把热爱教育、关心教育、支持教育等多方面人士的力量整合起来，形成一种强大的社会人力资源，使思想政治教育成为一种全社会的教育，从而进一步提高思想政治（品德）课教育的实效性。

这些可借助的力量中，尤其要重点挖掘学生家长这一课程资源。家长们有着各种各样的职业、爱好和生活体验，让有特长的家长参与到课程教学中来，这有利于进一步拓展教学内容，激发学生兴趣，弥补教师自身实践知识薄弱的弱点。

我们可以以学生为中介，通过学生牵线搭桥与他们在公司、在机关单位、在银行保险、在财政、在司法部门等工作单位的父母取得联系，请家长走进课堂，让学生体验、感受他们的工作经历和经验以及专业知识。或让学生走出教科书，走出课堂，走出学校，借助于家长或其他社会力量的帮助，在社会大环境里学习和探索，在实践中增长知识。这样培养了学生的实践能力，增强了学生关注社会、关注自然、热爱家乡的意识，同时也增强了学生的社会责任感。因此，思想政治（品德）课程资源的开发和利用一定要重视家长和社会各界人士这一重要的人力资源。

6. 实践活动资源的开发和利用

思想政治（品德）课的社会实践一般是指课堂教学之外，根据教学目的、内容和学生的实际，在教师的指导下，有目的、有计划地组织学生走向社会，接受社会教育、锻炼的一种教学形式。实践活动课程资源开发的途径与方法有：

（1）开展社区调查，了解社区状况。包括自然和人文环境，自然资源如水土、气候、植被等，人文环境如工农业生产、交通、文化遗产、社区经济生活、社区政治生活、社区文化生活等。通过对自然和人文环境的调查和了解，可以收集和挖掘丰富的课程资源。

（2）充分利用校外课程资源，包括高校、科研机构、机关、企事业单位、图书馆、因特网、视听传媒、青少年活动中心等，同时，还包括各种机构、各种生产和服务行业的专门人才等。这些丰富的校外课程资源，是课程资源开发时需要充分利用的。

（3）关注生活，从生活中找资源。关注学生的实际生活，充分挖掘符合中学生年龄特点和能力水平的研究课题，是开发综合实践活动课资源的重要途径和方法。引导学生从生活实际出发，善于发现和提出问题，从自然现象到社会生活，从身边小事到国家大事，从现实世界到历史和未来，都是综合实践活动课重要的课程资源。

7. 信息资源的开发和利用

课程标准对信息化资源的界定是利用信息技术和网络技术，收集网上资料，包括文字资料、多媒体资料、教学课件等。当人类进入网络时代后，网络资源的开发和利用已成为教师必备的信息素养。网络资源给思想政治（品德）课教学带来新鲜血液，促进思想政治（品德）课程的发展。

（1）信息资源开发和利用的作用。

① 可以弥补教材的不足。思想政治（品德）具有强烈的时代性，但教材中的一些内容随着时间的推移而与现实生活相脱节。如果能充分利用网络资源弥补教材中滞后的一面，则会取得更好的效果。

② 可以转变学生的学习方式。在知识更新速度越来越快的今天，教师不能也不应该包揽一切知识。充分发挥学生的主体作用，引导学生到网络上去收集、整理知识，把一些问题交给学生去探究、发现和解决，不仅可以让学生获得更为丰富的知识，而且可以转变学生的学

习方式，由被动的学习转为主动探究的学习，提高其学习的能力。

③ 可以更新教学手段，促进教学手段的现代化。将网络资源引入课堂教学是生产力和科学技术发展的必然结果。思想政治（品德）课教学要顺应这一发展趋势，积极利用和开发网络资源，这样才能跟上时代发展的步伐。

（2）开发和利用网络资源的基本途径。

从各种资源的存在形式与作用看，网络资源可以分为以下几类：时政资源、网络课程、专题学习网站、网络课件、题库、多媒体资源库等，这些资源类型都是思想政治（品德）课开发网络资源时可借助的途径。

① 制作教师个人的学科网页。学科网页既是教学资源的整合，也是教师与教师、教师与学生积极互动的有效方式，更是省时增效的一种途径。在网页上师生之间、生生之间交流的不仅是知识，还有情感。对一些教学难度不大，但又与社会实际有紧密联系的教学内容，可以设计成主题网页的形式让学生自主学习。

② 开发和建立自己的教学资源库。在具体的教学中，教师一方面要熟练使用现有的教学软件，同时又不能完全照搬网络上现成的东西，要从自己的教学需要出发，建立自己的教学资源库。教学资源库的资料来源既可以是自己原创的，也可以保存、引用、整改和共享网络上的资源，包括教案、教学软件（课件）、教学设计、试题、时事资料、教学论文等。思想政治教师要重视建立和开发自己的教学资源库，它是教师教学智慧的结晶，只有这样，教师的教学经验、教学材料才不会白白的流失，教学才会日渐进步。

（3）利用网络开展教学实践

在思想政治（品德）课的教学中充分利用网络资源进行教学，一方面，是指利用网络的便捷，从网络上收集有利于课堂教学的课程资源。另一方面，是指直接利用网络开展教学，把教学搬到网络上，让学生通过网络学习。

① 在假期较长的寒暑假期间，教师通过社交软件指导学生完成作业，进行个别教育教学辅导。

② 教师制作微课，把学生学习中的普遍疑惑点、难点制作成微课，让学生通过反复观看微课视频，来完成释疑。

③ 最新出现的反转课堂、慕课等网络教学方式也是利用网络开展教学的新形式。

（4）开发和利用网络资源应注意的问题。

① 要将网络资源和教学有机结合起来。网络资源对学生学习的影响不应该是自发的，而是教师有目的、有计划地将网络课程资源应用到教学中去，这样才能更大地发挥其效益。

② 不能用网络调查代替社会实践活动。网络上获得的资料对学生而言仍是间接经验，没有达到联系实际的目的，不利于培养学生的调查研究能力。

③ 要引导学生学会处理信息。教师要引导学生学会收集和处理信息，逐步提高收集和处理信息的能力，同时要能抵御来自网络的不良诱惑。

第八章　思想政治（品德）课教师的专业成长

《中华人民共和国教师法》第三条明确规定："教师是履行教育教学职责的专业人员，承担教书育人，培养社会主义事业建设者和接班人，提高民族素质的使命。"教师对于人类文化的传播、人类文明的传承、人类灵魂的塑造以及国家的强盛起着举足轻重的作用，它体现着社会的良心与良知。

第一节　思想政治（品德）课教师的基本职责

教师是一种职业，是众多社会职业中的一种。现代教师职业的发展趋势是专业化发展。教师的专业发展是教师自身发展的需要，也是国家教育事业发展的需要，是一个教师职业理想、职业情感、专业知识、专业技能等方面不断完善、不断提升的过程。

一、教师职业的历史发展阶段

教师职业专业化经历了从无专职教师，到兼职教师，再到专职教师的漫长过程。教师职业何时出现，已经无法考察，但职业分化肯定是社会分工的产物，教师职业的专门化也是随着社会分工而产生和发展起来的。教师职业的产生和发展大体经历了四个大的发展时期。

1. 原始社会时代的教师

在原始社会初期，就存在着教的活动，全体劳动者都参加了教育活动。伏羲氏教民以猎、神农氏教民耕种的传说，表明原始部落的首领或有生产经验的人承担了教师的职责。原始教育中的学校称"庠"，教师伴随着教育活动的出现而产生，当时的教师是长者为师、能者为师或人人为师。

2. 古代社会的教师

奴隶社会兴起私学、书院或教会（西方国家的教育机构），教育开始从体力劳动中分离出来，有了从事教育活动的教师。但由于教育活动只是社会官吏或僧侣兼做的工作，当时的教师多是以吏为师、僧侣为师、文人为师。教师职业没有成为一种独立的社会专门职业，教师是兼职的，并不是专职的，教师也没有经过专业教育机构的专业培训。在这段漫长的古代社会历史阶段里，教育的权利掌握在少数统治阶级的手中，成为特权，广大人民不可能接受当时的教育。由于没有大量的社会教育需求，教师始终没有成为一个专业化的社会职业。

3. 近代社会的教师

教师职业由兼职到独立的发展，是社会分工进一步发展的结果。伴随着资本主义生产方式的确立，第一次技术革命（工业革命）和第二次技术革命（电力革命）的发生和传播，社会对劳动者的受教育程度提出了新的要求，推动了教育的普及，师资的需求量剧增，教师职业获得了独立。进入近代后，西方首先出现了现代意义上的师资培训学校，中国也在清朝末期成立了专门培养师资的师范学校。这表明教师已经作为一门独立的职业诞生了。教师职业化进入初步发展阶段，教师职业的学科专业化也得到了快速发展，近代教师的特点是"专职性"和"公务性"。即"专职人员为师"。教师的任务是"传道、授业、解惑"。

4. 现代社会的教师

进入现代社会时期后，教育得到了更快的发展。20 世纪以来，特别是 20 世纪下半叶以来的社会，伴随着第三次技术革命的发生，人类进入知识经济时代。从教不再是人人都能做的事，那种"有知识就能当教师"的时代已经越来越不适应知识社会发展的要求。这种情况说明，现代教师的特点和基本要求是"学术性"与"师范性"，即"专业人员为师"。

二、思想政治（品德）课教师的职责

1. 继承传统职责

教师，是指专门通过教育活动为社会培养合格人才，以满足社会对人才的需要而提供服务的人。我国有悠久的德育传统，并且内容非常丰富。思想政治（品德）课程是一门德育课，在培养德、智、体、美、劳的合格人才中发挥着独特的作用。课程内容包括传统德育中的合理与优秀的成分，思想政治（品德）课教师的职责也继承了教师的传统职责。这一传统职责可以表述为传道、授业、解惑三个方面。

（1）传道。

韩愈在《师说》中提出"师者，所以传道授业解惑也"。"道"是人们安身立命之本，在思想政治（品德）课程标准中属于情感、态度与价值观范畴。"传道"则是要求老师言传身教，传授知识的同时培养学生的人格品质。让学生掌握辩证唯物主义和历史唯物主义的基本观点和方法，以社会主义核心价值体系为导向，在情感、态度、价值观上对学生进行激励、鼓舞，逐渐培养学生的独立人格，形成他们正确的世界观、人生观、价值观。

（2）授业。

授业是传授基础知识与基本技能。一方面，思想政治（品德）课程教师所要传授的基础知识是专业知识，专业知识是教师知识结构的核心层次。思想政治（品德）教师的专业知识涉及道德、心理健康、法律、哲学、经济、政治、文化、伦理学等。通过传授专业知识，对学生进行马克思主义、中国化马克思主义基本常识教育。另一方面，身为老师，要掌握科学的教学思想和娴熟的教学技能，在正确的教学思想、理念指导下传授知识。教师传授专业知识时要有全面而娴熟的教学技能，能把技能与教学内容、教学对象结合起来灵活运用，使学生能够更好地接受、吸收与利用知识。

（3）解惑。

学起于思，思来于疑，疑源于问。孔子曾经说"不愤不启，不悱不发。举一隅不以三隅反，则不复也"。学生经过主动学习提出疑惑，然后教师有针对性地与学生一起解决困惑。解惑的最终目的是培养学生独立的人格并使他们自己掌握一定处理问题的方法与能力，并留有空隙让他们自己去探索、去发现。

传道、授业、解惑这三个方面是对传统教师职责的概括，也是现代思想政治（品德）课教师的职责。

2. 现代教育理念下的新职责

思想政治（品德）课是一门以理论知识为载体，重在培养学生良好的道德品质、政治素质和社会适应能力的多功能、综合性的人文与社会学习领域中的科目。因此，任课教师不再是固定的单一的角色扮演者，而是多元化角色的担当者。思想政治（品德）课教师的新职责是在现代教育理念指导下，对教师角色认识转变的必然结果，也是对传统教师职责的发展与深化。主要表现在以下几方面。

（1）学生学习的促进者和引导者。

思想政治（品德）课作为一门德育性质的课程，教师在教学过程中要实现的目标是知识、能力、情感态度价值观的三方面的统一，促进学生全面发展。教师定位在帮助与促进学生的发展角色上，体现在以下几方面。

① 教会学生如何获取知识。中国有句古话"授人以鱼不如授人以渔"，鱼是目的，钓鱼是手段，一条鱼能解一时之饥，只有学会钓鱼的方法才是长久之计。网络时代下的知识经济，也称为"学习经济"。 教师把知识传授给人的局限越来越明显：知识太多，教师已经不可能像传统社会那样垄断知识；知识更新太快，教师已经掌握的知识不可能解决所有新的现实问题。这种局限导致教师能传授的知识往往是知识中较经典的部分，教师所不能涉及的内容只能靠学生自我学习获取。在这种现实条件下，教师传授给学生学习知识的方法就显得难能可贵。

现代"文盲"一词将不再单纯指没有文化、知识的人，还包括不能继续学习，不能更新自己知识与技能的人。教会学生学会获取知识的方法，如何根据需要处理各种信息的方法，在一定程度上比传授给他们多少知识更有意义。

② 促进学生学习方式的转变。《基础教育课程改革纲要（试行）》指出："改变课程实施过于强调接受学习、死记硬背、机械训练的现状，倡导学生主动参与、乐于探究、勤于动手，培养学生搜集和处理信息的能力、获取新知识的能力、分析和解决问题的能力以及交流与合作的能力。"新课程强调学生主体地位的确立，要求教师改变过于注重知识传授的倾向，促进学生学习方式的转变。强调教师要促进学生形成积极主动的学习态度，养成学生自主学习与合作探究学习相结合的学习方式，使获得基础知识与基本技能的过程同时成为学会学习和形成正确价值观的过程。

③ 全面关心学生的成长。新课程体现了新的教育理念"为了学生的一切"。思想政治（品德）课教师是学生成长过程中的重要角色，教学过程是从知识关怀到精神关怀的全面引领的过程。

其一，教师全面引领学生的成长。一方面，教师的教学不仅关心学生的当前发展，也关心学生的未来发展；另一方面，不仅关心学生的身体成长，也关心学生的心理成长。

其二，教师是知识成长和精神成长的关怀与引领者。一方面，教师引领学生的知识成长；另一方面，也关心学生的精神成长，是学生知识关怀与精神关怀的统一者。

（2）课程资源的建设者和开发者。

教材一直是我国学校教育的主要课程资源，但从课程资源以及时代发展的要求来看，教材不但不是唯一的课程资源，而且其作用呈相对下降的趋势。教师不仅要成为课程教学资源的利用者，也要成为课程资源的建设者和开发者。建设和开发课程资源需要思想政治（品德）教师有以下的观念和行动。

①　要有课程资源建设与开发的主体意识。一线教师在校本课程资源的开发与建设中有独到的作用，而校本资源也是与学生生活联系最紧密的，最容易被学生接受和理解的资源。

②　教师要提高自己对课程资源的整合与开发能力。既要重视国家课程的价值，又要注重"二次开发"，利用课程标准、教材及各种参考资料，结合教学情境对课程内容进行"重组"。课程教学实施过程中应坚持"用教材"而不是简单地"教教材"，让课程的价值得到最大程度的挖掘。

（3）教育教学的思考者与研究者。

思想政治（品德）教师是教育教学的研究者，承担有教育教学研究的职责。长期以来，思想政治（品德）课在学生心目中的地位不高，原因之一是教师的研究能力不强。教师的教学如果没有一定的理论指导，没有以研究为依托的提高和深化，就容易故步自封，难以有实质性发展提高，成为名副其实的"教书匠"。

把教学与研究有机地融为一体，是教师持续进步的基础，是提高教学水平的关键，是创造性实施新课程的保证。教育教学研究要求教师在教学过程中以研究者的心态置身于教学情境之中，以研究者的眼光审视和分析教学理论与教学实践中生动的、鲜活的、动态变化着的各种实践问题。对自身的教育教学行为进行反思，以教育教学经验总结、随笔、日志、案例、反思，或以研究报告、论文、著作等规范性学术文档进行呈现，使其形成规律性的认识。

第二节　思想政治（品德）课教师的专业发展

一、思想政治（品德）课教师的专业素质

在新课程实施的今天，新旧教学理念、新旧教学模式的碰撞，不仅给思想政治（品德）课程的教学与改革带来了巨大的冲击，而且对思想政治（品德）课程教师的素质提出了更高的要求。

1. 思想品德素质

思想品德，是人们在社会生活中，通过处理与自我、与他人、与集体、与国家和社会的关系，而逐渐培养起来的做人做事的稳定的思想方式和行为习惯。就其内涵而言，包含思想品质、政治品质和道德品质三个方面。我们将从这三个方面内容来分析思想政治（品德）课教师的思想品德素质。

（1）思想品质。

思想，是客观存在在人的意识中的反映，经过思维活动而产生的结果，是人类一切行为的基础。思想品质包括世界观、人生观、价值观等内容。观念是言行的先导，驱使人言行的是思想观念。教师是人类灵魂的工程师，思想政治（品德）教师又是塑造学生思想观念的关键人物，肩负着传播马克思主义理论、塑造学生灵魂的伟大使命，因此必须具备以下三个方面的素质，才能适应课程改革的需要，培养出现代化人才，从而增强德育的效果。

① 具有科学的世界观。科学的世界观是以马克思主义辩证唯物主义和历史唯物主义为基础，同时，要与时俱进，要与中国的社会实践相联系，既要坚持马克思主义的普遍性，又要坚持毛泽东思想、邓小平理论等中国化的马克思主义的理论成果。

②具有积极的人生观和正确的价值观。以追求真善美为目标，帮助、引导学生形成积极向上的情感态度价值观；在课堂教学过程中，以正面引导为主，根据不同年龄学生的特点，遵循学生的身心发展规律和认知规律，对学生进行思想道德方面的引导。

③ 注重言传身教。俗语说：言为心声，行为心役。对中学生的思想品质教育，要言传身教相结合，有什么样的观念就有什么样的言行相对应，言行是教师思想观念的外在表现，如果一个教师的"三观"不正，其言行对学生所产生出来的负面影响将会很巨大。

（2）政治品质。所谓政治品质，是指人们在社会生活中处理各种政治关系的行为习惯或习性，是一定阶级或社会的政治观念和原则转化为人们的内心信念和意志，并在其言行中表现出来的稳定特征和一贯倾向。

政治品质有很强烈的阶级性和民族色彩，思想政治（品德）教师的政治素质主要应体现在保证教育的社会主义方向，用马克思主义理论、用党的教育方针来教育引导学生，为社会培养建设者和接班人，培养负责任的公民。优秀的思想政治（品德）课教师首先必须是一名忠诚的爱国主义者，爱国不仅是中华民族的传统美德，更是教师政治素质的基本要求。同时也必须是一名中华民族优秀文化的传播者，一名热爱社会主义教育的践行者。

（3）道德品质。道德品质指一定社会的道德原则和规范在个人观念和行为中的体现。道德一旦形成就体现出稳定性，难以更改。教师承担教书育人的任务，特别是思想政治（品德）教师承担德育任务，不管是在课堂教学过程中还是与学生平时交往的过程中，思想政治（品德）教师都要注重"学高为师，德高为范"的榜样示范。教师自身的道德状况如何，不仅影响教师自身的观念与行为，还影响到学生。

教师的道德素质必须符合《中小学教师职业道德规范》的有关规定：爱国守法、爱岗敬业、关爱学生、教书育人、为人师表、终身学习等。

① 爱国守法。热爱祖国，热爱人民，拥护中国共产党领导，拥护社会主义。全面贯彻国家教育方针，自觉遵守教育法律法规，依法履行教师职责权利。不得有违背党和国家方针政策的言行。

② 爱岗敬业。忠诚于人民教育事业，志存高远，勤恳敬业，甘为人梯，乐于奉献。对工作高度负责，认真备课上课，认真批改作业，认真辅导学生。不得敷衍塞责。

③ 关爱学生。关心爱护全体学生，尊重学生人格，平等公正对待学生。对学生严慈相济，做学生良师益友。保护学生安全，关心学生健康，维护学生权益。不讽刺、挖苦、歧视学生，不体罚或变相体罚学生。

④ 教书育人。遵循教育规律，实施素质教育。循循善诱，诲人不倦，因材施教。培养学生良好品行，激发学生创新精神，促进学生全面发展。不以分数作为评价学生的唯一标准。

⑤ 为人师表。坚守高尚情操，知荣明耻，严于律己，以身作则。衣着得体，语言规范，举止文明。关心集体，团结协作，尊重同事，尊重家长。作风正派，廉洁奉公。自觉抵制有偿家教，不利用职务之便谋取私利。

⑥ 终身学习。崇尚科学精神，树立终身学习理念，拓宽知识视野，更新知识结构。潜心钻研业务，勇于探索创新，不断提高专业素养和教育教学水平。

2. 专业知识素质

从教育心理学的角度看，教师掌握的知识越多，可促进教学迁移的材料越多，越容易融会贯通地运用知识，从而更有利于教师的教学设计。因此，中学思想政治（品德）课教师必须具有以下知识。

（1）专业学科知识。

思想政治（品德）教师的专业学科知识是教师知识结构的核心层次和主体构件，属于"本体性知识"。教师的专业学科知识包括基础理论和专业知识。

基础理论主要是马克思主义的基本理论知识。包括马克思主义哲学、政治、经济、文化等，这部分知识是思想政治（品德）课教师知识素养的根基和源头。

专业知识主要是思想政治（品德）课的课本知识和时事政策知识。课本知识从基础理论知识中精化出来，思想政治（品德）课教师的主要任务就是要把这部分知识传授给学生。时事政策知识包括党的方针政策和重要的国际国内新闻等，这是思想政治（品德）课教师对学生进行思想政治教育的重要内容和资料。课本和时事政策这两部分的专业知识，是思想政治（品德）课教师知识结构的主干和核心。思想政治（品德）课教师对这两部分专业知识的掌握要达到精、深、细，否则就不能成为一名合格的思想政治（品德）课教师，其教学任务也不能很好地完成。

思想政治（品德）教师还要掌握学科前沿知识，作为一名合格的思想政治（品德）课教师，不但基础知识底子要厚，而且还要掌握本专业最新知识和本专业的发展方向信息。在课程改革条件下，在网络知识更新换代频繁的时代中，思想政治（品德）学科的研究也要与时俱进，新的研究成果不断出现，思想政治（品德）课教师要有对新知识的敏感性，通过自我学习、职业培训、继续教育等方式，不断接受新知识与技能，并应用到自己的教育教学活动中。

（2）相关学科知识。

相关学科知识是与思想政治（品德）课教学联系比较密切的知识，它成为思想政治（品德）课教师专业知识的重要补充，对思想政治（品德）课教学具有一定的辅助作用。

思想政治（品德）课是一门德育兼具智育性质的课程，影响德育效果的因素本来就错综复杂，加上课程内容涉及的知识领域又非常广，所以想要取得好的德育效果，需要教师成为一个杂家。作为一名合格的思想政治（品德）课教师，应该掌握的内容涉及社会科学的知识，同时还涉及自然科学知识。实践证明，拥有的知识越多，往往教学越自在，对教学效果的影响力越正面。

（3）教育科学知识。

教育学是研究人类教育现象和解决教育问题、揭示一般教育规律的一门社会科学。思想政治（品德）教师必须掌握教育科学知识，也就是要掌握教育的基本理论，懂得教育教学规律，这是教师上好思想政治（品德）课的重要前提。

每个人的经验是有限的，即使是经验丰富的老教师，如果不学习教育理论，他所取得的教学成果也是有限的，而且不会有很大的创造性。掌握系统的教育理论，能帮助思想政治（品德）教师正确地理解和运用教学原则和教学方法，还能帮助教师更好地总结教学经验，并使之上升到理论的高度。思想政治（品德）课堂教学并不是随意或无序的活动，它有一定的规律可遵循，凡符合学科教学规律的，效果会更好。所以掌握教育科学规律，并把规律与思想政治（品德）学科教学相结合的，就能得出符合本学科教学需要的教学规律，比如：知行合一规律、灌输与输导规律、间接经验与直接经验相结合的规律、时代性规律等。坚持并活用这些规律，教学效果就好，相反，教学效果则受到影响。

（4）心理学知识。

教师掌握心理科学知识，也就是要掌握心理学基本理论，懂得教育心理的相关知识，这也是教师上好课的重要条件。

学生既是思想政治（品德）教师教育教学活动的客体，又是教学过程的主体，学生的身心发展特点，极大制约着教师的教学方式与方法的选择，进而影响教学效果的体现。

中学生是有思想、有情感、有意识的人，有其自身成长发展的特点和规律。心理发展特点既有群体性特点，也有个性特点。掌握群体性特点和个性心理特点，如兴趣、爱好、性格、意志、能力等，才能更好促进学生个性品质的发展，才能更好解决学生知与不知、信与不信、信与行的矛盾等。

思想政治（品德）教师是开展学校思想政治工作、道德教育的重要力量，教育工作只有符合受教育者的心理发展特点，才能取得良好的结果。

3. 专业能力素质

思想政治（品德）教师的专业能力，指从事思想政治（品德）课相关工作所应具备的带有职业特点和专业特点的能力，是思想政治（品德）教师专业结构中的一个重要组成部分。一般特指思想教育能力、教学能力、反思能力、教育科研能力和创新能力。

（1）思想教育能力。

思想政治（品德）教师的职责是教书育人，核心是育人，是培育符合社会规范的负责任的公民。一方面，用专业知识来熏陶学生的观念。引导学生树立正确的思想品质、政治品质、道德品质，逐步形成正确的世界观、人生观和价值观，成为对社会有价值的人。另一方面，培养开展学生思想政治工作的能力。成长中的青少年学生由于身心发展的特点，总会出现这样那样的问题，需要教师有针对性地去帮助他们解决。

（2）教学能力。

思想政治（品德）课教师的教学能力，主要体现在课堂教学能力与课外实践活动的指导能力上。课堂教学是教学的基本形式，课外实践活动是课堂教学的延伸和辅助。思想政治（品德）课教师的课堂教学能力由其专业知识及知识传授的能力所决定。主要包括：

① 教学准备能力。教学准备能力是一项综合的能力，它既包括对课程标准、教材、教学参考书籍等文本资料的阅读理解能力，还包括了解学生整体情况和个体情况的能力。在熟悉教材知识结构及内容的基础上，结合对学情的理解，正确确定课堂教学目标、教学方法，确定教学重点、难点及相应的教学解决预案。

② 优化课堂教学的能力。第一，思想政治（品德）课教师的课堂教学要坚持素质教育为方向，把启发式教学思想贯穿于整个教学过程，引导学生学习课本的基本知识和观点，提高学生认识问题和解决问题的能力，以及对学生进行情感态度价值观的教育。第二，有较强的教学组织能力，优化课堂教学各个环节和内容，有较好的教学调控手段，有较强的教学策略、技能、教学机智。第三，教学艺术风格能为学生所喜欢，能达到教态自然、板书美观、语言

流畅的结合。

③ 教学评价能力。思想政治（品德）课教师要掌握多样化的教学评价手段与方式，做到诊断性评价与终结性评价相结合；开放式评价与封闭式评价相结合。既能评价学生的知识，也能评价其能力与情感态度价值观。

（3）科研能力。

科研能力指运用已知，探索和开发未知，并有所发现、有所创造的能力。

① 缺乏科研意识。思想政治（品德）课教师的科研能力不强与教师自身科研意识不强、应试教育思想浓厚有关。有的一线教师认为自己只是教学的践行者，科研是专家学者的事情，认为科研与提高学生的学习成绩无关而变得没必要。在这种观点影响下，不仅让中学思想政治（品德）课教师的教学经验无法转变为科研成果，同时也导致教师本身的价值无法得到最大化的发挥。教师如果有较强的科研能力，对教学质量的提高有积极的推进作用，学生与教师都将成为科研成果的受益者。

② 具备科研的基础。思想政治（品德）教师有课堂教学经验，这些经验如果在一定教育教学理论指导下进行及时的总结和反思，就能进入科研的产出阶段。课程改革要求教师成为教育教学的实践者和研究者，思想政治（品德）教师只有具备了科研能力，才能对学生进行前瞻性和预见性教学，才能使教师担当起实践者和开拓者的重任。

③ 新课程改革提出科研的要求。课程改革的发展，越来越多地强调思想政治（品德）课教师要有善于创设教育教学情境的能力、活用教材的能力、利用时事进行教育教学的能力等。科研是教师专业成长的重要途径，在新的历史背景下，思想政治（品德）课出现的许多新情况、新问题，需要身处教学一线的思想政治（品德）课教师深入进行教育实验和调查研究，不断培养自身的科研能力，促进思想境界和理论素养、教育能力的提高，实现由实践型的教书匠向科研型的研究者和教育专家的转化。

④ 现代教育技术信息的能力。思想政治（品德）课教师要把现代教育技术运用到自己的教学过程之中，用现代教学手段来提高教学活动的实效。在思想政治（品德）课教学中，利用现代教育技术手段，能更好地展示典型事实材料，为学生学习提供感知条件，把教材中抽象的知识具体化，深奥的知识浅显化，复杂的知识简明化。思想政治（品德）课教师对现代教育技术的应用体现如下：

其一，教育技术媒体的应用技能。教育技术媒体分为常规教育技术媒体和现代教育技术媒体两大类。常规教育技术媒体主要指光学投影、电声和电视类媒体；现代教育技术媒体主要指计算机、多媒体和计算机网络。我国大部分地区已经具备了多媒体教学的条件，这也是现代教育发展所依赖的一种物质技术手段，如何提高教育技术的应用技能成为摆在教师面前的难题。

其二，教学课件的设计与制作技能。思想政治（品德）课教师要能根据教学目标制作教学软件，主要是指教学课件。用教学软件来记录和呈现教学信息，体现教学设计意图。网络上可参考的教学课件很多，但思想政治（品德）课教师应该根据教学对象特点以及自己的教学艺术风格对这些教学课件进行优化，制作出能为学生理解与接受的课件，否则难取得实质性的教学效果。教师还必须掌握多媒体的特点和制作工具，把多媒体技术整合到教学中去。

（4）创新能力。

素质教育的核心是学生创造力的培养，要使学生成为创造型的人才，教师就要有创新能力。思想政治（品德）课教师的创新力，首先体现在不断自我反思、自我超越的能力。坚持以素质教育的理念来指导自己的教育教学，怀有高度的社会责任感、对新事物保持好奇感，敢于突破旧的教学思想，敢于尝试新的教学方法、教学模式。其次还体现在培养学生的创新意识和创新能力上。保护好学生对未知知识、未知事情、未知世界的好奇感，鼓励学生敢想、敢问、敢质疑、敢提出新观点，不用排他性答案限制他们的想象力与想象空间。

二、制约思想政治（品德）教师专业化发展的因素

影响思想政治（品德）课程改革效果的因素比较多，教师是其中一个关键因素。思想政治（品德）课教师在专业化发展过程中，主要受内因与外因两大因素的制约。

1. 内在制约因素

（1）专业化发展的自主意识薄弱。

思想政治（品德）课教师要有专业发展的自主意识，专业发展的自主意识是教师的核心素质之一，也是教师职业专业化的重要指标。自我专业发展意识是教师专业发展所需要的内在动力，是保证其持续发展的源泉。但在目前的环境下，思想政治（品德）教师专业发展的自主意识薄弱的原因如下：

① 社会压力导致。思想政治（品德）教师迫于社会压力，忽略了自我专业发展的本体性价值取向。教师在满足社会需要和促进自我专业发展需要时无法兼顾两者，把个人发展需要置于满足社会、学校、家长、学生的需要之下，甚至消失。社会倾向于看重教师劳动的外在社会价值，用红烛、园丁、春蚕来歌颂教师的奉献，但却容易忽略教师的自我发展需要，如果没有教师的专业发展，社会的需求也会受到影响。

② 职业倦怠导致。我国是教育大国，很多地方的教育教学环境仍没发生根本性转变，比如应试教育问题、大班额教学问题。思想政治（品德）教师承担着繁重的教学任务和巨大的升学压力，终日重复的备课、讲课、批改作业，消磨了教师的自主精神和创新意识，很容易产生职业倦怠情绪，缺乏专业发展自主意识，失去对专业发展的深度思考和自觉规划。

③ 自我贬值情绪。由于思想政治（品德）课在社会、学校、家长、学生心目中的地位不高，在一些家长的心中，与中学其他学科相比，处于副科的位置。导致部分思想政治（品德）教师产生趋同情绪，挫伤了追求专业发展的自主意识。对个人专业的发展，专业教育教学水平的提高以及教育教学工作的实施持有一种被动应付、得过且过的态度，没有高远的理想。

④ 自我高估情绪。有这种情绪的思想政治（品德）课教师认为自己的专业素养依靠自己的经验和教学实践就可以自然成熟。没意识到教育教学领域新的发展趋势，不知道最新的发展趋势对自己的价值意义，不知道学科前沿成果的生成不以个人的自我经验为依托。这种情绪让许多教师停留在经验型的教学阶段，缺乏专业提高和教学成功的心理预期，使之错失不少专业发展良机。

（2）专业化发展的自主能力较低。

思想政治（品德）课作为一门综合性学科，涵盖了丰富的人文社会科学和自然科学知识。作为一门德育课程，又涵盖了教育学、心理学、德育方面的理论和技能要求。这对教师提出了知识与研究能力两个方面的要求，但很多教师不能满足这些要求。

① 知识结构不尽如人意。其一，教师的知识结构过于单一。部分思想政治（品德）教师

的知识集中在本学科，但本学科的理论知识和专业知识还缺乏深度和广度，因此自信度也体现得不够充分。同时缺少对其他学科知识的了解，影响了教学过程中对本学科教学资源的横向拓展空间。其二，教师的教育教学理论知识匮乏。这造成了有的思想政治（品德）教师仍然没有摆脱传统的课堂教学模式，教育理念陈旧，陷入注入式教学而不自知。由于知识结构不理想，教学理念守旧，使教师滞留在教师专业发展的初始阶段，在自身专业发展中显得很被动。

② 学习和研究能力低。思想政治（品德）课教师的专业发展一方面受阻于学科知识单薄，缺少德育理论和教育教学理论知识，无法有力地支撑专业教学和德育策略等专业技能的提升。另一方面，各中学思想政治（品德）课教师没能形成一个有效团队开展科研活动，没发挥集体协作的效应，而是依靠个人力量单打独斗开展教学与科研，所以教学与科研能力低的弊端始终没能突破。

（3）专业道德状况不容乐观。

思想政治（品德）课教师既要向学生传授知识，又要提高学生发现问题、分析问题与解决问题的能力，还要对学生的情感态度价值观施加正面影响。这些目标能不能实现，思想政治（品德）课教师的人格魅力和道德素质成为关键。学生知、信、行矛盾的解决，并不是简单的要求就能达成。学生能不能内化知识，然后外化为行动，很大程度上是遵循"亲其师，信其道，效其行"的逻辑路径的。但有的思想政治（品德）教师的专业信念不强，道德状况不佳，缺乏责任感，甚至体罚、歧视学生等，无法对学生的心灵和品格塑造起到积极的作用。因此，现代思想政治（品德）教师的专业道德提升仍然是紧迫和重要的课题。

综合上述内因来看，有的思想政治（品德）教师对自身专业发展缺乏深入的认识，只是把教师职业当成谋生手段，没有视专业发展为终身追求的目标，是导致专业自主意识薄弱和能力较低的原因。

2. 外在制约因素

（1）学校的因素。

① 学校评价标准单一。思想政治（品德）课教师所在学校是其专业发展的基础，它对教师的专业发展起着引导、激励、规范等作用。尤其是学校的思想政治（品德）教研室或科组能为本专业教师的专业发展提供很大的帮助。

但有的学校往往只注重对教师的管理，注重教师的教学成果，而不愿意关注教师的教育教学过程，这主要表现在：

其一，评价方式单一。在应试教育思想的指导下，对思想政治（品德）课教师的评价方式过于单一，学校评价教师采用功利性很强的成绩管理作为唯一标准。对思想政治（品德）教师的工作质量评价以关注结果的终结性评价为依据，忽略过程，没有采用能帮助教师专业发展的诊断性评价。

其二，评价主体单一。只注重学校管理者对教师的评价，不尊重教师自我评价也缺少必要的同行评价、学生评价、家长评价等。这种评价模式很容易导致评价的正面功能的丧失，因而缺乏对思想政治（品德）教师，尤其是年轻教师的公正合理评价，使思想政治（品德）课教师失去了教学探索和创新的精神和勇气。这些都表明，学校忽视了它在思想政治（品德）课教师专业成长中应发挥的正面作用。

② 学校不重视科研活动。有的基层中学管理者在管理思想政治（品德）教师队伍时，认为科研与专业发展是教师个人的受益行为，学校不能从中得益，所以对教师的进修、培训持冷漠的态度，更谈不上为教师的科研提供便利。不少学校管理者还利用条条框框对教师进行制约，影响教师追求专业发展的热情。

③ 学科歧视。思想政治（品德）学科在学校中的地位很尴尬，德育为首兼具智育的课程地位远没落实，思想道德教育往往是说起来重要，做起来不重要。

在有的学校管理者眼中，思想政治（品德）课是副科，地位并不重要。教师、学生、家长中也有相应的看法，他们更愿意把时间与精力花在对考试总成绩有决定性作用的主科上。

在中学教师、学生以及家长心目中，思想政治（品德）课是一门靠花时间记忆就能取得高分的学科，并且在中考与高考中不是高分科目，也不是拉开分数差距的科目。中学生并不愿意把时间花在思想政治（品德）课上，偏科现象凸显。这些容易让思想政治（品德）课教师产生思想落差，对自身专业发展也显得沮丧。

应试教育是思想政治（品德）学科的地位较低的导因之一。思想政治（品德）课程的性质决定了它是一门德育为主的课程，重视学生知识、能力、情感态度价值观目标的全面实现，但在应试教育大背景下却很难落实。一般来说，采用开放式的开卷考试更有利于体现学科的课程性质，但如果采用开放式的开卷考试，中学管理者直接的应对措施是减少学科的教学时数，教学数量得不到保障；采用闭卷考试，又很难科学合理考查学生的情感态度价值观，难以用统一的标准答案来衡量学生在知、情、信、意、行方面的差异和个性发展。

（2）教育管理机构的因素。

① 学科专业组织。学校的思想政治（品德）学科教研组、地方教育局管理下的教科所（含思想政治、思想品德专业）、高等师范院校或教师进修学校思想政治（品德）学科的教研中心（或教研室），这些组织或团体与中学思想政治（品德）教师联系密切，对提高教师的专业学科知识，提高业务水平有帮助作用。但在实践中，这些专业组织往往各自为政，没形成一个系统的专业组织体系。专业研究活动非常少，无法承担起推动教师专业发展的责任，对思想政治（品德）教师专业发展的作用有限。

② 地方教育管理部门。各地方的教育局、教研室往往负责专业教师的在职培训。在职培训是中学思想政治（品德）课教师专业发展的有效途径，它弥补了思想政治（品德）课教师职前教育的不足，符合终身教育的理念。但思想政治（品德）课教师在职培训的效果却不尽如人意，作用还有待加强。

三、思想政治（品德）教师专业化发展的主要途径

1. 思想政治（品德）教师的自我发展途径

思想政治（品德）教师的自我发展是教师自觉的专业发展，是教师对自我专业发展的态度、认识和理解，以及在此基础上延伸出来的专业理想、专业信念和专业追求的综合。

（1）强化思想政治（品德）教师自我专业发展规划意识。

教师要获取自我专业发展就要有职业规划自觉，对自己的教师专业发展做出整体的蓝图设计。思想政治（品德）教师的自我专业发展规划要注意以下问题：

① 专业发展规划要有明确目标。思想政治（品德）教师在规划自己的专业发展时，要有

明确的专业发展目标。教师个人专业发展目标往往与政府的教育政策相适应，同时又体现教师个人的职业理想、职业态度等特点。思想政治（品德）教师专业发展规划目标可分为近期目标、中期目标和长期目标。近期目标需要更详尽，以便于执行，中期、长期目标也应该尽量细分为不同阶段的目标，这样才不至于让目标看起来高不可攀，不知从哪开始，实施起来也更有章可循。

② 专业发展规划要符合自我实际。思想政治（品德）课教师的自我专业发展规划不仅要有目标，还要有实现的途径规划，是目标与途径的统一。对自我发展的现状做出实事求是的评价是制订发展规划的前提和基础，为了保证自我专业发展规划的切实可行，教师要对自己有全面的认识。对自己的兴趣、爱好、特长、性格等个性因素能进行正确评估，了解自己的知识基础和能力起点。明确自己的优势对专业发展规划实现的潜力，找出妨碍专业发展规划实现的自我劣势，找出原因，自觉改善。同时还要善于审视和抓住自己的发展机遇，抓住可以把握的机会，挖掘有助于自我专业发展的人力、物力资源。

（2）激发思想政治（品德）课教师专业发展内在需要。

事物变化发展的原因包括内因和外因，其中内因是决定性原因，外因要通过内因才能发挥作用。思想政治（品德）课教师专业发展的动力途径很多，但最主要的途径来自教师自我发展的内驱力，它是教师专业发展的根本动力。因此，激发专业发展内在需要成为思想政治（品德）课教师专业发展的重要途径。

马斯洛认为，人的一切行为都是由需要所引起的，他根据需要的发展水平，把需要划分为不同的层次，提出了著名的需要层次理论。激发思想政治（品德）课教师专业发展内在需要，就要让教师体会到现实需要的满足和内在需要的涌现。低层次需要得到满足之后，对高层次的内在需要的追求是驱动教师自我专业发展的源泉。教师内在需要促使教师不断完善自己的知识结构，提高自身的思想道德和思想政治水平等，并用这些知识与技能去教授学生，收获职业成就感，体现自我的价值。在满足自我实现需要的同时，也收获了自我专业的发展。

（3）思想政治（品德）教师自觉开展行动研究。

伴随着社会对教师专业化探讨的深入，教师即研究者的理念也成为教育界乃至全社会普遍认同的理念，这一理念是基于行动研究提出的。它是教学工作者为解决自己遇到的教育教学问题而进行的一种研究，是教师专业发展的一种重要途径。

对于中学思想政治（品德）教师而言，行动研究是提高自己教育教学科研能力的一种有效形式。由于行动研究的课题就是教育教学中所遇到的和需要解决的实际问题，行动研究客观上提升了思想政治（品德）教师的专业反思与解决问题的能力。由于反思，使原有的教育教学观念得以不断完善、教师的素质也得到了持续提高。

行动研究也增强了思想政治（品德）教师的教学和科研的自信心。行动研究不仅打破了教育科研只是专家学者等少数精英的特权，一线中学教师教而不研的错误认识，而且凸显了思想政治（品德）教师研究的先天优势，即理论与实践高度结合。

2. 挖掘校本资源，促进思想政治（品德）教师的专业发展

（1）利用校本课程开发，促进教师专业发展。

校本课程，是学校根据自己的教育理念，在对学校的教学需求进行系统评估的基础上，充分利用当地社区和学校的课程资源，通过自行研讨、设计或与专业研究人员或其他力量合

作等方式编制出的多样性的、可供学生选择的课程。思想政治（品德）课教师参与校本课程的开发，可以产生积极的正面作用。

① 校本课程开发可以提升教师的教学与科研能力。校本课程开发的原则之一就是因地制宜，富有特色。本着"学生的发展为本"的理念，开发出适合本校适用的、学生满意的课程。这一开发过程，实际上是一个以学校为基地进行课程开发的开放的民主决策过程。参与课程开发的教师，必须有较强的教学与科研能力，同时，通过参与校本课程开发，教师的教学与科研能力也能得到很大的提升。

② 校本课程开发可以完善教师的知识结构。思想政治（品德）学科校本课程资源的开发需要参与开发的教师拥有较高的学科理论、专业知识、教育科学知识、心理学知识与相关学科知识等。要立足于学生现实的生活经验，着眼于学生发展需求，把理论观点阐述寓于社会生活主题之中，构建学科知识与生活现象、理论逻辑与生活逻辑有机结合的课程模块。校本课程具有动态性特点，要求参与开发的思想政治（品德）课教师不断丰富完善自己的知识结构，这也体现了课程发展就是教师专业发展的理念。

③ 提升教师的合作与交流能力。校本课程开发并不是某一个教师的闭门造车的行为，需要运用校内与校外的力量，是学校教师的共同行为，学校内部的教师之间要彼此开放自己的课堂。校本课程开发也不是某一个学校的单独行为，需要向其他学校开放，与其他学校共同合作。同时，校本课程的开发，还要利用校外的社会资源，如社区、街道或乡村的各种资源，因此，校本课程开发过程，也是争取社会力量支持的过程。

不管是校内还是校外资源的利用和开发，都需要与其他教师或社会力量的合作与交流。因此，在参与校本课程的开发过程中，思想政治（品德）教师的参与意识、合作意识和交流能力都得到锻炼，并有所提高。

（2）通过校本培训，促进教师的专业发展。

校本培训以学校为单位，目的是提高教师的业务水平和教育教学能力，促进教师的专业发展，是体现终身学习思想的一种教育模式。由于校本培训是在学校内进行，内容、时间、地点都比较灵活，也没有给学校和教师增加额外的经济负担，因此容易被教师接受，效果比较好。校本培训的内容很多都以学科为单位来开展，对于教师的专业发展有促进作用，对于思想政治（品德）学科来说，主要有以下的方式：

① 教育教学观培训。部分思想政治（品德）教师的教育教学观念落后，应试思维深植于心，用成绩来说明学生是否成才。思想政治（品德）学科是一门德育课，课程性质决定思想政治（品德）教师必须有正确的教育教学观念，有正确的教学理念和人才观。思想政治（品德）教师通过校本培训中的教育教学理论的学习，深入领会素质教育实质，把握思想政治（品德）课程标准的精髓，树立新型教育观、教学观、人才观。这对推动素质教育，消除应试教育的弊端有积极的作用。

② 教学常规培训。思想政治（品德）学科的校本培训主要针对本学科的特点、本校的实际情况、学生情况，结合思想政治（品德）教师的实际情况进行的学科教学设计、教学模式与方法、教学评价方式、教学技能、教学艺术风格、教材处理、现代教学手段和信息等方面的培训，这些对促进教师专业发展帮助很大。

③ 教育科研培训。应结合本校的办学目标、办学特色、科研方向和具体课题，培养思想政治（品德）教师的教学科研能力。对不同层次的教师应制定不同的培训规划，在满足教师

的共同需要的同时，突出满足不同层次教师个体发展的需求。

3. 通过校外培训，促进思想政治（品德）教师的专业发展

（1）发挥校外在职培训的应有作用。

校外培训是各级教育行政部门对教师开展的培训活动，是促进教师专业发展的重要途径。在职培训是教师获得专业发展的加油站，如何提高校外在职培训的实效性，发挥这一培训渠道的应有作用，是在职培训面临的问题。实践中应该注意以下问题：

① 没有从专业发展的高度设计教师在职培训方案。培训的目标与参训教师预期的目标不一致，培训效果与参训者的预期相去甚远，从培训中没有得到自己真正所需的东西，这是导致思想政治（品德）课教师参加在职培训的热情不高，积极性低的原因之一。培训尽管理论上对教师有利，但却没办法激发教师的自我参与热情，管理部门也只能用行政手段强制教师参加，因此，谈不上通过在职培训促进教师专业发展。

② 在职培训形式单一，方法与手段落后。培训内容陈旧，培训方法与手段落后，培训理念跟不上时代发展需要，这也是培训工作面临的一个大问题。各类在职培训的授课方式与方法还是传统方式，仍然是传授—接受的教学模式。

承担在职培训的老师大部分是高校教师或者是进修院校的教师，重知识传授、轻教学方法的改革是他们的共性。虽然有助于提高参训思想政治（品德）教师的学科专业知识和教育教学知识，但他们的授课方式、方法与手段没有新的、有价值的示范意义，反而让参训教师更坚信传统课堂教学的生命力，不愿意致力于创新。

如何让全体教师在获取知识性教学资源的同时，实现教育技术、教学方法、教学手段的创新，教育模式的创新，使思想政治（品德）教师把教学内容、教学方法和课程体系改革建立在最新的教育技术平台上，在专业化的自我发展道路上接受一次有促进意义的培训洗礼，这些都是各类培训部门值得深思的问题。

（2）完善校外在职培训。

① 改革校外在职培训的内容与形式。校外培训的课程设置、教学内容与教学方式、方法要有利于思想政治（品德）教师的专业发展，要适应推进基础教育课程改革的要求。

其一，要调整不符合教师专业发展的培训方案，培训既要能拓宽、加深思想政治（品德）课教师的学科专业知识，完善他们的知识结构；还要从教学方式、方法与手段上对教师有示范、促进的作用，提高他们传授知识的能力。经过培训能让教师对本专业的理解更深入，情感上更热爱自己的专业，并能为自己的专业发展倾注精力。

其二，培训既要介绍课程改革的新知识、新成果，开拓教师的视野，又要根据新课程改革的需要，培训教师的教学技能、教学理念与教学思维，鼓励教师勇于教学创新和善于教学反思。

② 整合校外在职培训的社会力量。校外可促进在职培训效果的社会资源比较多，培训组织者应该有针对性整合校外可利用的社会力量，促进思想政治（品德）教师的专业化发展。

其一，打通职前教育与在职培训的隔阂，使这两种教育手段互相衔接，在培养目标上接轨，形成一体化的合力。但由于我国的职前培养与在职培训由不同的教育行政部门管理，导致培养与培训的功能重合与重复，没发挥培训的应有价值。在职培训是职前教育的延伸与深化，与职前教育相比更注重实践与理论的结合，更注重教育教学能力的提升，更突出专业化

发展的需求。

其二，校外培训方式与途径要多样化，所依赖的力量也根据培训的目的、方式与途径不同而各有侧重，可以考虑聘请社会上各行各业的典型代表，利用好社会资源，毕竟教育不仅仅是教育部门的事情。负责培训的教师要熟悉影响教师专业发展的各种社会资源与校本资源，这样才能让培训更有针对性，更有助于教师的专业发展。

第九章　思想政治（品德）课的教育实践

思想政治（品德）课的教育实践是思想政治教育专业（以下简称思政专业）师范生必经的教育教学过程，是理论与实践相结合的教学过程，也是师范生向专业教师角色转化，培养职业情感、职业技能的过程。

第一节　思想政治（品德）学科的教育见习

教育见习是思政专业教育实践的重要组成部分，是培养高素质、宽基础、有特长、适应广的合格中小学教师的重要环节。

一、教育见习的目的

通过教育见习活动，思政专业师范生可以实现知识、能力、情感态度价值观三方面的教学目的：

第一，教育见习能使师范生从感性到理性地认识中小学教育教学现状；了解党和国家的教育方针、基础教育课程改革的现状。

第二，初步尝试运用所学教育学、心理学、学科教学理论，分析思想政治（品德）课堂教学过程，并提升师范生的专业思想情感，坚定自己的专业理想。

第三，通过校内教学过程的模拟训练，掌握思想政治（品德）课教学的基本技能，学会分析教材，掌握教学方法选择的依据，为教育实习和走上教学岗位做好准备。

二、教育见习的内容

教育见习的主要内容包括教学工作见习、班主任工作见习及校内课堂模拟见习等，通过校外实地见习与校内见习两种途径来完成。

1. 教学工作见习

（1）参观见习。

参观见习的主要任务是要对中学教育教学的宏观情况有所了解，主要是了解中学的校园环境、教学设施、学校活动、中学对当地社会的影响以及社会对中学的评价等情况，为进一步的听课、交流做准备。

① 了解学校的硬件环境，如校园的整体建筑、教学设施等。

② 了解见习学校校风、学风、教风的建设，如学校的规章制度、师资状况等。

③ 了解中学思想政治（品德）课程改革发展情况。重点了解思想政治（品德）学科的教学常规，包括课程编排、学科校本资源开发、教学科研活动制度、教学改革经验等。参观见

习过程要注意材料的记录积累，要及时与任课教师交流，虚心请教。

（2）观察调查。

观察调查见习是教育见习的一项主要任务，它与参观见习相结合，主要观察调查见习学校教师与学生对待教与学的行为及相应的态度情感，或观察调查班主任工作的有关内容，以求得出一定的专项认识。

① 见习师范生要根据教育见习目的确定自己的观察调查内容，然后在见习学校进行观察，收集相应内容的信息资料。

② 为了使观察的结果更真实可靠，对自己更有帮助，观察要尽可能多次重复，或多人同时观察，收集更多的必然性观察材料，避免偶然性的观察结论。

③ 由于见习时间比较短，做观察调查见习计划时，不适宜定太多的目标与内容，主要以观察学生集体或个体为主要的内容。

（3）课堂教学工作实地见习。

师范生在教师的指导下，有组织、有步骤地到中学实地观摩课堂教学，聆听思想政治（品德）任课教师的教学经验，接受一线教师在备课、教学、教学评价等多方面的指导。教学工作见习是教育见习的重要内容，师范生见习的大部分时间与精力都放在教学工作见习上。

① 听课过程中要关注教师教的行为，观察教师对教学内容的处理、教学方法的选择、课堂教学的组织等。

② 听课过程要关注学生学习的行为，观察学生的学习状态、学习方法等。

③ 听课过程要关注教师教与学生学的互动，做好记录，进而积极思考，及时写出自己的现场体会。

通过观摩中学思想政治（品德）课教师的常规课堂教学，重点观察了解中学教师在备课、教学实施、教学评价等各环节中的具体方法及效果。

（4）校内模拟教学见习。

校内见习是间接性的教育教学实践活动。师范生可借助于网络、多媒体及电化教学设备，利用网络点播、远程听课或观看教学录像等多种方式开展。从屏幕上观看课堂教学录像、优秀班主任或优秀教师的讲座、报告等有关录像资料，间接了解中学教育教学状况，把握现代教育教学理念。

① 校内观摩课堂教学录像的实施方式。观摩课堂教学录像是校内教学见习主要采用的方式，可采用集中观摩和个人自主观摩相结合进行，借助于情景模拟或情景再现对师范生进行专业技能的养成与训练。

集中观摩的优点是便于大家交流，评课分析时，通过讨论，往往能取得更好的预期效果和现场生成效果。

个人自主观摩的优点是可以反复观看，反复对比。师范生自己选择典型课堂教学案例，反复研究，在课堂教学观摩时，甚至可以进行同课异构的对比，进而提升自己的备课能力、教学能力。

② 校内观看课堂教学见习有较强的目的性。教师选择典型的课堂教学案例、讲座、报告、教学录像或教学电影等，配合师范生教学技能训练的要求，包括如何确定及实现教学目标的艺术、教学方法选择的艺术；也包括教学分项技能训练，如导入技能、讲解技能、提问技能、举例技能、结尾技能等。为了更好实现教学见习的目的，指导教师可以事先告诉师范生观看

视频的意图，也可以事后再引导分析。

③ 听课与评课交流。不管是中学实地听课还是校内模拟课堂教学视频，都是要求师范生听课一定要做好记录，包括教学环节的安排、师生双边活动的开展等，尤其是记录听课过程中的随堂感想和简评。

校内观看视频听课，如果一次听课还未达到听课的目的，师范生可以多次重复听，提高自己的分析与评课能力。听完课后要利用所学的教育教学理论，在指导教师的讲解与指导下对所观看的课堂教学进行全面深刻的总结，学习并借鉴优秀教师的教学方法、教学组织、教学评价、教学理念等教育教学思想与技能。找到自己要学习和模仿的内容，用来指导自己的教学技能训练。

2. 班主任工作见习

班主任工作见习主要以观察、聆听、交流等方式开展，观察班主任的常规管理工作，听取中学优秀班主任的报告，了解班主任工作的总体状况，加深对中学班主任工作职责的理解，认识班主任在思想政治教育工作中的作用。

（1）实地观察班主任常规工作。

观察班主任如何进行有效的班级常规管理是师范生见习的重要内容，班主任常规管理工作的内容包括：了解班主任工作计划；建立正常的教学秩序；观察班主任如何管理学生档案；观察班级行为常规管理；观察班级文化建设；了解班级正式群体与非正式群体的状况；观察班主任如何开展心理辅导教育；观察班主任如何组织班级活动和班会；了解上级教育主管部门及学校对中学班主任工作提出的规定和要求。

（2）校内观看优秀班主任讲座视频。

通过观看全国优秀班主任的讲座，感受、体验班主任工作的艺术：班集体组建、班级文化建设、班级活动管理、团体与个体心理教育开展等内容。选择针对性较强的内容进行播放，教师可以事先提出问题，让学生带着问题一边观察一边思考，再适时进行必要的解说，帮助学生理解。

3. 模拟课堂教学见习

模拟课堂教学是师范生在学习有关教育科学理论与学科教学理论的基础上，实地或间接观看中学课堂教学后的教学模拟训练活动。

在见习阶段，思想政治（品德）师范生除了看、听、思考、感悟、体验之外还包括模仿训练活动。模拟课堂教学的技能训练是校内见习的主要训练内容，是为教育实习及以后在社会工作岗位上的教学工作做技能上的必要准备。

课堂教学模拟从分项技能的训练开始，主要涉及的内容有：讲解技能、演示技能、提问技能、板书技能、举例技能、导入技能、结尾技能、多媒体教学技能、评课技能。

在分项教学技能训练结束后进入综合技能训练，主要有说课、讲课等。说课与讲课针对的是一个完整的教学课时内容，要综合运用到教学当中。

三、思想政治（品德）课教育见习的实施与考核

1. 教育见习的实施

（1）教育见习要有明确的教学计划。

教育见习是思政专业师范生必修的实践类课程，在思政专业的课程培养方案中要有相应

的规划。在具体的教学实施过程中，教育见习要有明确的见习教学大纲，有特定的见习目标、见习内容（内容包括教学见习、班主任见习、调查研究等）、见习方式方法、见习管理、见习评价等规范事项。

（2）教育见习的执行。

思政专业的教育教学见习贯穿于师范生各学年的学习生活中，主要分三阶段进行，以本科教学为例。

① 第一阶段见习。第一阶段见习主要安排在大学第一、二学年，这一阶段的教育见习主要是以到中小学校参观、访问、听课，了解、体验和感受中小学的教育教学管理、教师的工作生活、中小学生的学习与生活为主要内容。一方面要初步了解中小学思想政治（品德）课的教学现状；另一方面也要加强师范生教学技能的养成训练。

② 第二阶段见习。第二阶段的见习安排在第三学年，是教育教学见习的主要阶段，第三学年的两个学期各安排一次教育见习，每一次见习时间不少于一周，采用现场见习与校内见习相结合的方式开展见习活动。

第三学年的见习要与教育学、心理学、思想政治（品德）课程与教学论、班主任工作、教育科研方法等课程的教学相结合，到中学去听中学优秀班主任的经验介绍、观摩思想政治（品德）优秀老师的课堂教学等。见习期间，选出代表，在见习学校指导老师的指导下，尝试一次真实的课堂教学；尝试一次班级组织活动。

在校内见习中，通过视频点播、典型教学案例分析，进行课堂教学评议及相应的技能训练。其中教学技能训练是校内见习的重点内容，把师范生分成小组进行教学专项技能的训练，采用微格教学训练方式，对训练中有问题的师范生要重点帮扶，确保每个学生都能达到教学技能训练的基本要求。

③ 第三阶段见习。第三阶段见习安排在第四学年，与教育实习联系在一起。这一阶段的见习安排在教育实习学校进行，在教育实习安排中，一般都安排有一个星期的教育见习，是实习生真正开始接手班主任工作与课堂教学工作之前的见习期，也是实习生临阵训练的准备期。

与前两个阶段的教育教学见习相比较，在实习学校进行的教育教学见习中，师范生已经深入接触教学对象，对学生有了一定的了解，见习中的教学训练已经有很明确的针对性与实战性。这一时期的教育教学见习，要求实习生能了解实习班级学生的整体与个体情况，熟悉思想政治（品德）课堂教学的备课、教学、辅导、评价等细节，并做好充分的教学准备，迎接人生的第一次讲台教学。

（3）教育见习的管理。

思政专业的教育见习由二级学院（或系、部）负责统筹安排，落实教育见习的具体组织与管理工作，具体内容如下：

① 成立教育见习领导小组，由院长及主管教学的副院长（系主任及副主任）负责教育见习工作的领导与协调。

② 教育见习要有相应的经费支持。尤其是校外教育见习的经费要有保障，校内教育教学见习要有相应的音像资料及设备。

③ 安排教育见习课程负责人，负责教育见习课程的建设与组织实施。教育见习分小组开展，每见习小组安排一名指导教师，负责管理见习学生日常事务、指导见习活动、开展督导检查。

2. 教育见习成绩的考核

（1）成绩构成。

教育见习的成绩分三阶段考试评定，在最后一次见习的学期录入成绩。成绩评定充分考虑个人自评、见习小组评议、中学指导老师的评定，由带队老师最后综合考虑确定。教育见习的成绩考核主要考虑两部分内容：

① 见习师范生参与教育见习活动的情况，这一部分的成绩占 40%。其中校外、校内教育教学见习各项活动的见习态度、出勤率、遵守纪律情况占 20%。

② 见习师范生教育见习的效果，这一部分的成绩占 60%。主要涉及教育见习报告、体会、感想、讨论、总结以及模拟教学训练等任务的完成情况，包括任务完成的数量及质量。

（2）成绩等级。

考核成绩以百分制和等级制相结合，90 分以上为优秀，80 分～89 分为良好，70 分～79 分为中等，60 分～69 分为及格，60 分以下为不及格。

第二节　思想政治（品德）课教育实习

思政专业的教育实习是本专业师范生必修的专业实践课程，是贯彻理论联系实际教学原则的体现，也是培养合格的思想政治（品德）课教师的必要途径。

一、思想政治（品德）课教育实习的目的

教育实习全面检查思政专业师范生教育教学技能的训练效果、专业知识的掌握程度和初步考验师范生职业态度、情感等。为师范生及时发现问题，采取改进措施，完善知识结构、提高能力提供了机会，同时也为高等师范院校不断提高教学水平提供了参考。

1. 检验与巩固专业知识

教育实习检查和巩固师范生所掌握的专业知识和知识结构。在实习过程中，思政专业师范生的学科专业知识、教育理论知识和其他相关的学科知识将得到进一步检验。思想政治（品德）课程属于人文社会科学领域，课程所涉及的内容很宽泛，老师需要掌握综合的知识及相应的知识结构，实习能让师范生认识到自己的知识结构缺陷，有助于自己主动完善补充。

2. 锻炼与提升专业教育教学能力与技能

教育实习是思政专业师范生的各方面能力与教学技能的应用与完善过程,包括备课技能、教学技能、教学评价技能等。教育教学上的独立工作能力、与人交往合作能力等都在实习中得到充分与全面的锻炼。

3. 培养热爱教育事业、热爱教师工作的情感

在实习过程中向优秀教师学习，认识人民教师的光荣职责，树立和巩固忠诚于人民教育事业的思想；坚定思想政治教育专业的专业态度、专业理念。

二、思想政治（品德）课教育实习的任务

1. 课堂教学实习

（1）实习师范生在上课前要认真备课。

（2）试讲、说课。实习师范生在正式上课前，在带队老师、原任课教师指导下进行试讲或说课。

（3）实习师范生要深入到学生中去，了解学生集体或个体在学习上存在的问题，根据实际情况进行集体或个别辅导。

（4）认真批改作业，记录作业中的优缺点，对学生进行作业评议。

（6）上好复习辅导课，做好命题考试、成绩考核评价等工作。

2. 班主任工作实习

（1）实习师范生到达实习学校后要向班主任和任课教师了解学生整体和个别的思想、学习、纪律、文体生活、劳动等情况，为做好班主任工作提供有利条件。

（2）观摩原班主任主持的各项活动，熟悉班主任工作的主要方法，并能在独立开展班主任工作时灵活运用。

（3）实习师范生应制订较为详细的班主任计划，经原班主任同意后实施。

（4）在原班主任指导下，组织班集体活动，全面关心学生，对学生既要热情耐心，又要严格要求。

（5）参加学校有关的教研组会议、班主任联席会议等教师集体活动，熟悉并遵守实习学校对班主任工作的相关管理制度。

3. 教育调查

实习师范生在实习期间要完成一定的教育调查任务，教育调查内容比较宽泛，如实习学校的教育教学现状及发展趋势、思想政治（品德）教师队伍状况分析、思想政治（品德）课程资源开发与利用情况、思想政治（品德）学科的课堂教学及改革经验等。

4. 课外活动

思想政治（品德）课外活动实习是教育实习的又一项重要内容，是课堂教学内容向课外活动的延伸。实习生需要承担一定的课外活动组织与指导的工作。第八轮课程改革实施后，思想政治（品德）课程强调合作探究的学习方式、强调教学中的课堂活动，尤其是高中思想政治每单元学习后的综合探究活动，都非常重视课外活动的配合，需要把课堂教学内容向课外延伸，与课外活动相结合，开展探究活动。

课外活动可以在校园内组织，也可以在校园外组织。思想政治（品德）课的课外活动的组织形式多样化，可采用班集体、小组（或团队）、个人等形式开展，包括参观、科技活动、竞赛、晚会、座谈会等。活动的内容也丰富多彩，涉及政治、经济、文化、艺术、科技、体育等方面。作为思想政治（品德）课的任课教师或班主任，这些活动都需要实习师范生参与

其中，并能发挥组织与指导作用。

三、思想政治（品德）课教育实习的准备

思想政治（品德）课的教育实习准备是全面的准备，既有师范院校的准备，也有实习学校的准备；有教师的准备，也有实习师范生的准备；有物质的准备，也包括思想的准备等。如果只从实习师范生角度看，教育实习准备包括业务准备、思想准备、物质准备等。

1. 业务准备

业务准备主要包括教学工作准备、班主任工作准备、教育教研调查准备、组织课外活动准备，重点是前面两项的准备。

（1）教学工作准备。

教学工作准备主要包括与教学有关的知识与技能的准备、备课与课堂教学准备，这两项准备都是长期准备，是师范生进入大学后就在做的准备，教育实习需要师范生有充足的知识积累、技能储备与教学模拟实践。

① 知识的积累。对于思想政治（品德）课实习师范生来说，知识的积累有决定性作用，要求有完善的知识结构，包括学科专业知识、相关学科知识、教育学知识、思想政治教育学科教育教学理论等。其中思想政治（品德）学科的专业知识又涉及政治、经济、哲学、文化、道德、心理健康、法律、社会等领域的知识。

② 教学技能储备。思想政治（品德）实习师范生不仅要能够掌握与运用正确的备课方法、规范教案或教学设计的编写技能，还要掌握并灵活运用各种教学方法，熟练运用各种教学技能，包括讲解技能、演示技能、提问技能、板书技能、举例技能、导入技能、结尾技能、教学组织技能、多媒体教学技能、说课技能等。

③ 试讲准备。为教育实习所做的教学试讲训练，不仅仅是实习学期或实习出发前的事情，试讲应该在高校四年的学习过程中有序地开展。实习前一学期以及实习出发前是试讲的高密度、高强度训练时期。试讲要体现新的课程改革理念，强调理论与实践相结合，体现出教学要回归生活的理念；要体现出人文性，以人为本，以学生为主体；体现出思想政治（品德）课的德育性质，关注学生知识、能力、情感态度价值观的协调发展。

（2）班主任工作的准备。

班主任工作重点在于处理人与人，人与事之间的关系，这是实习中最容易出问题的环节。尤其是处理与实习学校的领导教师及员工的关系、与学生的关系、与实习组内部实习生之间的关系、与带队教师的关系等等。因此，班主任工作的准备，需要实习师范生有与人顺利沟通与合作的能力准备、开展班级活动的知识与方法准备、诊断学生思想问题及辅导的能力准备等。

2. 思想准备

实习师范生在思想上要充分认识教育实习的意义，认识到教育实习是自己职业生涯的起点，既要严肃认真对待又要充满自信；充分认识自己既是学生又是教师的双重角色，既要虚心学习又要为人师表；实习还需要实习师范生有团队意识与组织纪律性。

3. 物质准备

由于学习、工作、生活都在实习学校，实习师范生在实习过程中会遇到很多困难，尤其

是物质上、生活上的困难，需要师范生去做好准备。如果物质方面的准备不充分，会影响教育实习的任务完成与完成的质量。

教育实习如果安排在秋季期，实习师范生应该准备好过冬的衣物与床上用品；如果实习学校不能提供电脑，则自带电脑进行备课；如果没有网络，找资料不太方便，就尽量多带参考资料。可以到实习地购买的小物件日常用品，尽量到当地购买，减少行李搬放的麻烦。

四、思想政治（品德）课教育实习的管理

教育实习管理涉及高等师范院校、实习学校、实习师范生三个方面的共同管理。

1. 高等师范院校的管理

高等师范院校的教育实习管理往往采用自上而下的垂直管理体系，这一管理体系由三个管理级别构成：学校一级管理，学院（系）二级管理，专业三级管理。除了这三级管理外，还成立有实习师范生的实习组（队）和实习学校的实习领导小组。

（1）学校一级管理。

教务处是高等师范院校教育实习工作的直接管理机构，教务处在主管教学校长的领导下开展教育实习的管理工作。负责筹建校级教育教学实践基地；统筹协调全校师范生教育实习工作开展、检查与监管；制定教育实习的相关管理办法；制定教育实习经费标准，审批、划拨实习经费；教育实习的宣传、交流、总结、表彰等。

（2）院（系）二级管理。

教育实习工作的二级管理由学院（系部）负责，院（系）是实习师范生的直接组织领导者与管理者，所以二级学院有必要组建教育实习领导小组：制订实习工作计划和实施方案；联系确定实习学校；落实教育实习的具体分工；明确教育实习参与人员的职责；教育实习的检查、总结与考核等。

（3）专业（教研室）三级管理。

思政专业（教研室）是教育实习的第三级管理组织，管理教育实习的具体事务由班主任、带队教师、专业教师组成。主要工作内容有：按实习学校分配实习生，组建实习组；安排指导教师、带队教师全程跟踪教育实习，指导实习生，协调实习学生与实习学校的关系等。

2. 实习学校的领导小组

实习学校的领导小组，是实习学校建立的临时管理机构。实习学校的领导小组全面领导和统一安排实习师范生在实习学校的实习工作。向实习师范生宣布实习纪律以及学校的各种管理制度，实习结束时，负责评定实习师范生的实习成绩。直接参与实习师范生的业务管理与指导的是实习学校的任课老师和班主任。

3. 实习组的自我管理

实习组是实习师范生的自我管理组织。除了高等师范院校的三级管理机构之外，在教育实习过程中还需要成立学生的自我管理组织，让学生实行一定的自我管理，发挥实习师范生的积极性。组建实习组，主要任务是在实习学校领导下做好师范生实习期间的学习、生活、思想方面的工作，一般都设正、副组长，进行一定的分工合作。

五、课堂教学实习的实施

思政专业师范生教育实习最重要的任务是课堂教学实习，教学实习的实施过程有以下的环节。

1. 备课

备课是一项复杂的教学准备工作，是上课的前提和准备，也是教学实习工作的起始环节。实习师范生备课越充分，上课越自信，教学效果越好。

（1）深入研究课程标准。

课程标准是教学准备最重要的指导性文本资源，思政专业师范生要研究的课程标准包括：《全日制义务教育思想品德课程标准（2011 版）》和《思想政治课程标准（实验稿）》。课程标准规定了思想政治（品德）课教师教学的最低起点，同时也规定了思想政治（品德）课的性质、基本理念、内容标准、课程总目标与分类目标，还提出了教学实施建议、教学评价建议和课程教学资源开发建议等相关内容。由于它是思想政治（品德）学科最高的纲领性文件，因此在阅读教科书之前一定要先研究好课程标准，这样教学会更自信。

（2）熟悉教材。

教材是课堂教学的执行文本，是师生双方开展教学活动的依据。实习师范生钻研思想政治（品德）课教材要注意以下的方法：

① 要掌握教材的知识结构，形成对教材的宏观整体认识。在把握好教材的知识结构基础上进入课时教学内容的准备，确定课时的教学目标、教学重点与难点等。

② 把握好教材编写者的基本思路和理念。不同版本的教材可能思路有一定的差异，但理念都是相同的。新课程改革后的教材都突出了生活主线，强调教材要回归中学生的生活，以学生的生活为起点来编写教材。备课的时候要抓住这个特点，突出教学过程的生活化。

（3）研究学生的情况。

备课除了研究文本资源外，还要研究学生，学生是教学过程中影响教学的重要课程资源。对这一人力资源利用是否充分，取决于我们对这一人力资源的认识程度，在某种程度上说，研究学生比研究教材还重要。学生是教学活动的主体，实习师范生讲课本质上是为学生服务的，如果实习师范生提供的服务学生不感兴趣，讲课的价值与意义就会很低，甚至不复存在。研究学生是为了引导学生更好地学，是为了因材施教，是为了体现教师上课的价值。

（4）编写课时教案或教学设计方案。

在文本与学情的研究都顺畅的情况下，最后一个环节就是编写教案或写出教学设计。教案或教学设计要注意处理好预设与生成的关系，不能对教案和教学设计做得太实、太满，要留有预案，要给学生留出空间。实习师范生在教案的准备时容易在教案中把每一分钟都做预先的安排，到了课堂，一出现临时生成的意外情况就慌，所以教案要注意留有时间与空间给学生。

2. 试讲

试讲是正式上讲台前的预演与练习，这是完成教案或教学设计之后要做的教学模拟行为，试讲有以下目的：

（1）熟悉教案与教材。

试讲可以让实习师范生在上课前不断熟悉教材以及自己的教学设计，并且在试讲过程中不断调整自己的教案或教学设计。

（2）优选教学方法。

试讲可以验证备课时预设的教学方法、手段和技能是否可行。

（3）试讲要引进模拟的中学生。

在实习学校的试讲是模拟有学生听课的教学情景，试讲分小组进行，需要实习同伴参与，听课的同组实习同伴要把自己当成中学生，否则不可能发现问题。

（4）请任课指导教师来听评课。

试讲要请任课教师参与，在实习期间每个实习师范生都应该经历一次任课指导教师的听课指导，任课教师能很快、很准确发现实习师范生教案与试讲中存在的问题。

3．听课与评课

（1）听实习学校教师的课。

听实习学校教师的课，尤其是听思想政治（品德）教师的课和自己所上课班级的任课教师的课，对实习师范生的教学成长很有帮助。

① 听课学习。听课要有备而听，听课前先要备课，不备课就去听课，效果减半。听课过程中要多问几个为什么，多想想，如果换成我，我会怎么教；听课要注意观察学生对教师讲课的情绪反应、学习态度、听课状态等情况；听课要把教与学的双边活动结合起来，才能体会到教师处理教材的意图，也才能理解教师所选用的教学方法的依据；课后主动向上课的教师请教自己存在的疑问。

多听同课异构的课，即同一个内容由不同的教师教，这种有对比度的听课，往往更有价值，收获更大。

② 评课学习。听课过程中一定要做记录，还要多记录听课过程中产生的即时感想，要抓住听课过程中感悟到的灵光一现的想法，这些想法往往是对自己有刺激的感想，或是闪光点，或是疑问。

要参加听课后的评课。实习师范生的经验不足以全部理解所听的课，尤其是教学过程中的一些创新点所体现的教育教学理念，或改革背景等。通过参加评课活动，能听到实习学校其他教师的点评，对实习师范生的教学成长有帮助。

（2）实习师范生互相听课。

教育教学实习都要求实习生之间互相听课与评课，这种听课要求与听实习学校教师的课要求相同，不同的是课后的评课。实习师范生互相听课与评课，有助于互相取长补短，是提高课堂教学质量的有效手段。

互相评课时，听课的小组成员一定要能提出建议，提建议、点评本身就是一个帮助别人，自己又得到思考与提高的过程，它也是一种备课，是一种生成性的备课。

4．上课

上课对实习师范生的考验最大，也是教学实习的核心内容。大部分实习师范生上课的心路历程都会经历从紧张到适应，从适应到平静的发展过程。实习初期上课紧张，中期基本适应，后期上课就比较平静了。上课要求实习师范生的教学理念要正确，教学方法要灵活，教学技能要熟练，对课堂的组织要有艺术。

实习师范生的上课可分为两类：常规课与汇报课（或称公开课、实验课）。由于实习生还在学习阶段，对教学的理解还在探索阶段，原则上不上优质示范课，上汇报课是比较合适的选择，汇报课要注意以下问题。

（1）时间的选择。

实习师范生都应该在实习组内部上实习汇报课，实习组内的汇报课安排在实习的后期为最佳时间。一方面实习师范生对教学对象不再生疏，因此备课的针对性更强；另一方面教学技能运用也趋于稳定，讲台上的教学表现更自信。

（2）教学方法的选择。

汇报课安排在实习将要结束的后期，实习师范生在这之前的常规课堂教学中应该尝试不同的教学方法，做一些创新的尝试。汇报课要能体现一定的教学改革理念、一定的教学方法创新尝试，是实习师范生教学实习最有代表性的实习成果。

（3）实习组汇报课。

选出实习组中的优秀实习生代表实习组向实习学校上汇报课，向实习学校上汇报课与平常的随堂课面临的压力不同，因为是同行听课、领导听课，涉及实习学校对实习组的综合评价，负责上课的实习生压力一般都比较大。实习组汇报课可以选择有代表性的实习师范生，上课的实习师范生要具有良好的教学技能、自然的教态、流畅的语言、美观的板书和一定的教学创意。

（4）集体成果。

汇报课是集体智慧的结晶，因为是代表实习组的实习成果，所以要所有实习组成员都参与备课与研究。

六、教育实习的总结

教育实习总结在实习进入后期或将结束时开始，是参与教育实习各方总结经验，深化认识的实习阶段。

1. 教育实习总结的分类

（1）按总结的主体划分，可分为实习生个人总结、实习小组总结、实习组织者总结（高等师范院校、实习学校）、带队指导老师总结。要获得教育实习全面深化的认识，就应该是不同侧面、角度的总结。

（2）按总结的内容划分，可分为教学工作、班主任工作、教育调查、课外活动等。

（3）按总结的形式划分，可分为全面总结、阶段总结、专题总结、事件剖析等。

不管是哪种形式的总结，在总结前，实习师范生都要有充足的材料收集与积累，否则会影响总结的效果。

2. 实习生的个人总结

实习总结分类标准不同，总结的角度和结果会有差异，得到的认识也会有不同。在所有类型的总结中，实习师范生的个人总结是我们关注的重点。实习师范生是教育实习活动各项任务的执行者，经历的心路历程丰富，可总结与提高的内容也最多。

（1）全面总结报告。

实习生要针对自己的实习情况写出全面的报告，全面总结报告是实习结束后的实习总结反思活动的书面材料，全面总结要注意以下事项：

① 总结内容的全面性，总结涉及教学工作、班主任工作、教育调查、课外活动等实习涉及的内容。

② 全面总结要注意有所侧重，如果是描述事件，则应该言简意赅，重点放在对实习中出现的问题或事件的原因分析和深化认识上，并且在分析原因时，多从主观原因方面深挖，并找出相应的对策或正确的结论。

③ 要注意围绕教育实习的目的展开总结，重视对自己职业生涯的规划，注重实习师范生自我教育素养的后续改进与完善。

（2）阶段总结。

阶段总结一般安排在实习的中段进行，总结的内容以全面总结为主。这是在实习时间过半时进行的总结，既是对前一阶段教育教学活动的回顾与总结，也包含对后一阶段工作的展望。阶段总结应该多聆听任课老师、原班主任、带队指导老师的意见，这样的认识才更深刻、更有现实指导意义，也可以少走弯路。

（3）专题总结。

专题总结是针对某一方面的内容或主题进行总结反思，通常是实习师范生对教育教学实习中某一方面的认识比较深刻，欲从理论上对这一认识深化，从中得出具有一般性指导意义的结论。专题总结对于实习师范生来说属于教育调查研究的过程，所以要有充分的调查与典型的案例，既要立足于所调查到的实习学校的现实，但思维又要跳出现实，上升到理论层面来分析，最终找到结论或对策。

（4）事件剖析。

实习生在实习过程中总会遇到很多自己觉得有研究价值的教育教学事件，针对具体某一事件进行深入的分析，能让自己对事件或现象的认识上升到理性高度。只要实习师范生保持一定的好奇感，又勤于思考，就能发现很多教育教学事件有分析和研究的价值。

3. 实习经验交流

实习师范生需要进行实习经验交流，实习经验交流可采用经验交流会或实习成果汇报展等方式开展。

（1）实习经验总结交流会。

实习经验交流可分为日常交流与全面总结交流。日常交流产生于实习师范生之间或指导老师与学生之间。全面总结交流则是安排在实习结束后，是实习师范生所在专业的内部交流，交流的参与者有实习师范生、专业教师，还有本专业没参加实习的低年级师范生。

日常交流在实习过程的日常生活中经常出现，一般都针对某一教育教学现象或某一教学事件。日常交流没有时间、地点、固定发言的限制，属于比较开放的交流，大家针对现象或事件的看法比较自由，可以从正反两方面给提出问题的实习师范生提供建议或意见。这些意见需要问题提出者进行总结反思，并不是正式的建议。

总结交流往往采用总结大会的方式开展，也可以采用小组方式进行总结，参与者一般都包括教师、实习生、低年级学生等。总结大会要事先做好充分的准备，总结的内容要全面，涉及实习的组织管理、教学工作、班主任工作、实习生活等各方面。由各实习小组选择代表做专题发言，发言要遵循讲成绩，思不足，谋发展这一逻辑进行，不能停留在表面现象的介绍，而没上升到深刻的反思。总结大会的发言形式要灵活，采用指定发言与自由发言相结合，指定发言要有各实习组的代表、带队指导老师、低年级师范生，总结交流要有交流环节，鼓励自由发言，允许、鼓励听众提出问题等。

（2）实习成果汇报展。

实习成果汇报可以由各实习单位组织，用展板、海报、网络等方式展现实习的成果和实习师范生的风采。成果汇报展既是全体实习师范生的一次教育实习成果总结，也是一次向全体师生充分展现实习成果和实习生精神面貌的活动。为低年级师范生树立榜样，激励学生增强实践意识，提高实践能力，积极参与实践。

七、教育实习的评价

教育实习的评价分为过程性评价和终结性评价两种方式。评价既有助于实习师范生发现问题，为其发展提供建议，也利于对师范生的教育教学实习表现进行鉴定。

1. 过程性评价

过程性评价也是诊断性评价，此类性质的评价侧重于实习师范生的发展，在实习过程中进行，通过评价，能了解到导致实习师范生工作困难的原因，可以有针对性地提供帮助，评价的目的是帮助实习师范生发现问题、分析问题，最终解决问题。

2. 终结性评价

终结性评价在实习结束后进行，针对实习师范生的实习表现，给实习生的教育实习做一个鉴定。它根据每个实习师范生的教学、当班主任、教育调查研究等实习表现，以及总结汇报、自我鉴定等书面材料的效果，分项目或综合评价，以区分不同的等级，终结性评价的功能是甄别实习师范生的实习成绩等级。一般来说，终结性的评价所得到的成绩要参考以下项目与程序：

（1）个人先自我鉴定，写出实习期间的课堂教学、班主任工作、生活纪律等方面的自我总结。

（2）实习组进行鉴定，在实习生个人鉴定的基础上，写出实习组对每个实习生的实习鉴定。

（3）实习学校原任课老师、原任班主任对实习生的实习表现写评语，评出实习成绩。

（4）实习学校对实习生的鉴定，该鉴定是建立在原任课老师和原班主任评定基础上的。

（5）指导老师意见，由实习师范生所在院（系、部）的指导老师填写成绩及评语。

（6）二级学院（系、部）成绩及评语，这是实习师范生最终实习评定。

3. 教育实习成绩评定依据

依据实习过程所涉及的内容，教育实习的成绩评定涉及的内容主要有四个方面：教学实习、班主任工作实习、实习态度和教育教学调查。教育实习总成绩由四部分组成，每一部分在总分中所占比重如下：

（1）教学实习：40%（包括备课、试讲）。

（2）班主任工作实习：30%。

（3）教育教学调查：20%。

（4）实习态度：10%。

成绩评定具体标准为优秀（90分～100分）、良好（80分～89分）、中等（70分～79分）、及格（60分～69分）、不及格（60分以下）。实习成绩的优秀率应控制在30%以内。